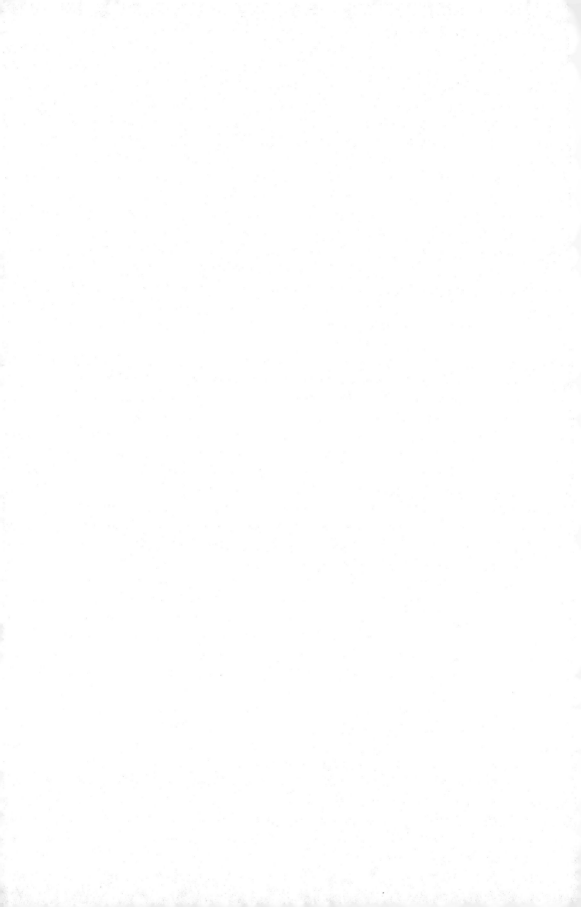

إدارة
المصارف الإسلامية
(مدخل حديث)

أ. د. حربي محمد عريقات
كلية العلوم الإدارية والمالية
جامعة البترا
عمان / الأردن

د. سعيد جمعة عقل
رئيس قسم العلوم المالية والمصرفية
جامعة البترا
عمان/ الأردن

دار وائل للنشر

الطبعة الأولى
2010

رقم الإيداع لدى دائرة المكتبة الوطنية : (2009/9/3963)
عريقات ، حربي محمد
إدارة المصارف الإسلامية/ حربي محمد عريقات، سعيد جمعة عقل.
- عمان ، دار وائل للنشر والتوزيع، 2009
(363) ص
ر.إ. : (2009/9/3963)
الواصفات: البنوك الإسلامية//
* تم إعداد بيانات الفهرسة والتصنيف الأولية من قبل دائرة المكتبة الوطنية

****

رقم التصنيف العشري / ديوي : 273.7
ISBN 978-9957-11-842-6 (ردمك)

* إدارة المصارف الإسلامية (مدخل حديث)
* أ. د. حربي محمد عريقات - د. سعيد جمعة عقل
* الطبعـة الأولى 2010

علم ينتفع به

دار وائـل للنشر والتوزيع

* الأردن - عمان - شارع الجمعية العلمية الملكية - مبنى الجامعة الاردنية الاستثماري رقم (2) الطابق الثاني
هـاتف : 00962-6-5338410 - فاكس : 00962-6-5331661 - ص. ب (1615 - الجبيهة)
* الأردن - عمـان - وسـط البـلد - مجمـع الفحيص التجـاري- هـاتف: 00962-6-4627627
www.darwael.com
E-Mail: Wael@Darwael.Com

الفهرس

الموضوع	الصفحة

الفصل السادس
أدوات التمويل الإسلامية
(المضاربة والمشاركة)

الصفحة	الموضوع

المقدمـــــة

نضع بين أيديكم هذا الكتاب حول المصارف الإسلامية لما تقوم به منذ بدايات القرن العشرين، من دور بارز في الحياة الاقتصادية، رغم حداثة عهدها مقارنة مع المؤسسات المصرفية التقليدية التي أنشئت في القرن السادس عشر الميلادي. ويوجد الآن أكثر من 300 مصرفٍ إسلامي مورعة في دول العالم.

وليس بخافٍ على أحد تلك الهجمة الشرسة ضد الإسلام والمسلمين التي لا تألو جهداً في زعزعة الأمة الإسلامية فكرياً وعقائدياً وعلمياً وحضارياً خصوصاً بعد أحداث 11 سبتمبر 2001، لذلك يجد الدارس من واجبه أن يقف وقفة صادقة ومخلصة غيورة على الإسلام، لشرح أهمية هذا الدين وأفكاره وأهدافه الإنسانية، المبنية على التسامح والتراحم والتعاطف والتكافل، على مستوى الأفراد ونهضة المجتمعات.

تتفرد المصارف الإسلامية - من بين المؤسسات المصرفية - بأنها تقوم على قواعد وأحكام مستمدة من الشريعة الإسلامية التي تعتبر أن المال هو مال الله ويجب أن يستثمر لصالح المجتمع والاقتصاد الوطني بما يحقق مجتمعاً متكاملاً متلاحماً متكافلاً.

وقد حرّم الإسلام الربا والاحتكار وكنز الأموال في أكثر من موضع في القرآن الكريم، فيقول الله سبحانه وتعالى:

"يا أيها الذين أمنوا اتقوا الله وذروا ما بقي من الربا إن كنتم مؤمنين"

ويقول:

"ويمحق الله الربا ويربي الصدقات"،

"الـذين يـأكلـون الـربـا لا يقومـون إلا كـما يقـوم الـذي يتخبطـه الشيطان من المسّ" صدق الله العظيم.

والحق أن هناك تزايداً في الاهتمام بتدريس مادة المصارف الإسلامية في الجامعات العربية، لكن هذا الكتاب يتميـز بإلقاء الضـوء عـلى كـل مـا يتعلق بالمصارف الإسلامية منـذ نشأتها وتطورها، وصيغ الاستثمار فيهـا، ونظراً لأهمية المخاطر التي تواجه المصارف الإسلامية، فلقد خصصنا فصلا كاملاً لإدارة المخاطر التي تواجـه هـذه المصـارف، بأسـلوب علمـي مبسط وسهل، نُهديه لأبنائنـا الطلبـة عـلى مقاعـد الدراسـة في الجامعـات ولكل الأشخاص المهتمـين بمعرفـة أهميـة هـذه المصارف مقارنـة مـع المصارف التقليدية الربوية.

والله ولي التوفيق

المؤلفان

الفصل الأول

النظام الاقتصادي في الإسلام

1-1 المقدمة

2-1 معالم المال في الإسلام

3-1 ملكية المال في الإسلام

4-1 مصادر المال العام

5-1 أسس النظام الاقتصادي الإسلامي

6-1 خصائص النظام الاقتصادي الإسلامي

أسئلة للمناقشة

أسئلة موضوعية

الفصل الأول

النظام الاقتصادي في الإسلام

1-1 المقدمة:

يعتبر النظام الاقتصادي الإسلامي منهجاً ربانياً كاملاً للحياة البشرية، يتم تحقيقه في حياة البشر، وفي حدود الطاقة البشرية، والواقع المادي للحياة البشرية، فيقوم النظام الاقتصادي الإسلامي على تصور خاص لحق الملكية. وسنتناول هذا الموضوع بالتفصيل لاحقا.

تعريف المال:

المال بشكل عام هو كل ما يمتلك الإنسان وينتفع به، فأي شيء يمكن أن يمتلكه الشخص وينتفع به يصبح مالاً، والأموال نوعان رئيسيان:

أ- أموال منقولة مثل النقود والثروة السائلة.

ب- أموال غير منقولة مثل الأراضي والعقارات.

وميز الإسلام بين مال الفرد (ما يعرف باسم المالية الخاصة) ومال الأمة (ما يعرف باسم المالية العامة).

2-1 معالم المال في الإسلام:

ففي نظرة الإسلام هناك معالم عديدة للمال كالآتي:

1- حب المال وحيازته أمر طبيعي في النفس البشرية، فالمال محبب لكل إنسان ولكن الله سبحانه وتعالى يقول أنه مجرد متاع الحياة الدنيا، فالمسلم عليه أن ينظر إلى المال على أنه من الخيرات العظيمة والثواب العظيم.

ففي النظام الرأسمالي يصبح المال هو المسيطر على الإنسان والإنسان مسخر لجمع المال وخدمة أصحاب الأموال، فيصبح المال مصدراً لكل قيمة في المجتمع.

أما التفاضل بين الناس في المجتمعات الرأسمالية، فيقدر بامتلالكم للأموال والثروات بينما في النظام الاقتصادي الإسلامي فإن المال هو المسخر للإنسان وفي خدمة الانسان وليس العكس، حيث يقول سبحانه وتعالى **"وسخر لكم ما في السماوات وما في الأرض جميعاً منه إن في ذلك لآيات لقوم يتفكرون"** سورة الجاثية الأية (13).

وأيضاً فإن التفاضل بين الناس في المجتمع الإسلامي لا يكون بقدر امتلالكهم للأموال والثروات وإنما بقدر تقواهم حيث يقول الله سبحانه وتعالى:

" يا أيها الناس إنا خلقناكم من ذكر وأنثى وجعلناكم شعوباً وقبائل لتعارفوا إن أكرمكم عند الله أتقاكم إن الله عليم خبير ". سورة الحجرات الآية (13).

2- المال هو رزق من الله سبحانه وتعالى وهو الذي يبسط الرزق لمن يشاء بقدر وذلك انطلاقاً من حكمة يراها الخبير البصير حيث يقول سبحانه:

" إن ربك يبسط الرزق لمن يشاء ويقدر إنه كان بعباده خبيراً بصيراً " سورة الإسراء الآية (30). الإنسان مستخلف في الأرض والمال ملك الله سبحانه وتعالى ويجب انفاقه في الحلال والابتعاد عن الحرام.

3- المال كثر أو قل، هو ابتلاء من الله سبحانه وتعالى فكما أنه يبتلي الإنسان في كثرة المال ووفرة الرزق فهو يبتليه أيضاً في قلة المال وندرة الرزق حيث يقول سبحانه وتعالى:

" فأما الإنسان إذا ما ابتلاه ربه فأكرمه ونعمه فيقول ربي أكرمن (15) وأما إذا ما ابتلاه فقدر عليه رزقه فيقول ربي أهانن، (16) كلا بل لا تكرمون اليتيم "(17) ولا تحاضون على طعام المسكين(18) وتأكلون التراث أكلاً لما(19) وتحبون المال حباً جماً(20) سورة الفجر، الآيات (15.... 20).

والإنسان يمتحن من الله سبحانه وتعالى في كثرة المال وفي قلة المال، فإذا نجح في الامتحان فقد كسب وفاز وإذا رسب في الامتحان فقد خسر وفشل. يقول سبحانه وتعالى:

" ولنبلونّكم بشيء من الخوف والجوع ونقص من الأموال والأنفس والثمرات وبشر الصابرين" سورة البقرة، الآية (155).

4- طلب المال / الرزق

لقد أمر الله سبحانه وتعالى الذين آمنوا أن ينتشروا في الأرض ويبتغوا من فضله حيث يقول:

" فإذا قضيت الصلاة فانتشروا في الأرض وابتغوا من فضل الله واذكروا الله كثيراً لعلكم تفلحون" سورة الجمعة، الآية (10).

فالإنسان المؤمن ليس مطالباً بالتفرغ للعبادة والصلاه لأن لها أوقات محدده وبعد انقضاء الصلاة وجب على المؤمن أن يسعى في طلب الرزق دونما كسل أو اتكال. حيث يقول سبحانه وتعالى:

"هو الذي جعل لكم الأرض ذلولاً فامشوا في مناكبها وكلوا من رزقه وإليه النشور". سورة الملك الآية (15).

فالأرض مسخرة للإنسان ولا تمنحه من خيراتها إلا إذا مشى وتعب وأحسن استغلالها واستخراج تلك الخيرات ظاهراً وباطناً، فيقول سبحانه وتعالى:

" وسخر لكم ما في السماوات وما في الأرض جميعاً منهُ إن في ذلك لآيات لقوم يتفكرون" سورة الجاثية، الآية (13).

3-1 ملكية المال في الإسلام

لا بد من توضيح مفهوم الملكية وسمات وخصائص الملكية

أ. مفهوم الملكية:

كثيراً ما يستعمل الفقهاء في كتبهم لفظ الملك والمالكية والمملوكية والملكية. والمالكية هي تعبير عن العلاقة بين المال والإنسان، وذلك بالنظر إلى الإنسان، والمملوكية هي تعبير عن هذه العلاقة بالنظر إلى المال. أما الملكية فهي تعبير عن هذه العلاقة بالنظر إليها نفسها.

والملكية تفيد اختصاص إنسان بشيء يخوله شرعاً الانتفاع والتصرف فيه وحده ابتداء إلا لمانع. ولما كنا في صدد بحث ملكية المال في الإسلام، فإنه ملكية

المال تعني اختصاص الشخص بالمال بحيث يخوله هـذا الاختصـاص شرعاً القدرة على الانتفاع والتصرف فيه وحده ابتداء إلا لمانع.

هذا وقد عرف بعضهم الملكية بانها: اختصاص بالأشياء الحاجز للغير عنها شرعاً، الذي به تكون القدرة على التصرف في الأشياء ابتداء إلا لمانع يتعلق بأهلية الشخص.

ب- سمات وخصائص الملكية

هناك ثلاث من السمات للملكية وهي:

(1) أقر الإسلام نظام الملكية.

(2) حمى الإسلام الملكية ومنع الاعتداء عليها.

(3) ميّز الإسلام بين ملكية الفرد وملكية الأمة.

أولاً: أقر الإسلام نظام الملكية:

فيقول الله سبحانه وتعالى:

"قل اللهم مالك الملك تؤتي الملك من تشاء وتنزع الملك ممن تشاء وتعز مـن تشاء وتذل من تشاء بيدك الخير إنك على كل شيء قدير" سورة آل عمران، الآية (26).

نعلم من هذا أن مالك الملك الحقيقي هو الله سبحانه وتعالى ولكنه يؤتي الملـك من يشاء ومن آتاه الله الملك لا ينزعه منه إلا الله سبحانه وتعالى.

ونعلم مـن هـذا أن ملكيـة النـاس هـي مـن ملكيـة الله سـبحانه وتعـالى فهـي مقدسة. وقدسيتها نابعة من قدسية مالك الملك سبحانه وتعالى.

حتى أن ملكية العبيد والتي هي من أسوأ أنواع الملكية قد أقرها الإسلام لمن يملكون. ولكن الإسلام الذي جاء ليمايز بين الناس بقدر تقواهم عمـد إلى تخليصهم مـن مثل هذه الملكية ليس عن طريق الغصب والانتزاع وإنما عن طريق التحرير.

(1) قد جعل الله سبحانه وتعالى فك الرقاب وتحرير العبيد دليلا على الهدايـة فقال سبحانه: **وهديناه النجدين(10) فلا اقتحم العقبة(11) وما أدرك مـا العقبة(12) فك رقبـة(13) أو إطعـام في يـوم ذي مسـغبة...(14).** سورة البلد- الايات (10....14).

(2) قد جعل الإسلام نصيباً مفروضاً على أموال الأغنياء يخصص لتحرير العبيد حيث يقول سبحانه وتعالى:

"إنما الصدقات للفقراء والمساكين والعاملين عليها والمؤلفة قلوبهم وفي الرقاب والغارمين وفي سبيل الله وابن السبيل ..." سورة التوبة - الآية (60).

(3) قد جعل الإسلام من واجب الدولة تحرير العبيد عندما فرض الزكاة وأوجب على الدولة تحصيلها وصرفها فيما خصصت له. ومن المعروف أن جزءاً مما خصصت له الزكاة يكون في تحرير العبيد.

حيث يقول سبحانه وتعالى:

"خذ من أموالهم صدقة تطهرهم وتزكيهم بها..." سورة التوبة - الآية (103).

ثانياً: حمى الإسلام الملكية ومنع الاعتداء عليها:

ومن الصور التي جاء بها الإسلام للمحافظة على حقوق الملكية للأموال ومنع الاعتداء عليها ما يلي:

(1) حدّ السرقة

يقول الله سبحانه وتعالى:

"والسارق والسارقة فاقطعوا أيديهما جزاء بما كسبا نكالا من الله والله عزيز حكيم" سورة المائدة - الآية (38).

فأي عقاب أشد من قطع الأيدي جزاء على سرقة أموال الناس؟. وأي نظام يبلغ مثل هذا الحد في المحافظة على أموال الناس؟.

(2) منع الاقتراب من أموال اليتامى

يقول الله سبحانه وتعالى:

"ولا تقربوا مال اليتم إلا بالتي هي أحسن حتى يبلغ أشده وأوفوا بالعهد إن العهد كان مسؤولاً" . سورة الإسراء - الآية (34).

فاليتيم الذي لم يبلغ أشده يكون غير قادر على المحافظة على ماله. ويكون غير قادر على صيانته بنفسه. وعليه فإن المسلمين جميعاً مطالبون بعدم الاقتراب مـن مـال اليتم إلا بالتي هي أحسن.

(3) منع التطفيف في الكيل والميزان

يقول الله سبحانه وتعالى:

" وأوفوا الكيل إذا كلتم وزنوا بالقسطاس المستقيم ذلك خـير وأحسـن تـأويلا". سورة الإسراء - الآية (35).

فالكيل إذا لم يكن وافياً فيه اعتداء على أموال الناس وكذلك الـوزن إذا لم يكن بالقسطاس المستقيم.

وإن التلاعب في الكيل والميزان فيه انتهاب لأموال الناس واستغفال وتحايل على الناس للاعتداء على أموالهم واكتسابها بغير وجه حق.

(4) منع أكل أموال الناس بالباطل:

يقول الله سبحانه وتعالى:

"ولا تأكلوا أموالكم بينكم بالباطل وتدلوا بها إلى الحكام لتأكلوا فريقاً من أموال الناس بالإثم وأنتم تعلمون" سورة البقرة - الآية (188).

وأكل أموال الناس بالباطل يشمل صورا مثل؛ النصب والاحتيال والرشوة.

(5) الحجر على السفيه

والسفيه هو الذي لا يحسن التصرف في المـال ولا يسـتطيع المحافظـة عليـه. ولا يدرك ما له من حقوق وما يترتب عليه من التزامات.

فيقول الله سبحانه وتعالى:

"ولا تؤتوا السفهاء أموالكم التي جعل الله لكم قياماً وارزقوهم فيها واكسوهم وقولـوا لهم قولاً معروفاً". سورة النساء - الآية (5).

(6) أمر أولي الأمر بحماية الناس وأموالهم

يقول الله سبحانه وتعالى:

"وأن احكم بينهم بما أنزل الله ولا تتبع أهواءهم واحذرهم أن يفتنوك عن بعض ما أنزل الله إليك فإن تولوا فاعلم أنما يريد الله أن يصيبهم ببعض ذنوبهم وإن كثيراً من الناس لفاسقون. سورة المائدة - الآية (49).

وما أنزله الله سبحانه وتعالى فيه صيانة لحقوق الناس وأموالهم. والحاكم المسلم مطالب من الله سبحانه وتعالى بأن يحكم بما أنزل الله ولا يتجاوز ذلك. وبذلك فإن حماية أموال الناس في ظل الدولة الإسلامية هو من أول واجبات الدولة.

كيف لا وأن رسول الله - صلى الله عليه وسلم - يقول: "أمرت أن اقاتل الناس حتى يقولوا لا إله إلا الله، فمن قالها فقد عصم مني ماله، ودمه، ونفسه، إلا بحقه، وحسابه على الله"

ويقول أيضاً: "كل المسلم على المسلم حرام، دمه وماله وعرضه".

ونعلم أيضاً أن اقتطاع الدولة من أموال الناس تحت أسماء الضرائب المختلفة لا يجوز إلا بحق. والزكاة هي حق المال الذي يقتطعه الحاكم المسلم من أموال الأغنياء ليصرف فيما شرعه الله سبحانه وتعالى.

ثالثاً: ميز الإسلام بين ملكية الفرد وملكية الأمة:

بعد أن بينا أن الإسلام قد أقر مبدأ الملكية واعتبرها حقاً مقدساً للناس لا يجوز التجاوز عنه أو التعدي عليه إلا بحق، رسم حدوداً واضحة لما هو ملك للفرد وما هو ملك للأمّة. أي إن الإسلام قد ميز بين المالية الخاصة والمالية العامة بالمفهوم المعاصر. فالمالية الخاصة هي مالية الأفراد والقطاع الخاص. والمالية العامة هي مالية الدولة والقطاع العام.

وعلى الرغم من أن القرآن الكريم قد بين الخطوط العامة التي تميز بين مالية الأفراد والمالية العامة، وأن الرسول الكريم - صلى الله عليه وسلم - قد رسم هذه المعالم بكل وضوح، إلا أننا ما زلنا في أيامنا هذه نجد خلطا في هذه الأمور ينم عن عدم الفهم الصحيح، حتى أننا نرى اختلافا بين المحدثين في تحديد طبيعة الملكية في الشريعة الإسلامية. ووجدنا تلخيصاً لهذه الآراء في "كتاب الملكية في الشريعة الإسلامية". في ثلاث مجموعات:

أ- القول بأن الشريعة الإسلامية تأخذ بالملكية الفردية المطلقة، وبالنشاط الفردي الحر، فالأفراد أحرار تماماً في الاستيلاء على ما يشاؤون من ثروات طبيعية، وهم أحرار في التصرف فيها، واستثمارها كما يشاؤون. وعلى ذلك فالملكية في الشريعة الإسلامية عند هؤلاء حق فردي مطلق.

ب- القول بأن الملكية في الشريعة الإسلامية وظيفة اجتماعية. فالمال هو مال الله والناس جميعا عباد الله، منحهم هذا المال ليكون لهم جميعاً، فهو وإن ربط باسم شخص معين، لكنه لجميع عباد الله، فاختصاص الإنسان بشيء منه إنما هو نوع من الخلافة والولاية تلقاها عن المجتمع الذي يعتبر صاحب الولاية الأولى على جميع ما في الأرض.

ج- القول بأن الملكية في الشريعة الإسلامية حق فردي له وظيفة اجتماعية. وهذا يأتي انطلاقاً من معارضة القول السابق الذي يقول بأن الملكية وظيفة اجتماعية. لأن معنى كونه وظيفة اجتماعية أنه ليس حقا لصاحبه، بل صاحبه عبارة عن موظف يحوز الثروة لمصلحة المجتمع وهذا يؤدي إلى إنكار الجانب الشخصي في الملكية، وإعطاء الدولة سلطات مطلقة على حقوق الأفراد.

وهذا القول الأخير يرى أن الدولة كالفرد؛ كلاهما يتلقى الحق منه تعالى. فالفرد عبد لله لا للدولة. فالله سبحانه وتعالى الذي منح الفرد حقه هو الذي منح الدولة حق الطاعة على الرعية في حدود رعايتها هي لأحكام الله.

ويرى أنصار هذا القول أن الملكية في الشريعة الإسلامية حق فردي مقيد، وهو كائن باستخلاف ومنح وتوظيف من الله سبحانه وتعالى، ليكون به أداء وظائف شخصية وأسرية واجتماعية حددتها الشريعة.

ونرى أن هذا الأخير هو من أصوب الآراء الثلاثة المذكورة سابقا. ونقطة الضعف في هذا الرأي هي كونه يحصر حق الملكية في الشريعة الإسلامية على أنها حق فردي مقيد. وهذا هو جانب من جوانب حقوق الملكية فهناك حق ملكية فردي وهناك حق ملكية جماعي للأمة. وفي هذا السياق نستذكر قول الله عز وجل:

"يا أيها الذين آمنوا أطيعوا الله وأطيعوا الرسول وأولي الأمر منكم فإن تنازعتم في شيء فردوه الى الله والرسول إن كنتم تؤمنون بالله واليوم الآخر ذلك خير وأحسن تأويلاً". سورة النساء - الآية (59).

4-1 مصادر المال العام

(1) أموال الزكاة

الزكاة هي جزء من المال العام الذي تمتلكه الدولة وتحصله من الأشخاص القادرين وفق شروط محددة على ان تنفقه في مصارف محددة.

فالزكاة هي المصدر الأول للمالية العامة. وامتلاك الدولة لهذا المال ليس رهنا للظروف والمستجدات وإنما هو محدد وفقاً للشرع الحكيم.

وعندما قال الله سبحانه وتعالى:

" **خذ من أموالهم صدقة تطهرهم وتزكيهم بها**" سورة التوبة - الآية (103).

قد شرع لرسوله الكريم وللخلفاء من بعده بتحصيل هذا المال ومن ثم جبايته لمصلحة بيت المسلمين ليكون جزءاً من ملكية الأمة.

وعندما قال الله سبحانه وتعالى:

"**إنما الصدقات للفقراء والمساكين والعاملين عليها والمؤلفة قلوبهم وفي الرقاب والغارمين وفي سبيل الله وابن السبيل**". سورة التوبة - الآية (60).

قد حدد كيفية التصرف في هذا المال العام وحصر الله سبحانه وتعالى المستحقين لهذا المال عن سواهم من أبناء الأمة.

(2) أموال الأنفال

والأنفال تشمل جميع المكاسب المالية التي يكتسبها المسلمون من الأعداء سواء كان ذلك بحرب أو بدون حرب.

ويقول الله سبحانه وتعالى:

يسألونك عن الأنفال قل الأنفال لله والرسول فاتقوا الله وأصلحوا ذات بينكم وأطيعوا الله ورسوله إن كنتم مؤمنين". سورة الأنفال - الآية (1)

والنفل كما هو معروف الثمر الزائد الذي تحمله الأشجار ثم يتساقط ليبقى الثمر القابل للنمو والنضوج.

وبذلك يكون تسمية المكاسب المالية التي يكتسبها المسلمون من الأعداء بهذا الاسم ؛ لأنها زيادة ولأنها ليست هي الثمر المقصود والذي يبقى على الأشجار

حقيقة. لأن حقيقة مواجهة الإسلام مع أعدائه هـدفها نشر ـ الإسلام في الأرض وصيانته وإقامة شرع الله في الأرض، وهذه الأهداف هي الثمر القابل للنمو والنضوج، ومـع أن هذه الأموال (الانفال) هي في الأصل ملك لله، والرسول هو الذي يمثل الدولة الإسلامية، فهي بذلك تدخل في ملك الدولة، وبالتالي مالية الأمة. ونقـول بالرغم مـن أن هـذا هـو الأصل في هذه الأموال إلا أن الله سبحانه وتعالى قد جعلنا نميز بين نوعين منها:

أ- الغنائم.

ب- الفيء.

أ- الغنائم

هي الأمـوال التـي تكتسـب مـن الأعداء بالقوة العسكرية / بالقتال. وهذه الغنائم قد أباح الله سبحانه وتعالى للمقاتلين من جيوش الإسلام بامتلاك أربعة اخماسها. وبذلك فقد أبقى سبحانه وتعالى الخمس الباقي ليكون ملكا عاما. مـن ضمن ملكيـة الأمة حيث قال سبحانه وتعالى:

"وأعلموا أنما غنمتم من شيء فإن لله خمسه وللرسول ولذي القربى واليتامى والمساكين وابن السبيل إن كنتم آمنتم بالله وما أنزلنا على عبدنا يوم الفرقان يوم التقى الجمعان والله على كل شيء قدير". سورة الأنفال – الآية (41)

وبالتالي فإن خمس الغنائم يعتبـر مـن المصـدر الثاني للمـال العـام. وقـد حـدد الشارع الحكيم سبل تخصيص هذا المال وتمليكه، فهو حصراً:

(1) لله وللرسول (2) لذي القربى (3) اليتامى (4) المساكين (5) ابن السبيل.

ب- الفيء:

هو المال المكتسب من الأعداء مـن غيـر قتـال أو بالقوة غـير الحربيـة. وإن الله سبحانه وتعالى قد أبقى هذا المال عاما للأمة الإسلامية.

ويقول الله سبحانه وتعالى:

"وما أفاء الله على رسوله منهم فما أوجفتم عليـه مـن خيل ولا ركاب ولكـن الله يسلط رسله على من يشاء والله على كل شيء قدير(6) وما أفاء الله على رسوله

من أهل القرى فلله وللرسول ولذي القربى واليتامى والمساكين وابن السبيل كي لا يكون دولة بين الأغنياء منكم وما آتاكم الرسول فخذوه وما نهاكم عنه فانتهوا واتقوا الله إن الله شديد العقاب(7) للفقراء المهاجرين الذين أخرجوا من ديارهم وأموالهم يبتغون فضلاً من الله ورضواناً وينصرون الله ورسوله أولئك هم الصادقون(8) والذين تبوءوا الدار والإيمان من قبلهم يحبون من هاجر إليهم ولا يجدون في صدورهم حاجة مما أوتوا ويؤثرون على أنفسهم ولو كان بهم خصاصة ومن يوق شح نفسه فأولئك هم المفلحون(9) والذين جاؤوا من بعدهم يقولون ربنا اغفر لنا ولإخواننا الذين سبقونا بالإيمان ولا تجعل في قلوبنا غلاً للذين آمنوا ربنا إنك رؤوف رحيم". سورة الحشر - الآيات (6 - 10)

وقد ورد في تفسير ابن كثير:

الفيء هو كل مال أخذ من الكفار من غير قتال ولا إيجاف خيل ولا ركاب. كأموال بني النضير هذه فإنها مما لم يوجف المسلمون عليه بخيل ولا ركاب. أي لم يقاتلوا الأعداء فيها بالمبارزة والمصاولة بل نزل أولئك من الرعب الذي ألقى الله في قلوبهم من هيبة رسول الله صلى الله عليه وسلم فأفاء الله على رسوله ولهذا تصرف فيه كما يشاء فرده، على المسلمين، في وجوه البر والمصالح التي ذكرها الله عز وجل في الآيات المشار إليها.

وقد ورد في تفسير ابن كثير أيضاً عن عمر بن الخطاب - رضي الله عنه - أنه قد قرأ "إنما الصدقات للفقراء والمساكين - حتى بلغ - عليم حكيم" ثم قال هذه لهؤلاء. ثم قرأ "واعلموا أنما غنمتم من شيء فإن لله خمسه وللرسول ولذي القربى..." الآية ثم قال: هذه لهولاء. ثم قرأ "ما أفاء الله على رسوله من أهل القرى فلله وللرسول ولذي القربى - حتى بلغ - والذين تبوءوا الدار والإيمان من قبلهم - والذين جاؤوا من بعدهم" ثم قال: استوعبت هذه المسلمين عامة وليس لأحد إلا وله فيها حق ثم قال: لئن عشت ليأتين الراعي وهو بسرد حمير نصيبه فيها لم يعرق فيها جبينه.

وثمة أمر يرتبط بموضوع الفيء كثيراً ما نجد تضاربا في الآراء حوله في كتابات المسلمين المعاصرين. وهو موضوع الأراضي وملكيتها في الإسلام.

والذي يهمنا إبرازه هنا أن الإسلام قد اقر مبدأ الملكية الفردية في الأرض . إلا أن نطاق هذه الملكية كان محصوراً في الأراضي التي كانت مملوكة سابقاً لأصحابها قبل الإسلام والذين دخلوا في الإسلام مثل أرض المدينة المنورة ومكة

المكرمة وما حولها. وهناك نوع آخر من هذه الملكية التي صالح أصحابها دولة الإسلام وفقاً لشروط الصلح إذا أقرها على ذلك.

وإن أوسع أبواب الملكية العامة في الإسلام هو ملكية الأراضي التي أصبحت خاضعة لدولة الإسلام بالحرب والجهاد.

فجميع الأراضي في الدولة الإسلامية باستثناء ما ذكرناه سابقاً هي أراضٍ مملوكة ملكية عامة لسائر الأمة الإسلامية، وهي أراضي وقف لسائر المسلمين من كان منهم ومن سيكون لا يجوز عليها بيع أو شراء.

وهذه الأراضي مثل أرض مصر وبلاد المغرب وفلسطين وبلاد الشام والعراق وسائر البلاد التي فتحها المسلمون.

ولا نعرف لماذا يريد أن يجتهد المجتهدون في هذا الموضوع بالرغم من أنه كان معروفاً للمسلمين في العصور السالفة.

فمن هو أفقه في الدين من عمر – رضي الله عنه - والصحابة الكرام في عصره، الذي قضى بأن تكون البلاد المفتوحة على أيدي المسلمين أراضيها فيء لعامة المسلمين وهي أراضي وقف للأمة الإسلامية.

أما الموضوع الذي يرتبط بأراضي الفيء التي هي أهم مجال من مجالات الملكية العامة، فهو الخراج. الخراج هو بدل الناتج الذي تتقاضاه الدولة الإسلامية ممن يستثمرون الأرض ويزرعونها. ولا نريد أن نتعرض هنا للمعنى الحرفي لكلمة خراج ففي قواميس اللغة ما يغني عن ذلك. ولكن الذي يهمنا إبرازه هنا أن الأرض الخراجية في ديار الإسلام هي الأرض التي فرض الخراج لقاء استغلالها من قبل العاملين عليها. وإن ملكية هذه الأرض هي ملكية عامة لعموم المسلمين وتعتبر من أراضي الوقف الإسلامي فلا تورث ولا تورَّث ولا يجوز عليها بيع أو شراء ولا تأجير ولا مزارعة من قبل الأفراد سواء كانوا مسلمين أو ذميين فهي ملك الأمة الإسلامية والأجيال الإسلامية. وإن الخراج الموضوع على استغلال هذه الأرض لا يسقط بالإسلام للعاملين عليها.

ونشير هنا إلى أن الخراج الموضوع على الأرض الخراجية ليس ضريبة وإنما هو ناتج وهناك فرق كبير بين الناتج والضريبة. فالخراج هو ناتج عن الأرض لأن مالكيها هم مجموع الأمة الإسلامية ويبقى الناتج وإن انتقلت الأرض من أيدي أهل الذمة الى أيدي المسملين، فيجب على المسلمين دفع الخراج لأنه مؤبد مع الأرض. وهكذا، بقي الخراج طوال العهود الإسلامية.

وهناك أمر آخر يرتبط في ملكية الأرض ألا وهو المعادن الظاهرة والباطنة. وهذه المعادن حكمها حكم الأرض نفسها:

فهي ملك عام إذا كانت في أراضي الأمة، وبالتالي فإن الدولة تستثمرها لصالح عامة المسلمين بالأسلوب الأمثل. وإن مثل هذه الثروات لا يمكن أن تكون حكراً لصالح فئة من الناس.

وإذا علمنا أن الأراضي بشكل عام في ديار الإسلام تؤول ملكيتها إلى عموم المسلمين باعتبارها من الفيء الذي أوقف منذ بدايات الإسلام والفتح الإسلامي إلى أبناء الأمة الإسلامية فهي ملك الأمة الإسلامية. وبالتالي فإن المعادن الظاهرة والباطنة بشكل عام في ديار الإسلام تؤول حكماً إلى عموم المسلمين.

وللدولة الإسلامية أن تستثمرها مباشرة كما كان الأمر في أراضي الصوافي والقطائع. ولها أن تستثمرها بطريقة غير مباشرة كما كان الأمر في أراضي الخراج. وفي جميع الأحوال فإن عائد الاستثمار هو حق لعموم أبناء الأمة الإسلامية.

(3) أموال الجزية وعشور التجارة

* الجزية

الجزية هي ما يؤخذ من أهل الذمة ومن في حكمهم الخاضعين لدولة الإسلام والجزية ثابتة بنص القرآن الكريم حيث يقول الله سبحانه وتعالى:

"قاتلوا الذين لا يؤمنون بالله ولا باليوم الآخر ولا يحرمون ما حرم الله ورسوله ولا يدينون دين الحق من الذين أوتوا الكتاب حتى يعطوا الجزية عن يد وهم صاغرون". سورة التوبة – الآية (29).

فالجزية مبلغ معين يوضع على رؤوس من انضموا تحت راية المسلمين ولكن لم يشاؤوا الدخول في الإسلام. وعن مقدار الجزية فإن أحسن الآراء هو ما ذكره أبو حنيفة، فقد صنف الناس ثلاثة أصناف: أغنياء يؤخذ منهم ثمانية وأربعون درهما في السنة، وأوساط يؤخذ منهم أربعة وعشرون درهماً، وفقراء يؤخذ منهم اثنا عشر درهما. ويرى مالك أن تقدير الجزية موكول للولاة. وحدد الشافعي أقلها بدينار وترك للولاة تقدير ما يزيد عنه حسب الحالة.

*** عشور التجارة (الجمارك)**

العشر الذي يؤخذ من تجار دار الحرب إذا دخلوا الأرض الإسلامية، وما له علاقة بهذا المعنى وهو شبيه بنظام الجمارك الحالية فهذا الذي يكون مآله بيت المال ويصرف مصارفه.

وليست العشور من الموارد التي ذكرها القرآن الكريم ولكنها اجتهاد اتضح في عهد عمر - رضي الله عنه - ويحكي أبو يوسف قصة ذلك فيقول: إن أهل مَنْبِج كتبوا إلى عمر بن الخطاب - رضي الله عنه - يقولون: دعنا ندخل أرضك تجاراً وتعشرنا، فشاور عمر أصحاب رسول الله - صلى الله عليه وسلم - فأشاروا عليه به، فكانوا أول من عشر من أهل الحرب.

(4) مصادر أخرى للمال العام

أ- واردات الأملاك العامة من ظاهر الأرض وباطنها

يقول الإمام الشافعي: كل عين ظاهرة كنفظ أو قار أو كبريت أو موميا أو حجارة ظاهرة كموميا من غير ملك لأحد فليس لأحد أن يحتجزها دون غيره ولا لسلطان أن يمنعها لنفسه ولا لخاص من الناس لأن هذا كله ظاهر كالماء والكلأ والناس شركاء فيه.

وفي مذهب الإمام مالك (إن المعادن سائلة كانت أم جامدة كالنفط والذهب والفضة والنحاس وما إلى ذلك تعتبر ملكاً للأمة كلها ولو وجدت في أرض مملوكة ملكاً خاصاً لأنها ليست جزءاً من الأرض ولا من ما فيها) وفي هذا يصبح من حق الدولة أن تستثمر كل المعادن الموجودة في الدولة الإسلامية.

وعلى كل حال فإن ربع الأملاك العامة مرجعه إلى خزينة الدولة في نظام إسلامي. ويصبح هذا المورد من أكبر موارد الدولة على اعتبار أن العالم الإسلامي مليء بالمواد الخام.

ب- التركات التي لا وارث لها والأموال التي لا أصحاب لها

تركة من لا وارث له أو ما تبقى من التركة بعد ميراث أحد الزوجين إذا لم يكن هناك وارث إلا أحد الزوجين ولم يكن الزوج أو الزوجة ذا قرابة يمكن بها رد باقي التركة عليه. والأموال التي لا أصحاب لها مثل أموال اللقطة التي لا يعرف صاحبها. وكذلك من هذا المورد المال الذي لا يعرف صاحبه كمال فر عنه أصحابه أو مال أنكره أصحابه لوجود شبهة به.

المصادرات

من هذه المصادرات التي مردها إلى بيت مال المسلمين: مصادرات الأموال الربوية بعد تصفيتها وإعطاء أصحابها رؤوس أموالهم فقط. مصادرة أموال المغنيين والموسيقيين والراقصين والبغايا وكل من اكتسب عن طريق الحرام حتى غني. مصادرة أموال أندية القمار واللهو وإعطاء أصحابها رأس مالهم فقط. وكذلك مصادرة أموال المرتدين من ملحدين وزنادقة وأمثالهم.

التوظيف والضرائب حين الحاجة اليها

يقول الإمام الشاطبي:

" إنا إذا قررنا إماماً مطاعاً مفتقراً إلى تكثير الجند وسد الثغور وحماية الملك المتسع الإقطاع وخلا بيت المال، وارتفعت حاجة الجند إلى ما لا يكفيهم - فللإمام إذا كان عدلا - أن يوظف على الأغنياء ما يراه كافيا لهم في الحال إلى أن يظهر مال بيت المال، ثم إليه النظر في توظيف ذلك على الغلات والثمرات وغير ذلك. وإنما لم ينقل مثل هذا عن الأولين لاتساع بيت المال في زمانهم بخلاف زماننا.

فإنه لو لم يفعل الإمام ذلك النظام بطلت شوكة الإسلام وصارت ديارنا عرضة لاستيلاء الكفار".

5-1 أسس النظام الاقتصادي الإسلامي

هناك ستة أسس للنظام الاقتصادي الإسلامي وهي كما يلي:

1- إفراد الملك لله سبحانه وتعالى، واستخلاف الإنسان في ذلك

إن أول ما يجب على الفرد المسلم اعتقاده - في شأن المال - أن يعتقد أن المالك الحقيقي لهذه الأموال التي بين يديه هو الله سبحانه وتعالى، فهو يتصرف بها كيف يشاء، لأنه هو مالكها وهو الذي خلقها وأوجدها، أما الإنسان، فهو مستخلف من قبل الباري جل وعلا في استخدام هذه الأموال وتنميتها، بالقدر الذي يمكنه من تحقيق عمارة الأرض التي استخلفه الله فيها.

والآيات الدالة على ذلك كثيرة ومتعددة: منها قوله تعالى: **(وهـو الـذي جعلكم خلائف الأرض)** سورة الانعام – الآية 165

وقوله جل شأنه **(هو أنشأكم من الأرض واستعمركم فيها)** سورة هود – الآية61

وقوله (........**وآتوا من مال الله الذي آتاكم)** سورة النور – الآية 33.

وقال أيضاً: **(آمنوا بالله ورسوله وأنفقوا مما جعلكم مستخلفين فيه)** سورة الحديد – الآية 7.

جاء في تفسير الكشاف في معنى الآية: (إن الأموال التي في أيديكم إنما هي أموال الله بخلقه وإنشائه لها، وإنما مولكم إياها، وخولكم الاستمتاع بها، وجعلكم خلفاء في التصرف فيها، فليست هي أموالكم في الحقيقة، وما أنتم فيها إلا بمنزلة الوكلاء والنواب، فأنفقوا منها في حقوق الله، وليهن عليكم الإنفاق منها كما يهون على الرجل النفقة من مـال غـيره إذا أذن له فيه).

أما الإمام القرطبي فيعقب على هـذه بقولـه: (إنهـا دليـل علـى أن أصـل الملـك لله سبحانه، وأن العبد ليس له فيه إلا التصرف الذي يرضي الله، فيثيبه على ذلك بالجنة، على أن يقول : (وهذا يدل على أن هذه الأموال ليست بأموالكم في الحقيقة .. وما هم فيها إلا بمنزلة الوكلاء والنواب).

2- الإيمان بأن الله تعالى سخر ما في الكون لخدمة الإنسان ولمزاولة نشاطه الاقتصادي

وهذا يعني: (أن البيئة بمـا فيهـا مـن مـوارد طبيعيـة كـالأرض، والمـاء، والنبات، والحيوان، والجماد، خلقها الله وذللها وسخرها للإنسان).

قال تعالى: (**ألم يروا أن الله سخر لكم ما في الأرض، والفلك تجري في البحر بـأمره)** سورة الحج – الآية 65.

وقال أيضاً: (الله الذي خلق السموات والأرض، وأنزل من السماء ماء فأخرج به من الثمرات رزقاً لكم، وسخر لكم الفلك لتجري في البحر بأمره، وسخر لكم الأنهار، وسخر لكم الشـمس والقمر دائبين وسخر لكم الليل والنهار، وآتاكم من كل ما سألتموه، وإن تعدوا نعمة الله لا تحصوها إن الإنسان لظلوم كفار) سورة إبراهيم – الآيات 31....34.

وقال جل شأنه: (ألم تروا أن الله سخر لكم مـا في السـماوات ومـا في الأرض، وأسبغ عليكم نعمه ظاهرة وباطنة....) سورة لقمان – الآية 20

ويعني هذا الأساس أيضاً: (أن المخلوقات البشرية مسخرة بعضها لبعض كي تتمكن من العيش في نظام اجتماعي متعاون ومنظم، لكي تكون قادرة على استغلال هذه الموارد المسخرة لها، والانتفاع بخيراتها، ولكي تقوم بدور بناء نحو مجتمع إنساني رفيع). وإلى جميع ذلك أشار القرآن الكريم، حيث يقول تعالى:

(.... نحن قسمنا بينهم معيشتهم في الحياة الدنيا، ورفعنا بعضهم فوق بعض درجات، ليتخذ بعضهم بعضاً سخرياً ورحمة ربك خير مما يجمعون) سورة الزخرف - الآية 32.

يقول سيد قطب في تفسير الآية: (إن كل البشر مسخر بعضهم لبعض في كل وضع وفي كل ظرف فالعامل مسخر للمهندس ومسخر لصاحب العمل، والمهندس مسخر للعامل ولصاحب العمل، وصاحب العمل مسخر للمهندس وللعامل على السواء، وكلهم مسخرون للخلافة في الأرض بهذا التفاوت في المواهب والأعمال).

3- الإيمان بالتفاوت في الرزق

ويعني هذا الأساس أيضاً: أنه يجب على الفرد المسلم الذي يباشر أي نشاط أو عمل، أن يسعى طبقاً لأوامر الله في الحصول على الرزق، ويرضى بما قسمه الله له، ذلك أن الله تعالى هو المقسم لهذه الأرزاق بين عباده، وفق حكمته وعدله وعلمه بما هو صالح لهم. **(نحن قسمنا بينهم معيشتهم في الحياة الدنيا، ورفعنا بعضهم فوق بعض درجات....)** سورة الزخرف - الآية 32.

فمن الناس من لا يصلح له إلا الفقر فإذا أغناه الله فسد حاله، ومنهم من إذا قبض الله عنه الرزق فسد حاله **(ولو بسط الله الرزق لعباده لبغوا في الأرض، ولكن ينزل بقدر ما يشاء إنه بعباده خبير بصير)** سورة الشورى - الآية 27.

والأصل في تقرير هذا الأساس: قول الباري جل في علاه: **(والله فضل بعضكم على بعض في الرزق، فما الذين فضلوا برادي رزقهم على ما ملكت أيمانهم، فهم فيه سواء، أفبنعمة الله يجحدون)** سورة النحل - الآية 71.

وهذا التفاوت في الرزق لا يعني أبداً أن هناك تفضيلاً لأحد أو تمييزاً لفرد على آخر، وإنما يعني: أن هناك تفاوتاً في الإمكانات والقدرات المختلفة في الكم والنوع، من فرد لآخر، مما يترتب عليه التفاوت بينهم في الرزق، والحكمة في هذا التفاوت هي كما أخبرنا عنها القرآن الكريم بقوله: **(.... ليتخذ بعضهم بعضاً سخرياً....)** سورة الزخرف - الآية 32.

4- الإيمان بأن مزاولة النشاط الاقتصادي عبادة

يجب على الفرد المسلم أن يؤمن إيماناً راسخاً بأن مزاولة النشاط الاقتصادي في ضوء أحكام الشريعة عبادة يثاب عليها، وأنه إذا ما تقاعس عن هذه الفريضة، ولم يقم بأي نشاط ولم يبذل أي جهد في سبيل ذلك، فهو آثم على فعله هذا. ذلك لأن الله سبحانه وتعالى، عندما أنعم على الإنسان بهذا المال، ووضعه في يده وتحت تصرفه، نهاه عن خزن هذا المال واكتنازه، وحجبه عن أداء وظيفته الأساسية في إسناد وتوسيع التنمية الاقتصادية التي تعود بالخير إلى جميع الأمة، وأمره بأن ينتفع بذلك المال، وسهل له الطرق، ووسع له مجالات الكسب الحلال ونوع له طرق الاستثمار، وأتاح أمامه فرصاً واسعة وكبيرة للتصرف في هذه الأموال، والتوصل إلى الكسب الحلال.

وبذلك تتسع ميادين العمل، ويعم الرخاء بين أفراد الأمة، وتحل الأزمات الاقتصادية، وفي ذلك تلبية للحاجات المادية اللازمة للجسد، وإشباع لحاجاته الروحية أيضاً، وفوق ذلك كله فيه عبادة للباري يثاب عليها، قال عليه الصلاة والسلام: "إن من الذنوب ذنوباً لا يكفرها الصلاة ولا الحج ولا العمرة، ولكن يكفرها الهموم في طلب العيش".

5- الإيمان بأن الإنسان سيحاسب على نشاطه في ميادين الحياة كافة:

يجب على الفرد المسلم أن يؤمن إيماناً مطلقاً بأنه محاسب على رزقه من أين اكتسبه؟ وفيم أنفقه؟؟. ذلك لأن الله سبحانه وتعالى - كما سبق القول - هو المالك الحقيقي لهذه الأموال، وهو الذي استخلف عباده فيها، وفق معايير وقواعد يجب عليه الالتزام والتقيد بها، وهذه القواعد والمعايير وبمعنى أخص (الأحكام الشرعية) ستكون هي أساس المحاسبة في الآخرة، وسيجازى المرء وفق ذلك (إن خيراً فخير، وإن شراً فشر).

والأصل في تقرير هذا الأساس من أسس الاقتصاد الإسلامي، هو قوله تعالى **(أن ليس للإنسان إلا ما سعى وأن سعيه سوف يرى)** سورة النجم - الآيات (37-38).

وقوله عليه الصلاة والسلام: "**إن المرء ليسأل عن ماله، من أين اكتسبه؟ وفيم أنفقه**".

الأساس السادس: الإيمان بأن الفرد مراقب من قبل الباري في كل عمل أو تصرف بما فيه نشاطه الاقتصادي

فالفرد المسلم مراقب في كل عمل أو تصرف من قبل الباري جل وعلا، ولا شك بأن الإنسان إذا أيقن بهذا فإنه سيتولد لديه سلوك ذاتي متميز وهو يمارس كُلَّ أنشطته وأعماله في هذه الحياة، فالفرد المسلم يقوم بطرح الأمور وعرضها على شرع الله قبل تنفيذها، فإذا كانت موافقة لأحكامه وقواعده قام بها، أما إذا كانت تتعارض مع تلك القواعد والأحكام، ولا تنسجم مع شرع الله، فإنه يمتنع عنها ولا يمارسها، مهما كانت الأرباح الناتجة عنه.

والأصل في تقرير هذا الأساس هو قوله سبحانه وتعالى: (**.... وهو معكم أينما كنتم، والله بما تعملون بصير**) سورة الحديد - الآية 4.

وقوله عليه الصلاة والسلام في الحديث الذي يرويه سيدنا عمر بن الخطاب حين سئل عن معنى الإحسان فقال: "**هو أن تعبد الله كأنك تراه، فإن لم تكن تراه، فهو يراك**" رواه مسلم.

هذه هي أهم وأبرز الأسس التي يقوم ويرتكز عليها نظام الإسلام الاقتصادي، تلك الأسس التي ما إن تمسك بها الفرد المسلم وهو يمارس نشاطه الاقتصادي - بل أنشطة الحياة كافة - حتى يصبح مثالاً يحتذى به في السلوك السوي والخلق الرفيع، مما يبعث روح الأخوة والتسامح والتكافل بين أفراد المجتمع كافة.

1-6 خصائص النظام الاقتصادي الإسلامي:

ويتسم هذا النظام بخصائص محددة تكفل تسييره بمعدلات أداء مرضية، وتهدف، في النهاية، إلى تحقيق مقاصد الشريعة من حفظ للنفس والمال والعقل والنسل والدين. ومن أهم الخصائص ما يلي:

1- أهمية دافع الربح في تسيير النشاط الاقتصادي، ولكن بمفهوم وضوابط إسلامية محددة.

2- أهمية نظام السوق وميكانيكية الأثمان بضوابطه الإسلامية - السوق التعاونية الإسلامية، والأثمان "العادلة".

3- مركز وأهمية "العمل" في هذا النظام، واقترانه بالإيمان.

4- الحرص على الإنفاق بشعبه الثلاث: الاستهلاكي والاستثماري والصدقي، على أساس أن الإنفاق هو جوهر التنمية المستمرة.

5- تحريم الربا، كركن أساسي في هذا النظام منعا للاستغلال، وضماناً لتوافر مجتمع منتجين باستمرار.

6- توافر صيغ استثمار حقيقي للأموال عن طريق تضافر العمل ورأس المال.

7- تحريم الاحتكار والاكتناز وكل الممارسات الخاطئة في النشاط الاقتصادي، من غش وتدليس ونجش، ... الخ. وذلك ضماناً لسوق إسلامية "كاملة".

8- نظام مالي متكامل مركزه الزكاة بشكل دعامة أساسية لدور محدد للدولة في توجيه وترشيد النشاط الاقتصادي.

9- تكافل اجتماعي بناء، يعمل على توفير "تمام الكفاية" لكل فرد من أفراد المجتمع، ويدفع الجميع على الاشتراك الفعلي في النشاط الاقتصادي، تعميراً للأرض.

10- نظام توزيع فاعل، يقوم على أساس معايير العمل والحاجة والضمان، فالغنم بالغرم، والخراج بالضمان - فمن يعمل يكسب، ومن لا يستطيع أن يسد احتياجاته الأساسية (ضرورية وحاجية وتحسينية) عن طريق العمل، يتم مقابلة بقية هذه الاحتياجات من خلال معيار الحاجة. ومن يتحمل المخاطرة يستحق العائد الحلال.

11- نظام ملكية متعدد يشمل ملكية الدولة، والملكية العامة، والملكية الخاصة، على أساس أن النوع الأخير يشكل عصب هذا النظام، ويضبط بضوابطه الشرعية، بمعنى قيامه بوظيفته الاجتماعية.

12- نظام رقابي ذاتي شامل من الفرد على نفسه، ومن الفرد على الحاكم، ومن الحاكم على الفرد، ومن الخالق تبارك وتعالى على الجميع، يكفل كرامة الفرد وعزة المجتمع، ويؤدي إلى أقصى معدلات آداء ممكنة على المستويين الفردي والكلي.

أسئلة للمناقشة

السؤال الأول: وضحّ معالم المال في الإسلام.

السؤال الثاني: أ- اشرح مفهوم الملكية في الإسلام.

ب- ما هي سمات وخصائص الملكية في الإسلام؟

السؤال الثالث: اشرح أسس النظام الاقتصادي في الإسلام.

السؤال الرابع: ما هي خصائص النظام الاقتصادي الإسلامي؟ مع الشرح.

أسئلة موضوعية

1- أي العبارات التالية صحيحة فيما يتعلق بالمال:

العبارة الأولى: التفاضل بين الناس في النظام الرأسمالي بمقدار ما يملكون من المال.

العبارة الثانية: التفاضل بين الناس في النظام الإسلامي لا يكون بمقدار امتلاكهم للأموال.

أ- العبارة الأولى صحيحة   ب- العبارة الثانية صحيحة

ج- العبارتان صحيحتان   د- كلتا العبارتين غير صحيحتين

2- أي من الآتية ليست من صور المحافظة على حقوق الملكية في الإسلام.

أ- تطبيق حد السرقة.

ب- منع الاقتراب من أموال اليتامى.

ج- الحجر على السفيه.

د- التطفيف في الكيل والميزان

3- أي من الآتية لا يعتبر من مصادر المال العام في الدولة الإسلامية.

أ- أموال الزكاة.

ب- أموال الأنفال.

ج- أموال الضرائب.

د- أموال الجزية وعشور التجارة.

4- تعتبر من أسس النظام الاقتصادي الإسلامي باستثناء.

أ- نظام الآتية ملكية متعدد: الملكية العامة والخاصة وملكية الدولة.

ب- مزاولة النشاط الاقتصادي يعتبر عبادة.

ج- إفراد الملك لله سبحانه وتعالى – واستخلاف الإنسان في ذلك.

د- الايمان بتفاوت الرزق.

5- تعتبر الاتية من خصائص النظام الاقتصادي الإسلامي ما عدا.

أ- تحريم الربا.

ب- سيحاسب الإنسان على نشاطه في ميادين الحياة كافة.

ج- أهمية العمل وأقترانه بالإيمان.

د- الحرص على الإنفاق الاستهلاكي والاستثماري والصدقي.

الفصل الثاني
الجهاز المصرفي

الفصل الثاني

الجهاز المصرفي

2-1 المقدمة:

يتكون الجهاز المصرفي في الدولة عادة من البنك المركزي والبنوك التجارية والمصارف المتخصصة في نوع معين من الأعمال أو الخدمات، وكذلك من المصارف الإسلامية، بالإضافة إلى المؤسسات المالية الوسيطة الأخرى.

وفيما يلي نستعرض أهم مكونات الجهاز المصرفي:

أولاً- البنوك المركزية

ثانياً- البنوك التجارية

ثالثاً- البنوك المتخصصة

رابعاً- المصارف الإسلامية

2-2 البنك المركزي Central Bank

مفهوم البنك المركزي:

هو مؤسسة نقدية حكومية تهيمن على النظام النقدي والمصرفي في البلد، ويقع على عاتقها مسؤولية إصدار العملة ومراقبة الجهاز المصرفي، وتوجيه الائتمان لزيادة النمو الاقتصادي للمحافظة على الاستقرار النقدي عن طريق توفير الكميات النقدية المناسبة داخل الاقتصاد وربطها بحاجات النشاط الاقتصادي.

- نشأة البنك المركزي:

إن الجذور التاريخية للصيرفة المركزية تمتد إلى منتصف القرن السابع عشر، عندما لوحظ أنه في العديد من البلدان، أخذ مصرف واحد يتولى تدريجياً مهمة إصدار الأوراق النقدية، والقيام بدور الوكيل المالي والصيرفي للحكومة، بعد

أن كان حق إصدارها متروكاً لكل المصارف، وعلى هذا الأساس سُمّيَ هذا المصرف في البداية "بنك الإصدار" أو "البنك الوطني"، ونجم عن ذلك تركيز الإصدار في يد بنك واحد، وأصبحت مسألة تنظيم إصدار العملة، وضمان تحويلها إلى ذهب أو فضة أو الاثنين معاً أهم وظائفه الأساسية، وبمرور الوقت، كنتيجة لتطور العمل المصرفي توسعت وظائفه وأغراضه لتتناول تنظيم الإصدار والإشراف على الائتمان على حد سواء.

ويمكن القول في هذا الصدد أن البنك السويدي المعروف باسم (Riks Bank) الذي أنشئ عام 1656 وبنك انكلترا (Bank of England) عام 1694 يعد من أوائل بنوك الإصدار في العالم، كما يرجع لهما الفضل في تطوير فن الصيرفة المركزية، ثم تلا ذلك إنشاء بنك فرنسا عام 1800 وبنك هولندا 1814، والبنك الوطني النمساوي 1817 والبنك الوطني البلجيكي 1850، وبنك روسيا 1860 وبنك ألمانيا 1875، وبنك اليابان 1882.

ومن الملاحظ أن بنوك الإصدار في صورتها الأولى، كانت بنوكاً تجارية خاصة، ثم منحتها الحكومات امتيازاً لاحتكار العملة مع حقها في الإشراف عليها وتسييرها طبقاً لقواعد مرسومة كما حدث في هولندا عام 1814، والنمسا عام 1817، وانكلترا 1844 وفرنسا 1848 وروسيا 1860 واسبانيا 1873، واليابان 1882 والسويد 1897، وقد تمخض عن هذا الامتياز أن انفردت بنوك الإصدار من بين البنوك الأخرى، وبمرور الزمن وبعد أن كسبت بنوك الإصدار احترام البنوك الأخرى وشاع استعمال الأوراق النقدية من قبلها وتوليها الوكيل المالي للدولة، توسعت اختصاصاتها لتشمل، ليس الإصدار فحسب، بل المحافظة على احتياطيات البلد من الذهب أيضاً، كما وجدت المصارف التجارية أن من المناسب لها أن تحتفظ لدى بنك الإصدار بحساب خاص تودع في أرصدتها النقدية (احتياطاتها النقدية) لتسوية حساباتها، وبذلك أصبح بنك الإصدار يقوم بوظيفة الأمين أو الحارس لاحتياطات المصارف التجارية، ومن هذه الوظيفة تفرعت وظائف أخرى أهمها اعتباره كملجأ أو كمقرض أخير تلجأ إليه المصارف التجارية للتزوّد بالسيولة، كلما كانت هناك ضرورة لذلك. وفي نهاية القرن التاسع عشر أنشئت العديد من بنوك الإصدار في بلدان العالم مثل: البرتغال ورومانيا وبلغاريا وتركيا ومصر والجزائر، وجميع هذه البنوك، احتكرت الإصدار منذ إنشائها. والسبب في منح امتياز إصدار الأوراق النقدية إلى بنك واحد، أنّ توحيد الإصدار يسهل إشراف الدولة عليه ويزيل حالة الإفراط في الإصدار التي تنشأ عن تعددية جهات الإصدار.

وعندما أدركت الحكومات خطورة احتكار حق إصدار العملة من قبل مؤسسات مصرفية خاصة في حين أن الإصدار يمس مصلحة عامة، اتجهت إلى تأميمها. ومن أوضح الأمثلة على ذلك تأميم بنك فرنسا عام 1945 وانكلترا عام 1946.

ومع مطلع القرن العشرين أخذ إنشاء البنوك المركزية من قبل الحكومات بدلاً من رؤوس الأموال الخاصة يتوالى في بقية أرجاء العالم، وتم إنشاء البنك المركزي الأردني في عام 1964.

3-2 خصائص البنوك المركزية:

يمكن تحديد أهم الخصائص التي تتميز بها البنوك المركزية كالتالي:

1- تعتبر البنوك المركزية مؤسسات نقدية ذات ملكية عامة، فالدولة هي التي تتولى إدارتها والإشراف عليها من خلال القوانين التي تقرها، والتي تحدد بموجبها أغراضها وواجباتها، وما دامت هذه البنوك تعد إحدى أجهزة الحكومة فإن قراراتها يجب أن تكون متناسقة مع السياسة الاقتصادية العامة للبلد.

2- يعد البنك المركزي ممثلاً للسلطة النقدية التي تدير النظام النقدي، وتشرف على سير العمل المصرفي والنشاط الائتماني، والتحكم في عرض النقد المالي بما يحقق المحافظة على القيمة الداخلية والخارجية للنقد الوطني، وتعزيز الإنتاج والاستخدام، وتحقيق التوازن في المدفوعات الخارجية للبلد. كما أن البنك المركزي يمتلك من الأدوات التي تمكنه من فرض سيطرته على المصارف التجارية، وجعلها تستجيب للسياسة النقدية التي ترغب في تنفيذها.

3- تعتبر البنوك المركزية مؤسسات لا تعمل من أجل تعظيم الربح، وإنما وجدت بهدف تحقيق الصالح العام للدولة.

4- تركز البنوك المركزية جل أعمالها مع مؤسسات الحكومة، والخزينة العامة، والمؤسسات المصرفية الأخرى ونادراً ما تتعامل مع الأفراد، كما هو الحال بالنسبة للبنك الوطني البلجيكي وبنك ايطاليا.

5- يمثل البنك المركزي المؤسسة الوحيدة في البلاد التي تحتكر إصدار العملة.

6- يوجد في كل بلد بنك مركزي واحد باستثناء الولايات المتحدة الأمريكية ، حيث يوجد فيها (12) مؤسسة للإصدار النقدي خاضعة لسلطة نقدي ة مركزيه ممثلة

بمجلس الاحتياط الفدرالي (Federal Reserve Board) الذي يحدد السياسة النقدية للبلد، والتي تلتزم بتنفيذها جميع بنوك الإصدار.

4-2 وظائف البنوك المركزية

1- وظيفة الإصدار النقدي:

يعتبر البنك المركزي الجهة الوحيدة المخولة من قبل الحكومة بحق إصدار العملة الوطنية المتداولة، وهذه المهمة أو الوظيفة تقتصر عليه دون غيره من المؤسسات المالية والمصرفية الأخرى. وتعد هذه الوظيفة أولى الوظائف التي تكفّل بها البنك المركزي، وارتبطت بمبررات تأسيسه بوصفه بنكاً للإصدار من الناحية التاريخية، تمييزاً له عن بقية المصارف والمؤسسات المالية الأخرى، التي تزاول العمل المصرفي والائتماني.

وتخضع البنوك، كما كان في السابق، لقيود قانونية وتشريعية تحدد، وتنظم قدراته وإمكانياته في إصدار العملة، وهذه القيود المفروضة على حرية البنوك المركزية في الإصدار النقدي ترتبط أساساً بـ (مكونات غطاء العملة) من حيث نوعية، وحجم، أو مقدار هذه المكونات فعندما كانت النظم النقدية تستند على قاعدة الذهب، كانت التشريعات الحكومية تلزم البنوك المركزية بالاحتفاظ برصيد ذهبي يتناسب وكمية الإصدار من العملة بهدف مواجهة طلبات تحويل العملة إلى ما يساويها، أو ما يعادلها من الذهب حسب شروط قاعدة الذهب النافذة آنذاك.

وعندما تم التخلي عن قاعدة الذهب والتحول إلى قاعدة النقود الورقية الإلزامية، أصبح غطاء العملة لا يقتصر في مكوناته على الذهب وحده، وإنما الغطاء الفعلي للعملة الوطنية، مرتبطاً ومتحدداً أساساً بدرجة تطور وتنوع النشاط الاقتصادي، والقدرة الإنتاجية للبلد، والتي تنعكس على ميزان مدفوعاته. وأصبح غطاء العملة في ظل قاعدة النقود الورقية الإلزامية السائدة الآن، متنوعاً من حيث الأموال المكونة له، منها: السندات الحكومية والأوراق التجارية وأنواع من العملات الدولية الرئيسة فضلاً عن نسبة معينة من الرصيد الذهبي.

ورغم المرونة التي توفرها قاعدة النقود الورقية الإلزامية للبنك المركزي في مجال الإصدار النقدي، إلا أنها ليست مرونة تامة أو أنها غير محدودة، فالسلطات النقدية المعاصرة والممثلة في البنك المركزي تدرك تماماً أهمية الترابط القائم بين كمية النقود المتداولة من جهة، وكمية الإنتاج من السلع والخدمات من جهة أخرى، باعتبار أن العملة الوطنية تعطي لحاملها حقاً قانونياً أو عرفياً

للحصول على ما يعادلها من السلع والخدمات، لهذا فإن كمية الإصدار النقدي ترتبط بمقدار الإنتاج الفعلي، إذاً يمكن القول بأن الغطاء الفعلي للعملة الوطنية يتمثل حالياً في حجم الإنتاج الحقيقي للبلد، والذي يظهره ميزان المدفوعات.

ومن الضروري الإشارة هنا إلى أن عملية الإصدار النقدي من قبل البنك المركزي يجب أن تراعي الأهداف الاقتصادية العامة التي تسعى الدولة إلى تحقيقها، وفي مقدمة هذه الأهداف، تحقيق قدر مناسب ومقبول من الاستقرار النقدي والنمو الاقتصادي، كأهداف أساسية تسعى إليها السياسة النقدية، مما يعني في الوقت ذاته تجنب الضغوط التضخمية من جهة، وتوفير قدر مناسب من الرواج الاقتصادي من جهة أخرى.

2- وظيفة الرقابة على الائتمان المصرفي:

يعتمد البنك المركزي في تطبيقه لهذه الوظيفة على مجموعة من الإجراءات والتدابير الهادفة إلى تنظيم نشاط الجهاز المصرفي وتوجيهه الوجهة المناسبة والسليمة عن طريق فرض رقابته على عمليات الإقراض والاستثمار المصرفي التي تنعكس بدورها على حجم، أو كمية وسائل الدفع المتاحة في المجتمع، وإجمالي السيولة المحلية في البلد بهدف تحقيق الاستقرار النقدي والذي ينعكس في المحافظة على قيمة العملة الوطنية داخلياً وخارجياً، وهذا الاستقرار يمثل هدفاً أساسياً يسعى إليه البنك المركزي، أو السلطة النقدية.

إن وظيفة الرقابة على الائتمان المصرفي تتحقق من خلال استخدام البنك المركزي مجموعة من الأدوات والوسائل وهي في الوقت ذاته أدوات السياسة النقدية، والغرض من استخدام هذه الأدوات، التأثير في كمية الائتمان المصرفي ونوعيته، أو بمعنى آخر التأثير في حجم واتجاه الائتمان المقدم إلى القطاعات الاقتصادية المختلفة على أساس أن هذا التأثير سيترك أثره في عرض النقد، خاصة أن المصارف التجارية لها دور مهم في تكوين مقدار عرض النقد، لما لها من قدرة على التوسع أو الانكماش في منح وقبول القروض الائتمانية، وهذا التأثير في مكونات وحجم عرض النقد يترك آثاره في المستوى العام للأسعار، ثم في النهاية يترك آثاره في قيمة العملة الوطنية التي يسعى البنك المركزي إلى تحقيق الاستقرار النسبي في قيمتها، ليسهم في الوقت ذاته في تحقيق معدلات مناسبة من النمو الاقتصادي.

3- وظيفة البنك المركزي بنك الحكومة ومستشارها المالي:

مارست البنوك المركزية مسؤولية كونها بنك الحكومة ومستشارها المالي منـذ حصولها على امتياز حق إصدار العملة الوطنية، وأخـذت الحكومـات تحـتفظ بحسـاباتها لدى بنوكها المركزية، وتقوم الأخيرة بتنظيم مدفوعاتها وتقديم السلف والقروض قصيرة الأجل، أثناء العجز الموسمي أو المؤقت الذي يطرأ على الميزانيات السنوية، وعند الحاجـة إلى القروض الاسـتثنائية. كـما تقـوم البنـوك المركزية بإصـدار القروض الحكوميـة العامـة (إصدار السندات)، وتولي خدماتها، فضلاً عـن قيـام البنـك المركزي بالرقابـة عـلى الصرف الأجنبـي، وإدارة الاحتياطيات الماليـة الحكوميـة وتنظيمهـا، وتقـديم المشورة عنـد عقـد القروض الحكومية الداخليـة منهـا والخارجيـة، لهـذا فهـو يـمارس وظيفـة بنـك الحكومـة ووكيلها ومستشارها المالي.

وفي ضوء ما تقدم يمكن تحديد المهام التي يتولاهـا البنـك المركزي باعتبـاره بنـك الحكومة ومستشارها المالي، كما يأتي:

1- توفير العملة بالكميات المناسبة للحكومة بهدف تمكينها من تمويل إنفاقاتها الجاريـة والاستثمارية.

2- منح القروض قصيرة الأجل للحكومة لتمكينها من مواجهة العجز في ميزانيتها خاصـة في الفترات التي تزداد فيها النفقات الحكوميـة مقابـل تـأخر جبايـة بعـض الإيرادات الحكومية (الرسوم الضرائب)، على أن تعيد الحكومة هذه المبالغ المقترضة في آجالهـا المحددة.

3- تقديم القروض متوسطة، وطويلة الأجل إلى الحكومـة عـن طريـق إصـدار السـندات الحكومية، وتولي مهمـة إدارة هـذه القروض مـن خـلال قيـام البنـك المركزي بـدور المستثمر في السندات الحكومية، أي كمشترٍ لها.

4- منح القروض للمؤسسات والهيئات الحكومية من أجـل تمكينهـا مـن تمويـل نفقاتهـا الإنتاجية في فترات الأزمات الاقتصادية خاصّة.

5- إدارة الدين الحكومي العام الداخلي والخارجي نيابة عـن الحكومـة، ويتمثل الـدين الداخلي في حوالات الخزينة والسندات الحكومية، وتتم هذه الخدمة من خلال قيـام البنك المركزي ببيع هذه الأدوات في الأسواق النقدية، والأسواق المالية ووفق ضوابط وشروط محددة أهمها مدى استيعاب هذه الأسواق لحجم القروض الحكومية.

أما إدارة البنك المركزي للدين الخارجي، أي تسوية ديون الحكومة مع الأطراف الدولية سواء أكانت دولاً أم هيئات فتكون من خلال تحمل أعباء خدمة هذه الديون (أي سداد أقساط الدين مع الفوائد المترتبة عليه) نيابة عن الحكومة دون أية عمولة.

6- إدارة الاحتياطات النقدية والمالية الحكومية إذ يتولى البنك المركزي إدارة ورقابة الموجودات الحكومية كافة من ذهب وعملات دولية في تسوية المبادلات الخارجية على أساس أسعار الصرف المحددة بين العملة الوطنية والعملات الدولية.

7- تقديم المشورة المالية والمصرفية للحكومة، وإبداء الرأي حول الإجراءات والتدابير المتخذة من قبل الحكومة في المجالات والسياسات الاقتصادية المختلفة وفي مقدمتها السياستان النقدية والمالية.

4- وظيفة المقرض الأخير للجهاز المصرفي:

قيام البنك المركزي بوظيفة المقرض الأخير أو النهائي للجهاز المصرفي من الوظائف المهمة، والمقصود بها استعداد البنك المركزي لتقديم المعونة المطلوبة من المصارف لتنشيط السوق الائتماني، في حالات الضيق المالي وعن طريق وضعه ما يلزم من الأرصدة النقدية الحاضرة في هذا السوق، وجعلها تحت تصرف المصارف التجارية وبقية المؤسسات الائتمانية الأخرى، سواء أكان ذلك بتقديم القروض مباشرة إليها أم بإعادة خصم الأوراق المالية المقدمة إليه من هذه المصارف، أو قيامه، بعمليات السوق المفتوحة بغية المحافظة على سيولة النظام الائتماني ومرونته، كما قد يذهب البنك المركزي في تحقيق ذلك إلى التعامل مباشرة مع الأفراد والمشروعات.

إن التزام البنك المركزي بوضع موارده في متناول المصارف، لا يعني فقدانه لسلطته الرقابية عليها، وخاصة سلطته في التأثير على خلق الائتمان، بل العكس تماماً، إذ إنه يستطيع أن يفرض شروطه التي يراها مناسبة فيما يخص الأفراد ومن خلال تحديده لأسعار الفائدة وشروط تسديد القروض بما يتفق وأهداف السياسة النقدية والائتمانية التي يمارسها. فتكون هذه الوظيفة كمقرض أخير للجهاز المصرفي شرطاً ضرورياً لإنجاح مساعيه الرامية إلى فرض رقابته المصرفية والائتمانية على الجهاز المصرفي.

5- البنك المركزي بنك البنوك:

يحتل البنك المركزي منزلة بنك البنوك في الجهاز المصرفي. فعن طريق تقديمه للقروض والتسهيلات المصرفية لمؤسسات الجهاز المصرفي أثناء الأزمات الاقتصادية، وعند الحاجة، بصفته المقرض الأخير للجهاز المصرفي والائتماني، واعتماد الحكومة وبقية المصارف عليه في الاحتفاظ بأرصدتها واحتياطاتها النقدية لديه، وتكليفه بتسوية الحسابات المختلفة بين هذه الأطراف بإجراء المقاصة فيما بينها، وتصفية قيمة الشيكات المسحوبة على مصرف معين مع قيمة الشيكات الصادرة لصالحه أو لحسابه، من مصرف أو جهة أخرى، بحيث تظهر في نهاية عملية المقاصة الأرصدة المتبقية لصالح مصرف أو آخر. والمقاصة تسهل تسوية المدفوعاتِ بين أجزاء النظام المصرفي وتساهم في تسوية العمليات المصرفية أيضاً، لهذا فإن البنك المركزي يحتل هذه المكانة بحكم الخدمات الكبيرة التي يقدمها للجهاز المصرفي.

6- البنك المركزي مجمع لإحتياطيات المصارف:

تحتفظ المصارف التجارية باحتياطياتها النقدية لدى البنك المركزي، والذي تولى هذه المهمة تاريخياً عندما كانت المصارف التجارية تودع فائض احتياطياتها النقدية لدى بنك الإصدار (البنك المركزي فيما بعد) وبصفة خاصة عندما كان هذا الأخير يتولى مهمة تسوية الحسابات بين أطراف الجهاز المصرفي.

ويترتب على إيداع الاحتياطيات النقدية الفائضة عن حاجة المصارف، إلى البنك المركزي، تجميع هذه الأرصدة في مجمع واحد (البنك المركزي)، ووضعها تحت تصرف المصارف بمجموعها، لسد حاجة كل واحد منها من الأرصدة النقدية، فيتم تأمين سيولة الجهاز المصرفي من خلال تحويل الفائض إلى وحدات العجز. وتحول الأمر فيما بعد إلى قيام المصارف التجارية بحكم القانون أو الأعراف المصرفية بإيداع نسبة من ودائعها لدى البنك المركزي "نسبة الاحتياطي القانوني". وقد أصبحت هذه أداة من أدوات البنك المركزي في فرض رقابته المصرفية وسيطرته على النشاط الائتماني مما ساعد على مزاولة سلطاته النقدية والمصرفية المضمونة بحكم القانون والتشريعات الحكومية.

5-2 البنك المركزي وأدوات السياسة النقدية

(Central Bank and Monetary Policy)

يستخدم البنك المركزي وسائله النقدية والائتمانية لتحقيق رقابته وسيطرته على الائتمان المصرفي كمهمة أساسية يتولاها دون غيره من مؤسسات الجهاز المصرفي بهدف زيادة النمو والتنمية الاقتصادية.

ويمكن تقسيم الرقابة المصرفية والائتمانية للبنك المركزي في ثلاثة مجالات، وفقاً للأساليب والسياسات التي تستخدمها بما يتناسب مع طبيعة النظام الاقتصادي المتبع، ودرجة تطوره الاقتصادي. وهذه المجالات:

1- الرقابة الكمية على الائتمان المصرفي:

(Quantity Control on Bank Credit)

إن الهدف من استخدام أدوات الرقابة الكمية يتحدد في التأثير في حجم الائتمان المصرفي، والذي ينعكس بدوره على مستوى النشاط الاقتصادي لأن الحجم الكلي للائتمان يتوقف على عاملين هما:

1- حجم الاحتياطيات النقدية المتوافرة لدى المصارف.

2- نسبة الاحتياطي النقدي القانوني تجاه الودائع التي تحتفظ بها المصارف.

فإذا استطاع البنك المركزي التأثير في هذين الجانبين، فإنه سيكون قادراً على فرض رقابته على نشاط المصارف التجارية في تكوين الائتمان. ويمكن تناول أهم وسائل البنك المركزي في مجال الرقابة الكمية على الائتمان المصرفي في ثلاث وسائل كمية هي:

أ- سياسة سعر الخصم: (Discounting Prices Policy)

يعتبر سعر الخصم، أو كما يسمى سعر إعادة الخصم، بمثابة سعر الفائدة الذي يتقاضاه البنك المركزي من المصارف التجارية مقابل إعادة خصمه لما يقدم إليه من كمبيالات وأذونات الخزانة. كذلك يحصل البنك المركزي على سعر الخصم عند تقديمه قروضاً وسلفاً مضمونة بمثل هذه الأوراق إلى المصارف التجارية.

وتعلن البنوك المركزية عن الأسعار المستعدة لإعادة الخصم بموجبها من وقت لآخر ، وبحسب ما تقتضيه تقديرات هذه البنوك المتناسبة مع سيطرتها

وتوجهها للنشاط الائتماني والمصرفي، وفيما إذا كان يحتاج إلى المزيد من التنشيط أو التقييد.

وتسلك سياسة سعر الخصم الهادفة إلى التأثير في إجمالي الاحتياطيات النقدية المتوفرة لدى الجهاز المصرفي، اتجاهين هما:

1- تحديد الشروط الواجب توافرها في الأوراق التي يقبل البنك المركزي خصمها، أو يسمح بالإقراض بضمانها للمصارف التجارية مع إمكانية تعديل هذه الشروط بين فترة وأخرى حسب ما تقتضيه الأحوال المصرفية والائتمانية.

2- تعديل الكلفة، أو النفقة التي تتحملها المصارف عن طريق تغيير سعر الخصم.

وبما أن التغيير في كلفة الاقتراض من البنك المركزي، للمصارف التجارية، يؤدي إلى تغيير مقابل في أسعار الفائدة التي تتقاضاها المصارف عن قروضها للأفراد والمشروعات، فإنه يترتب عليه تغيير في أسعار الفائدة في السوق بوجه عام، ينتج عنه تأثير في حجم الائتمان المصرفي.

فعلى سبيل المثال، لو أراد البنك المركزي إحداث انكماش وتقليص حجم الائتمان المصرفي، يمكنه رفع سعر الخصم، فترتفع أسعار الفائدة على القروض وخاصة للأجل القصير، وينخفض نتيجة لذلك الطلب على الاقتراض من المصارف أو تحديد القروض السابقة نظراً لارتفاع كلفتها، فينخفض الائتمان المصرفي، والعكس صحيح. إلا أنه من الملاحظ، وفي أغلب الأحيان، أن تأثير خفض سعر الخصم غير فاعل في الأزمات الاقتصادية، خاصة عندما تتوفر احتياطيات نقدية كبيرة لدى المصارف التجارية فتبقى عاطلة ويصعب استثمارها وإقراضها، لانخفاض الطلب عليها في السوق، فيؤدي عملياً إلى عدم لجوء المصارف التجارية إلى البنك المركزي للاقتراض منه أو لخصم الأوراق المالية لديه، فيفقد البنك المركزي استخدام أداة سعر الخصم للتأثير في حجم الائتمان المصرفي. إلا أنه يبقى لسياسة سعر الخصم تأثير في المصارف التجارية، فهو بمثابة مؤشر لاتباع هذه المصارف اتجاهاً انكماشياً أو توسيعاً في نشاطها الائتماني، واستثمارها المصرفي.

ولأن سياسة سعر الخصم توجب وجود سوق نقدية متطورة يكون فيها التعامل نشطاً بالأوراق التجارية، وبقية أدوات الائتمان المصرفي قصيرة الأجل، فإن مثل هذه السوق لا تتوفر عادة في البلدان النامية، ووسيلة سعر الخصم فيها ذات أهمية متواضعة.

ب- عمليات السوق المفتوحة: (Open Market Operations)

ويقصد بعمليات السوق المفتوحة قيام البنك المركزي ببيع، وشراء الأوراق المالية الحكومية من تلقاء نفسه في السوق المالية والنقدية، لهذا يحتفظ البنك المركزي، بمحفظة تضم السندات الحكومية ذات الآجال المتفاوتة، وتسمى المحفظة الاستثمارية.

ويعود سبب دخول البنك المركزي بائعاً ومشترياً للسندات والأوراق المالية والنقدية المتوسطة والطويلة والقصيرة الأجل في السوق المالية والسوق النقدية، إلى محاولته التأثير في النشاط الاقتصادي، من خلال التأثير في قدرة المصارف والأفراد على التوسع، أو التقليص لحجم نشاطهم الائتماني والاستثماري.

فعندما يبيع البنك المركزي السندات في السوق، يقصد تخفيض حجم الأرصدة النقدية الموجودة لدى المصارف التجارية والأفراد، ويزيد في الوقت نفسه من حجم أرصدته النقدية، باعتبار أن المشترين للسندات سيدفعون ثمنها نقداً أو بصكوك، إلى البنك المركزي. فيقلص بهذا الإجراء من حجم عرض النقد ومن السيولة المحلية الإجمالية للاقتصاد الوطني.

أما عندما يقوم البنك المركزي بشراء السندات الحكومية من السوق المالية، فإنه يزيد من حجم الأرصدة النقدية لدى المصارف التجارية والأفراد، ويقوم بدفع ثمن هذه السندات للبائعين نقداً، أو بصكوك مصرفية، فيضيف إلى عرض النقد وإلى إجمالي السيولة المحلية للاقتصاد الوطني. فمثلاً، عند دخول البنك المركزي للسوق المالية بائعاً أو مشترياً للسندات، يهدف إلى تقييد أو تنشيط الوضع الاقتصادي، وإن كانت فاعلية سياسة عمليات السوق المفتوحة، غالباً ما تكون متواضعة، في الأزمات الاقتصادية، فالمصارف التجارية لا تقوم بالضرورة باستثمار مواردها وأرصدتها النقدية المتاحة لديها أثناء الانكماش الاقتصادي، كما أنها لا تندفع لشراء السندات الحكومية من البنك المركزي في حالات التضخم الاقتصادي، فضلاً عن أن الأفراد سينطبق عليهم ما ينطبق على استثمارات المصارف التجارية في الأزمات الاقتصادية، خاصة أن عامل التوقعات يكون من العوامل المهمة في تقرير نوع استثماراتهم، وتحديد الأرباح المتوقعة في المستقبل.

ولهذا فإن سياسة عمليات السوق المفتوحة تؤثر في أسعار الفائدة للسندات التي يبيعها البنك المركزي أو يشتريها من السوق المالية وهذا التأثير بدوره يرتبط بعنصر ـ التوقعات في الاستثمار لهذا النوع من الأوراق المالية.

كما يظهر تواضع فاعلية سياسة عمليات السوق المفتوحة بدرجة أكبر في البلدان النامية التي ما زالت تفتقد للأسواق المالية والنقدية المتطورة، وما هو موجود - من أسواق مالية ونقدية - فيها، ما زال متسماً بالمحدودية في نشاطه وضيق تداول الأوراق المالية الخاصة به.

ج- تعديل نسبة الاحتياطي النقدي القانوني

تتأثر قدرة المصارف التجارية في منحها للائتمان بنسبة الاحتياطي النقدي القانوني الذي يقررها البنك المركزي، ويلزم بها المصارف التجارية باستقطاع جزء من ودائعها كاحتياطيات نقدية تودع لدى البنك المركزي، فيمكن له استخدام هذه الوسيلة للتأثير في حجم وكمية الائتمان المصرفي الذي تمنحه المصارف التجارية.

يتوسع حجم الائتمان المصرفي أو يتقيد حسب تأثير الوضع الاقتصادي السائد، إذ يعمد البنك المركزي عادة إلى زيادة نسبة الاحتياطي النقدي القانوني أثناء فترات التضخم، إلى تخفيض هذه النسبة أثناء الكساد الاقتصادي، لتشجيع المصارف التجارية على التوسع في منح الائتمان المصرفي خاصة، والعلاقة عكسية بين توليد الودائع من قبل المصارف التجارية من جهة ونسبة الاحتياطي النقدي القانوني من جهة أخرى.

إن تغير نسبة الاحتياطي النقدي القانوني بالزيادة، أو النقصان، يعتبر من الوسائل الكمية الفاعلة في الرقابة على الائتمان المصرفي وتحديد حجمه، خاصة في البلدان النامية وهذه السياسة الخاصة يمكنها أن تؤثر في حجم السيولة لدى المصارف، وتضمن حقوق المودعين نفسها.

2- الرقابة النوعية على الائتمان المصرفي

يقصد بالرقابة النوعية، أو الكيفية، أوجه استخدام الائتمان المصرفي بصرف النظر عن كميته أو حجمه، فتنصب على الاتجاهات والمسارات التي توزع فيها المصارف التجارية مواردها النقدية بصيغة قروض، واستثمارات مصرفية مختلفة.

ويعود سبب الاعتماد على الرقابة النوعية إلى تلافي العيوب والنواقص التي يمكن أن تنشأ عن استخدام أدوات الرقابة الكمية، لذلك فإن فاعلية الرقابة

النوعية يمكن أن تعضد، وتسند الرقابة الكمية، كما أنها توفر الموارد اللازمة لتنشيط قطاع اقتصادي بقدر معين يفوق بقية القطاعات الأخرى عن طريق اتباع سياسة تمييزية بأسعار الفائدة من قبل البنك المركزي.

وللرقابة النوعية وسائل متعددة تشترك جميعها في التأثير في استعمالات الائتمان المصرفي، مثل وسيلة أسعار الفائدة التمييزية، التي تمثل تحديداً لأسعار الفائدة على القروض بشكل يختلف عن قروض قطاع اقتصادي معين لآخر، والهدف من ذلك تقليص حجم القروض الموجهة لبعض القطاعات، خاصة القطاعات غير الإنتاجية أو السلعية، وتنشيط القطاعات الإنتاجية عن طريق القروض المقدمة لها بكلفة أقل من غيرها.

كما يمكن أن يعمد البنك المركزي إلى اشتراط موافقته على القروض التي تقدمها المصارف التجارية لبعض القطاعات والتي يتجاوز مبلغها مقداراً معيناً يحدده البنك المركزي، أو أن يقدر بعض المجالات التي ينبغي تجنب الاستثمار فيها من قبل المصارف التجارية، أو تعيين الحد الأقصى لبعض أنواع هذه القروض.

كما يقوم البنك المركزي بفرض الحد الأعلى لأسعار الفائدة على الودائع التي لا يمكن بموجبها للمصارف التجارية تجاوزه، ويكون مثل هذا الإجراء مرتبطاً بطبيعة الوضع الاقتصادي السائد، سواء عانى من الكساد أو التضخم. لهذا فإن استخدام البنك المركزي وسائل الرقابة الكمية والنوعية تكون متمثلة في التقيد أو التوسع في حجم الائتمان المصرفي ووجهته، وبما يتناسب وتحسين الوضع الاقتصادي، ورفع معدلات نمو الناتج القومي للبلد.

3- الرقابة المباشرة على الائتمان:

ويقصد بالنوع الثالث من أنواع الرقابة التي يقوم بها البنك المركزي المتمثلة في رقابته المباشرة، فرض تأثيره الأدبي في الجهاز المصرفي بهدف تعزيز وسائل رقابته الكمية والنوعية، كما يمكن أن تكون رقابته المباشرة بديلاً لرقابته الكمية والنوعية، إذا تعذر عليه استخدام أدوات الرقابتين، الكمية والنوعية، بصورة فاعلة.

2- 6 البنوك التجارية Commercial Banks

نشأة وتطور البنوك التجارية:

أصل كلمة مَصرِف (بكسر الراء) في اللغة العربية مأخوذ من الصرف بمعنى (بيع النقد بالنقد)، ويقصد بها المكان الذي يتم فيه الصرف ويقابلها كلمة (بنك) ذات الأصل الأوروبي والمشتقة من الكلمة الإيطالية (Banco) والتي تعني المنضدة أو الطاولة. إن ارتباط هذه الكلمة بالأعمال المصرفية يعود إلى أن الصرافين القدامى كانوا يستعملون طاولات خشبية لممارسة أعمالهم في بيع وشراء العملات المختلفة وذلك في أواخر القرون الوسطى.

وكان إنشاء أول بنك بالمفهوم الحديث في مدينة البندقية تلاهُ بنك برشلونة عام 1401 ثم بنك ريالتو الإيطالي عام 1587 بمدينة البندقية ثم بنك أمستردام في هولندا عام 1609، كما تأسس بنك إنجلترا عام 1694، وبنك أمريكيا الشمالية في مدينة فيلادلفيا عام 1782 في الولايات المتحدة الأمريكية، وبنك فرنسا الذي أسسه نابليون عام 1800.

أما على المستوى العربي فقد أسس طلعت حرب بنكاً مصرفياً أوائل القرن التاسع عشر، وأنشئ أول بنك تجاري في الأردن في عام 1925 حيث بدأ البنك العثماني ثم تلاه البنك العربي الذي تأسس عام 1930 في القدس ونقل مركزه الرئيسي إلى عمان بعد نكبة عام 1948 وهو أول البنوك الوطنية.

- تعريف البنوك التجارية:

يمكن تعريف البنوك التجارية (بنوك الودائع) بأنها المؤسسات التي تقبل ودائع الأفراد والهيئات والمؤسسات تحت الطلب أو لأجل، القابلة للسحب حين الطلب أو بعد أجل قصير، ثم تستخدم هذه الودائع في منح القروض والسلف.

وقد عرّف قانون البنوك الأردني رقم (28) لسنة (2000) البنك المرخص على أنه "الشركة التي يرخص لها بممارسة الأعمال المصرفية وفق أحكام هذا القانون" وعرّف الأعمال المصرفية على أنها "قبول الودائع من الجمهور واستخدامها بصورة كلية أو جزئية لمنح الائتمان وأي أعمال أخرى يقرر البنك المركزي اعتبارها أعمالاً مصرفية".

7-2 وظائف البنوك التجارية:

تقوم البنوك التجارية بوظائف كلاسيكية قديمة وأخرى حديثة وهي:

أ- الوظائف الكلاسيكية القديمة ويمكن إجمالها بما يلي:

1. قبول الودائع على اختلاف أنواعها، بالإضافة لحسابات الاستثمار المشترك بالعملات المحلية والأجنبية الرئيسية.
2. تقديم القروض والتسهيلات الائتمانية للأفراد والشركات والمشاريع والمؤسسات الخاصة والحكومية وبمدد مختلفة قد تصل إلى عشرين عاماً.

ب- الوظائف الحديثة للبنوك التجارية:

أبرز وظائف البنوك التجارية الحديثة ويمكن إيجازها بما يلي:

1. فتح الاعتمادات المستندية ومنح سقوف ائتمانية لفتح الاعتمادات المستندية لعملائها.
2. التحصيل والدفع نيابة عن الغير، تحصيل الشيكات والكمبيالات.
3. شراء وبيع الأوراق المالية وحفظها لحساب المتعاملين معها.
4. إصدار خطابات الضمان المحلية والدولية والكفالات.
5. تأجير الخزائن الحديدية للجمهور.
6. تحويل الحوالات المحلية والأجنبية لعملائها وغيرهم وأعمال الصرافة من شراء للعملات المختلفة وبيعها.
7. منح بطاقات الائتمان لعملائها لاستعمالها داخل وخارج الدولة للحصول على السلع والخدمات.
8. شراء وبيع الشيكات الأجنبية وشيكات المسافرين.
9. تقديم خدمات إدارية ومالية "إدارة محافظ مالية وأسهم وسندات".
10. إدارة الأعمال والممتلكات للمتعاملين معها.
11. دفع فواتير الكهرباء والهاتف والمياه وقبول تحصيلها نيابة عن العملاء.

8-2 أنواع البنوك التجارية

1- البنوك الفردية: Unit Banks

وهي مصارف صغيرة الحجم نسبياً، يملكها أفراد، أو شركات أشخاص، ويقتصر عملها في الغالب، على منطقة صغيرة، وعادة ما تستثمر مواردها في أصول عالية السيولة مثل الأوراق المالية، والأوراق التجارية المخصومة، والأصول القابلة للتحويل إلى نقود خلال فترة زمنية قصيرة ودون خسائر أو بخسائر قليلة، أي تحاول دوماً تجنب المخاطر التي لا تقدر على تحملها لصغر حجمها، وضآلة إمكاناتها المالية ولم يظهر هذا النوع إلا في الولايات المتحدة الأمريكية ولم يستمر طويلا.

2- البنوك ذات الفروع: Branch Banks

وهي تلك المصارف التي تمتلك عدداً من الفروع المنتشرة في مناطق جغرافية متفرقة، وتدار من خلال مركز رئيس (Head Office) بوساطة مجلس إدارة واحد، ويدير كل فرع من فروع المصرف، مدير يعمل بموجب الصلاحيات المخولة له من المركز، وتشترك الفروع سوية مع المركز الرئيس في إدارة الاحتياطيات الأولية، والثانوية، والقروض، والاستثمارات، والعمليات المصرفية الأخرى.

ومن أهم المزايا التي تتمتع بها المصارف ذات الفروع موازنة بالمصارف الفردية ما يأتي:

1- يتمكن المصرف ذو الفروع من تجميع المصادر المالية، وخاصة الودائع المختلفة وتوجيهها وفق الغرض الاقتصادي، فيساعد في تحقيق تنمية اقتصادية شاملة، أو متوازنة جغرافياً، ويعزز من قوة المصارف في مواجهة طلبات الاقتراض المحلية، وتقلباتها المستمرة.

2- إن التوزيع الجغرافي للقروض والاستثمارات، وكذلك توزيعها حسب منشآت القطاعات الاقتصادية يؤدي إلى توزيع مخاطر الائتمان (أي عدم تكديسها في مناطق وقطاعات معينة) وبالتالي إلى تقليل مجمل المخاطر ، هذا قياساً بالمصرف الفردي ، الذي يتأثر كثيراً بظروف المنشآت المالية التي ينتمي

أغلبها إلى قطاع اقتصادي واحد يزدهر المصرف بازدهاره ويفشل فيما لو تفاقمت الأزمات المحلية.

3- يحقق المصرف ذو الفروع وفورات كبيرة في إدارة الاحتياطات الأولية، فبدلاً من احتفاظ كل مصرف منفرد باحتياطيات نقدية فائضة لمواجهة مختلف الطوارئ، بنفسه، تستطيع فروع المصرف الواحد الركون إلى بعضها في حال المسحوبات الاستثنائية مما يشجعها على الاقتصاد في الاحتياطيات الفائضة.

4- يساعد رأس المال الممتلك الأكبر في المصرف ذي الفروع في زيادة الحد الأعلى للقرض الممكن منحه لأي شخص مقترض، طبيعياً كان أم معنوياً.

5- يعتبر كل فرع من الفروع مجالاً خصباً لتنمية الإداريين الذين يتلقون تدريبهم في مجالات محدودة أولاً على نطاق الفرع الواحد، ثم يتدرجون في المسؤولية حتى يتمكنوا من العمل في المركز الرئيس.

6- يؤدي كبر الحجم، والإمكانات الواسعة في المصرف ذي الفروع، إلى الاستفادة من المتخصصين في تحسين أداء العمليات المصرفية المختلفة وزيادة الكفاية الإدارية.

وأهم ما يؤخذ على المصارف ذات الفروع، أنها تؤدي إلى نوع من الاحتكار في قطاع الصيرفة، وذلك لأن عدداً قليلاً من هذه المصارف يسيطر على عدد كبير من المصارف الفرعية أو الفروع، قياساً بالمصارف الفردية التي لا تعاني من هذا العيب.

3- بنوك المجموعة: Group Bank

تشتمل بنوك المجموعة على عدد من المصارف المملتكة من قبل شركة قابضة (Holding Company) وقد تكون هذه المصارف فردية أو ذات فروع، ويحتفظ كل مصرف برغم وجود الشركة القابضة، بمجلس إدارته ومديره العام.

ومن أهم المزايا التي تتمتع بها مصارف المجموعة موازنة بالمصارف الفردية ما يأتي:

1- تماثل الخدمات المصرفية في المناطق الجغرافية المختلفة، إذ أن امتلاك مجموعة مصارف من قبل شركة قابضة يؤدي إلى تقليل الفوارق في نوعية وكفاءة الخدمات المصرفية المقدمة.

2- توسيع الحد الأعلى للقروض التي يمكن منحها، وذلك بسبب كبر حجم رأس المال.

3- توسيع قاعدة ملكية أسهم مجموعة المصارف، قياساً بضيق قاعدة ملكية أسهم المصرف الصغير.

4- تنسيق القيام بحملات الدعاية اللازمة لجذب المقترضين والمودعين ومن ثم الودائع.

5- تحقيق الوفورات في مشتريات المعدات، والآلات، والحاسبات، والقرطاسية على أساس الحجم الكبير.

6- تحقيق مرونة في انتقال الأموال من منطقة لأخرى.

أما أهم مساوئ بنوك المجموعة فهي كما يأتي:

1- فقدان السيطرة المحلية على المصارف، لأن المصارف في أي مجتمع محلي تدار من قبل الشركة القابضة التي تمتلك مصارف عديدة في شتى أنحاء البلاد، ونتيجة لذلك فإن مصارف المجموعة لا تهتم باحتياجات المجتمعات المحلية قياساً بالمصارف الفردية.

2- مصارف المجموعة تؤدي إلى احتكار الصيرفة التجارية على غرار المصارف ذات الفروع.

4- بنوك السلاسل: Chain Bank

نشأت مصارف السلاسل مع نمو حجم المصارف التجارية، وتضخم حجم أعمالها، وهذه المصارف تستمد نشاطاتها من خلال فتح سلسلة متكاملة من الفروع، وهي عبارة عن مصارف منفصلة عن بعضها إدارياً، ولكن يشرف عليها مركز رئيس يتولى رسم السياسات العامة لها، وينسق الأعمال بينها، وتعود ملكية هذه

المصارف إلى شخص طبيعي واحد، أو عدة أشخاص طبيعيين، وليس لشركة قابضة.

وتحقق مصارف السلاسل الكثير من المزايا التي تتمتع بها مصارف المجموعـة، كـما تعاني من مساوئها.

5- البنوك المراسلة: Correspondent Bank

ظهرت الحاجة إلى المصارف نتيجة لرغبة المصارف في إيجاد نظام لتحصيل الصكوك المسحوبة من قبل الزبائن على مصارف في مناطق أخرى. وكانت المصارف في المدن الكبيرة تتنافس فيما بينها للحصول على ودائع المصارف في القرى والأرياف، وتـدفع لقاءهـا فوائـد مغرية، أو تقدم خدمات مصرفية، مجاناً، وحتى بعد تطور علاقة المراسلة في الآونة الأخيرة، فإن المصارف المراسلة لا تمثل إطلاقاً هيكلاً لمصرف ذي فروع، إنـما مصـارف متعاونـة فـيما بينها في مجالات معينة، وقد انتشرت المصارف المراسلة في الولايات المتحدة، بسبب رغبـة المصارف الفردية في التعاون فيما بينها، للتعويض عن بعض المساوئ التي تلحق بها بسبب انعدام الفروع. وتطورت علاقات المصارف المراسلة في الكثير مـن بلـدان العـالم، فعبرت الحدود السياسية وصار لكل مصرف محلي عدد من المصارف المراسلة في البلـدان الأخرى، يتعاون معها في عمليات الاستيراد والتصدير، ومختلف أنواع تحويل المبالغ المصرفية، وقد تكون علاقات المراسلة ثنائية (بين مصرف وآخر) أو ثلاثية (بين مصرفين ولكن ليس بصـورة مباشرة بل يتوسط مصرف ثالث بسبب عدم وجود علاقة بين المصرفين الأولين)، أو رباعيـة وهكذا.

6- البنوك الإلكترونية: Electronic Banks

يطلق على المصارف الإلكترونية مصارف القرن الواحد والعشرين، وتتمثل في تلـك الوحـدات الطرفيـة (Terminals) التـي تقـوم بتقـديم الخـدمات المصرفية مـن خـلال استخدام الحاسبات الآلية، حيث تعد هـذه الوحـدات (مـا دامت تبعد جغرافيـاً عـن مبنى المصرف) بمثابة منافذ (Outlets) أو فروع لـه ويعرفهـا (Huschke) بأنهـا منافذ الكترونية تقـدم خـدمات صرفيـة متنوعـة دون توقـف ودون عمالـة بشريـة ، في حين يعرفها (Berman) بأنها منافذ لتسليم الخدمات المصرفية ، قائمة على الحاسبات

الآلية، ذات مدى متسع زمنياً، أي تقدم خدماتها على مدار (24) ساعة، وإلى مناطق جغرافية واسعة.

9-2 البنوك المتخصصة: Specialized Banks

1- تعريف البنوك المتخصصة.

تعرف البنوك المتخصصة بأنها: تلك التي تتخصص في تمويل قطاعات اقتصادية معينة، ومن أهم أنواع البنوك المتخصصة: المصارف الصناعية، والمصارف الزراعية، والمصارف العقارية. كما تعرف البنوك المتخصصة بأنها: تلك البنوك التي تقوم بالعمليات المصرفية التي تخدم نوعاً محدداً من النشاط الاقتصادي، مثل النشاط الصناعي، أو الزراعي، أو العقاري، وذلك وفقاً للقرارات الصادرة بتأسيسها، والتي لا يكون قبول الودائع تحت الطلب من بين أوجه نشاطاتها الرئيسة.

2- خصائص البنوك المتخصصة:

1- تعتبر مؤسسات غير ودائعية، أي أن البنوك المتخصصة لا تعتمد في مواردها المالية على إيداعات الأفراد كما هو الحال بالنسبة للبنوك التجارية، وإنما تعتمد على رأس مالها وما تصدره من سندات.

2- ارتباط نشاطها برأس مالها، أي أن البنوك المتخصصة لا تستطيع التوسع في أنشطتها المختلفة، إلا في حدود مواردها المالية، فهي ليست كالبنوك التجارية يمكنها استثمار أموال الزبائن.

3- معظم القروض التي تمنحها تكون بآجال طويلة نسبياً، حيث تقوم أغلب البنوك المتخصصة، بتوظيف مواردها في قروض طويلة الأجل، وذلك عكس ما هو متبع في المصارف التجارية التي تحكمها في هذا الصدد آجال الأموال التي أودعها الزبائن.

3- التخصص في تمويل نشاط اقتصادي معين، فالبنوك المتخصصة، وكما هو واضح من تسميتها، تخصص في تمويل أنشطة معينة، حيث نجد البنوك

الصناعية تتولى مهمة تمويل القطاع الصناعي، والبنوك الزراعية، تخصص في تمويل القطاع الزراعي، والبنوك العقارية تخصص في تمويل قطاع البناء والإسكان، والمرافق، أو المساهمة فيها.

ويعود السبب وراء هذا التخصص إلى ما تقتضيه ظروف التمويل في كل من هذه المجالات ذات الطبيعة والخصائص المتباينة.

3- أنواع البنوك المتخصصة:

أ- البنوك الصناعية. Industry Banks

تقوم البنوك الصناعية بتوفير الموارد المالية اللازمة لدعم المشروعات الصناعية، وتنميتها على اختلاف أحجامها (الكبيرة والمتوسطة والصغيرة) وكذلك المشاركة في رؤوس أموال بعض المشروعات الصناعية المختلفة. ومن الأمثلة عليها بنك الإنماء الصناعي في الأردن الذي تأسس عام 1965.

وحتى تتمكن البنوك الصناعية من إدارة شؤونها المالية، وتعظيم مواردها، فإنها تتجه إلى سوق رأس المال للحصول على موارد طويلة الأجل، ولذا نجد أن موارد المصرف الصناعي، تتمثل في حقوق الملكية من رأس المال، والاحتياطيات والمبالغ المقترضة من البنك المركزي، وودائع وقروض من مؤسسات دولية، وغالباً ما يتدخل البنك المركزي، أو القانون النافذ في تحديد القروض التي يستطيع البنك الصناعي منحها للمستفيدين من الصناعيين، وتحكم هذه البنوك مجموعة من القوانين والتعليمات.

ومن أهم ما تقوم به البنوك الصناعية:

1- منح القروض والتسهيلات الائتمانية للمشروعات الصناعية بآجال قصيرة ومتوسطة وطويلة، ولأغراض مختلفة كالتوسعات في مشروعات قائمة، أو تمويل مشروعات جديدة.

2- المشاركة المباشرة في رؤوس أموال المشروعات الصناعية.

3- تقويم المشروعات الصناعية، وإعداد دراسات الجدوى الاقتصادية لصالح الزبائن.

4- فتح الاعتمادات المستندية لعمليات الاستيراد والتصدير.

5- إصدار خطابات الضمان بأنواعها المختلفة.

ب- البنوك الزراعية: Agricultural Banks

تضطلع بتقديم الخدمات المصرفية ذات الصلة بالأنشطة الزراعية كافة مثل القروض والتسليفات التي تمنحها للمزارعين لشراء الآلات الزراعية، واستصلاح الأراضي، وتمويل النفقات الزراعية والحصاد، فضلاً عن إقراض الجمعيات التعاونية الزراعية، لمباشرة الأغراض الإنتاجية، وقبول ودائع ومدخرات المزارعين، والجمعيات التعاونية. ومن الأمثلة على البنوك الزراعية في الأردن، مؤسسة الإقراض الزراعي التي تأسست عام 1959.

ومن الملاحظ أن تقديم الائتمان الزراعي يكتنفه قدر أكبر من المخاطر، التي من الممكن أن تتعرض لها المصارف الزراعية موازنة بالمصارف التجارية ويعود أهمها إلى:

1- الطول النسبي لدورة الإنتاج الزراعي بالنسبة إلى دورة الإنتاج الصناعي، وهو ما يتيح للمزارعين مساحة زمنية أكبر لإنفاق الأموال المقترضة، واستخدامها في مجالات أخرى، ومن ثم تعريض البنك الزراعي لمصاعب عند قيامه بالتحصيل من الزبائن.

2- انخفاض عائد الائتمان الزراعي، قد لا يكفي في بعض الأحيان لتغطية النفقات التي تحملها البنك.

3- التأثير السلبي للظروف الجوية والطبيعية في المحاصيل الزراعية يحمل في طياته عجز المزارعين عن الوفاء بالتزاماتهم المالية نحو البنك.

جـ- البنوك العقارية: Real Estate Banks

البنوك العقارية هي البنوك التي تتخصص بتقديم الخدمات الائتمانية العقارية، وما يتصل بها من تمويل لمشروعات الإسكان والبناء، كمنح السلف بضمان الأراضي أو العقارات المشيدة، أو تقديم القروض للجمعيات التعاونية الإسكانية، كما تسهم البنوك العقارية في تأسيس شركات لبناء المساكن، والعمارات، والمباني على اختلاف أنواعها. ومن الأمثلة على البنوك العقارية في الأردن، بنك الإسكان ومؤسسة الإسكان.

وتعتمد هذه البنوك في تمويل نشاطها على رؤوس أموالها، وعلى القروض طويلة الأجل، التي تحصل عليها كدعم من البنك المركزي والبنوك الأخرى، والسندات التي تصدرها.

ومما تجدر الإشارة إليه، أن البنوك العقارية، لا يقتصر نشاطها على منح القروض التي يكون أغلبها طويلة الأجل، وإنما يشمل نشاطها أحكام الرقابة الكاملة على الإنفاق، وربطه بعمليات الإنجاز، كما أن بعض البنوك العقارية تقوم بدراسات الجدوى الاقتصادية لمشروعاتها، وتقديم المشورة لأجهزة التعمير والإسكان الرسمية في البلد المعني، وتشجع المشروعات الإسكانية الفردية، ولتعظيم مواردها. فإن هذه البنوك غالباً ما تستثمر أموالها في مشروعات مختلفة مثل الفنادق، والمدن السياحية، والمجمعات الإسكانية الراقية.

د- البنوك الاستثمارية: Investment Banks

وهي مؤسسات مالية تهتم بالدرجة الأولى بالأنشطة، والفعاليات الاستثمارية، وبمجالات مختلفة، حيث تقوم البنوك الاستثمارية بدراسة فرص الاستثمار المتاحة وتقويمها، واختيار المشاريع، والترويج لها، ثم تهيئة المناخ الاستثماري المناسب، وكذلك تقوم البنوك الاستثمارية بتدبير الموارد المالية التي تسمح بتقديم القروض متوسطة الأجل لمختلف المشروعات الاستثمارية، وتقوم بمتابعة المشروعات التي تتبناها، ومتابعة تنفيذ اتفاقيات القروض التي عقدتها مع المشروعات المقترضة، وغيرها من الأعمال المتعددة التي تعتمدها البنوك الاستثمارية كشراء أو إصدار الأوراق المالية.

وقد كانت البدايات الأولى لبنوك الاستثمار في بريطانيا، حيث اقتصرت أعمالها على قبول الأوراق التجارية، بهدف تمويل التجارة الخارجية، وتوفير الأموال اللازمة للمقترضين في الخارج بطرح الأسهم، والسندات في الأسواق المحلية لرأس المال، لذلك سميت بـ (بنوك التجار)، وفي فرنسا سميت ببنوك الشؤون المالية، لأنها لا تسهم في إنشاء المشروعات الجديدة سواء أكانت مشروعات خدمية أم مشروعات صناعية. أما في الولايات المتحدة فتسمى ببنوك الاستثمار وهي في هذا البلد لا تعتبر بنوكاً وفقاً للمفهوم التقليدي والمتعارف عليه، فهي لا تقبل ودائع ولا تمنح قروضاً، إلا أنها، تضطلع بمهمة الوساطة في سوق المال بين المقترضين والمستثمرين، حيث تقوم بشراء الأوراق المالية الجديدة بالجملة وبيعها بالتجزئة، أو تكون سمساراً يحصل على عمولة من بيع الأوراق المالية المتوفرة في السوق وشرائها.

هـ- بنوك الادّخار: Saving Banks

تعمل هذه البنوك على أساس تشجيع المواطنين على وضع مدخراتهم في حسابات ادخار خاصة، وهي بهذا تستقطب فئات من ذوي الدخل المحدود، وبعض هذه البنوك لا يستهدف الربح بصورة خاصة، وإنما يستهدف استقطاب المدخرات، وتشغيلها، أي استثمارها في مجالات محدودة، تجددها القوانين والتشريعات النافذة، وتلقى هذه البنوك دعماً من شرائح المجتمع ومن السلطات الحكومية، لعدة أسباب في مقدمتها:

1- أنها تشجع وتنمي وعي الادخار لدى المواطنين

2- أنها ترعى صغار المدخرين، حيث أن البنوك الأخرى غير قادرة، أو راغبة في تقديم خدمات كهذه.

3- أنها تستثمر الجزء الأكبر من إيراداتها في المنطقة التي تقع فيها عمولتها الادخارية والمالية.

4- أنها تميل إلى الانتشار الكبير، وهي قريبة من أماكن وجود المدخرين مما يعزز ثقة الجمهور بها.

وتعتمد بنوك الادخار في مواردها على ودائع الأفراد، وإن كانت في بعض الأحيان تقبل ودائع المصارف التجارية، التي تسهم في رؤوس أموالها كنوع من الاستثمار المتواضع، وفي الغالب فإن العمليات الادخارية التي تقوم بها غير محفوفة المخاطر، وربما لهذا السبب تزايد عدد البنوك الادخارية في العالم بشكل كبير، وتضاعف حدة المنافسة بينها.

ومن الملاحظ، أن البنوك الادخارية، عكس البنوك التجارية، لا تسعى أساساً إلى تحقيق الربح، وهي لا تستطيع توليد الوداع، وبالتالي فإن بنوك الادخار لا تستطيع توليد النقد.

ومن الأمثلة على بنوك الادخار في الأردن، صندوق التوفير البريدي.

10-2 المصارف الإسلامية

هي المصارف التي ينص قانون إنشائها ونظامها الأساسي على الالتزام بمبادئ الشريعة الإسلامية، وعلى عدم التعامل بالفائدة أخذاً أو إعطاءً، ويختلف منهج البنوك الإسلامية عن البنوك التقليدية.

تهدف البنوك الإسلامية إلى تغطية الاحتياجات الاقتصادية والاجتماعية في ميدان الخدمات المصرفية وأعمال التمويل والاستثمار المنظمة على غير أساس الربا، عن طريق جمع مدخرات المؤسسات والأفراد وفوائض أموالهم واستثمارها وتوظيفها لمقابلة هذه الاحتياجات، ويتم دراسة المصارف الإسلامية بالتفصيل في الفصول اللاحقة.

11-2: السياسة النقدية في ظل اقتصاد إسلامي

السياسة النقدية هي ما يتخذ من إجراءات لتنظيم السيولة العامة في الاقتصاد الوطني ولها أهداف رئيسية هي تحقيق الاستقرار الاقتصادي، ومحاولة الوصول والمحافظة على مستوى عال من العمالة، والعمل على تحقيق التوازن في ميزان المدفوعات، وخدمة أهداف التنمية الاقتصادية والاجتماعية، وتوفير التمويل اللازم لها.

وتختلف درجة أهمية الأهداف من دولة لأخرى، فقد تهتم دولة بتمويل برامج التنمية الاقتصادية ولا تعطي اهتماماً إلى تحقيق توازن المدفوعات أو قد تهتم بمشكلة البطالة مع مراعاة أثر ذلك على تحقيق الاستقرار الاقتصادي للمجتمع والتحكم في التقلبات، ونعني أن الدولة قد تعطي الأولوية لبعض الأهداف على حساب تحقيق أهداف أخرى تضعها في الدرجة التالية من حيث الأولوية. وقد كان الهدف الأول للاقتصاد الإسلامي هو إقامة مجتمع متكافل يقضي على البطالة ويشجع الاستثمار واستغلال الموارد المتاحة أفضل استغلال ممكن دون تقصير أو تفريط ولضمانه الحياة الكريمة لجميع أفراده، لإقامة شريعة الله شريعة الحق والعدل. وهنا تختلف أهداف النظام الاقتصادي الإسلامي عن النظم الاقتصادية المادية التي لا تنظر إلا إلى مقدار ما تحققه من أرباح. فتحقيق أكبر ربح أو عائد ممكن، مازال الهدف الأسمى في المشروعات الرأسمالية. كما تختلف أدوات السياسة النقدية، فهي كما قدمنا تعتمد في الاقتصاد الرأسمالي على سعر الفائدة التي تعتبرها الشريعة الإسلامية ربا محرماً ولذا فإنه في ظل اقتصاد إسلامي،لابد أن

تقوم السياسة النقدية على أساس تحريم الربا أخذاً أو إعطاء، وعليه فتختلف أدوات السياسة النقدية في ظل اقتصاد إسلامي عنها في ظل النظم الاقتصادية الربوية.

نجد أن من أهم أهداف السياسة النقدية في ظل نظام اقتصادي إسلامي وفي غياب سعر الفائدة، تحقيق ثبات نسبي للقيمة الحقيقية للنقود، لأن عدم ثبات هذه القيمة وتقلبها بين الزيادة والنقصان يؤثر على الحالة الاقتصادية ويتأثر بها، فانخفاض القيمة الحقيقية للنقود من خلال ارتفاع الأسعار في حالات التضخم أو بسبب زيادة المعروض منها، يؤدي إلى انخفاض القوة الشرائية لهذا النقد مما يضر بالطبقات الفقيرة والثابتة الدخل كما أن ذلك يكون في صالح الدائن، أما ارتفاع قيمة النقود من خلال انخفاض الأسعار في حالات الكساد ونتيجة لقلة كمية النقود المعروضة، يؤدي إلى آثار عكسية. وكلا الأثرين ضار بالاقتصاد الوطني ويؤدي لتوزيع الدخول والثروات لصالح طبقة على حساب الأخرى. فلتغير القيمة الحقيقية للنقود، أثر مباشر على الدخول الحقيقية للأفراد، وعلى المدفوعات الآجلة، ولذلك اهتم فقهاء المسلمين بثبات قيمة النقود. ويعبر عن ذلك الإمام ابن القيم "إن الدراهم والدنانير (النقود) أثمان المبيعات، والثَّمن هو المعيار الذي يعرف به تقويم الأموال فيجب أن يكون محدداً ومضبوطاً لا يرتفع ولا ينخفض. إذا لو كان الثمن يرتفع وينخفض، كالسلع، لم يكن لنا ثمن نعتبر به المبيعات، بل الجميع سلع، وحاجة الناس إلى الثمن يعتبرون به المبيعات، حاجة ضرورية وعامة، وذلك لا يمكن إلا بثمن تقوّم به الأشياء ويستمر على حالة واحدة ولا يقوّم هو بغيره، إذ يصير سلعة، يرتفع وينخفض، فتفسد معاملات الناس، ويقع الخلاف ويشتد الضرر". أي الدراهم والدنانير لا تقصد لعينها بل يقصد بها التوصل إلى السلع، فإذا صارت في نفسها سلعاً تقصد لأعيانها فسد أمر الناس، وقد يحدث أن يفضل الأفراد السيولة النقدية وبالتالي تقصد النقود لذاتها أي، يكون عليها طلب مباشر وليس مشتق، فإن ذلك يؤدي إلى خفض الكميات المتداولة منها، ويزيد من قيمتها، مما يضر بالاقتصاد الوطني ككل، فعلى ولي الأمر أن يتبع سياسة نقدية، يكون من شأنها توفير النقد اللازم للتداول، وبالكميات التي تسيّر حركة الاقتصاد، دون زيادة أو نقصان، وعليه أيضاً أن يحافظ على القيمة النقدية لهذه العملة، بالإضافة إلى ضرورة العمل المستمر على ثبات قيمتها الحقيقية واستقرارها. فعلى ولي الأمر، أن يمنع إفساد نقود الناس وتغييرها، ويمنع جعل النقود مُتَّجرا، فإن ذلك يدخل الناس في فساد كبير فالواجب أن تكون النقود رؤوس أموال، يتجر فيها. وإذا حرم السلطان سَكة أو نقداً منع من الاختلاط بما أذن في المعاملة به". كما بين المقريزي أن النقود يجب أن تكون مضبوطة غير مغشوشة وإن سَكَّها يكون من قِبل الحاكم، وذلك لأن إصدار النقود والتوسع فيه دون حاجة اقتصادية، يؤدي لزيادة كميتها ونقص قوتها

الشرائية، مما يزيد في أسعار السلع والخدمات، ويحدث، آثاراً تضخمية ضارة على توزيع الثروة والدخول والمراكز المالية.

ولهذا اهتمت الدولة الإسلامية بالنقود، وثبات قيمتها، حتى تؤدي وظائفها كوسيلة للتبادل، ومقياس للقيم الحاضرة والآجلة، ومستودع للقيم على خير وجه، بما لا يحدث تقلبات في الاقتصاد، أو يحول القوة الشرائية لصالح طبقة على حساب الأخرى، حتى لا يختل التكامل والتضامن الاجتماعي بين جماعة المسلمين.

وفيما يلي نتناول أدوات وأساليب السياسة النقدية السابق ذكرها والمستخدمة في عصرنا الحديث موضحين موقف الإسلام منها وأيها يستعمل أو يمكن استخدامه وأيها يرفض.

12-2 أدوات السياسة النقدية في ظل اقتصاد إسلامي:

يمكن توضيح أدوات السياسة النقدية في ظل اقتصاد إسلامي من خلال السياسة الكمية والسياسة الكيفية كما يلي:

1- السياسة الكمية:

تلك التي تؤثر على حجم النقود والائتمان، نتناول فيما يلي موقف التشريع المالي الإسلامي من أدوات هذه السياسة النقدية:

أ- سياسة السوق المفتوحة

عمليات السوق المفتوحة وسيلة مباشرة، تؤثر على حجم الائتمان بالتوسع والانكماش وقد تتأثر هذه العمليات بسعر الفائدة السائدة في السوق وتؤثر فيه خاصة من الأجل الطويل ونجد في ظل اقتصاد إسلامي يحرم الربا (الفائدة)، أن التعامل في السوق المالية والنقدية يجب أن يتم في حدود تعاليم الشريعة الإسلامية وأحكامها الغراء. فلا يتم التعامل في الأوراق المالية التي تجلب الربا ومن ثم يمكن للسلطات المالية- البنك المركزي الإسلامي- أن يتعامل في الأسهم فقط لأنها عبارة عن جزء من رأس مال الشركات، على أن تكون هذه الشركات تعمل وتتعامل وفقاً لأحكام الشريعة الإسلامية ولا يتعامل بالسندات. فهي عبارة عن قروض بفوائد، وهي إذن من الأعمال المحرمة طبقاً لأحكام الشريعة الإسلامية.

ولو نظرنا إلى سياسة السوق المفتوحة نظرة تحليلية متعمقة نجد أنها قد لا تؤدي أهدافها إذا أتجه الأفراد لادخار ما يحصلون عليه من نقود من بيع أوراقهم المالية، فيترتب على ذلك عدم زيادة الأرصدة النقدية في التداول، كما أنه في بعض الأحيان تقوم البنوك التجارية بسياسة تضعف من آثار عمليات السوق المفتوحة. فمثلاً في حالات تدخل البنك المركزي بائعاً للأوراق المالية للحد من الائتمان بسحب جزء من النقد المتداول، تحاول البنوك التجارية المحافظة على حجم أرصدتها النقدية ونسبة السيولة لديها حتى لا تخفض من حجم ائتمانها واستثماراتها ولها في ذلك طرق ووسائل عديدة.

ولو نظرنا إلى واقع البلاد الإسلامية الآن لوجدنا أن سوق الأوراق المالية فيها ضيق وغير نشط ولا يحقق الآثار المرجوة والمتوقعة منه.

وأنه في ظل اقتصاد إسلامي يقتصر بيع وشراء الأوراق المالية على أسهم الشركات التي تعمل وفقاً لأحكام الشريعة الإسلامية في سوق ضيق محدود النشاط يؤدي إلى عدم فاعلية سياسة السوق المفتوحة في الدول الإسلامية، خاصة في الوقت الحاضر.

ب- سياسة سعر الخصم

بمقتضى هذه السياسة السابق توضيحها في النظام الربوي، يستطيع البنك المركزي، بتغيير سعر الخصم، التأثير في عرض النقود عن طريق التأثير على سعر الفائدة في السوق، وبالتالي التأثير على حجم الائتمان الذي تمنحه البنوك التجارية، فرفع سعر الخصم يؤدي إلى قيد الائتمان لأن البنوك التجارية تبعاً لذلك ترفع سعر فائدتها على القروض الممنوحة لعملائها مما يؤدي إلى الحد من رغبة العملاء في الحصول على هذه القروض المرتفعة التكاليف مما يؤدي إلى خفض حجم الائتمان ويحدث آثاراً عكسية إذا خفض سعر الفائدة، وقد استخدمت هذه السياسة بفاعلية لتحقيق أهداف السياسة الاقتصادية في القرن التاسع عشر في ظل الفكر الاقتصادي الربوي السائد في ذلك الوقت، والذي يرى أن سعر الفائدة يؤثر على الادخار والاستثمار، فرفع سعر الفائدة يؤدي إلى زيادة الادخار وانخفاض الاستثمار، وانخفاض الاستثمار يعني انخفاض الطلب على القروض.

ولكن أحكام الشريعة الإسلامية ترفض رفضاً قاطعاً لا لبس فيه استخدام سياسة سعر الخصم، لأنها تعتمد على سعر الفائدة وهي الربا المحرم. وأدلة تحريم الربا جاءت في القرآن الكريم وفي أحاديث الرسول- صلى الله عليه وسلم-

واضحة قاطعة، وفي بيان ذلك يقول شيخ الإسلام ابن تيميه. ونص النهي عن الربا في القرآن يتناول كل ما نهى عنه من ربا النساء والفضل والقرض الذي يجر منفعة وغير ذلك. فالنص متناول له كله "وعلى ذلك فالقروض بفائدة محرمة أيا كان هدف القرض سواء كان للمشروعات الإنتاجية والاستثمارية أو للاستهلاك" فالفائدة على أنواع القروض كلها ربا محرم لا فرق في ذلك بين ما يسمى بالقرض الاستهلاكي وبين ما يسمى بالقرض الإنتاجي، لأن نصوص الكتاب والسنة في مجموعها قاطعة في تحريم النوعين، وكثير الربا وقليله حرام كما يشير إلى ذلك الفهم الصحيح في:

قوله تعالى:

" يا أيها الذين آمنوا لا تأكلوا الربا أضعافاً مضعفه واتقوا الله لعلكم تفلحون"

سورة آل عمران الآية "130"

والإقراض بالربا محرم لا تبيحه حاجة ولا ضرورة، والاقتراض بالربا محرم، كذلك ولا يرتفع إثمه إلا إذا دعت إليه الضرورة وكل امرئ متروك لدينه في تقدير ضرورته.

فالتشريع المالي الإسلامي في تحريمه للربا وعدم إقراره لسعر الفائدة، أكثر توفيقاً كنظام يضبط حياة الجماعات من جميع النواحي، المالية والاقتصادية، لإقامة العدل وصيانة الحقوق وضمان الاستقرار الأمني والاقتصادي، وخلق الجو المناسب اللازم لذلك. فقد كان لتحريم الإسلام للربا آثار بالغة الأهمية على سير الاقتصاد الإسلامي، فقد وضع علماء الاقتصاد الغربيون العديد من النظريات النقدية، فشلت في تحقيق ما تصبو إليه مجتمعاتهم. فبعدما كان الاعتقاد السائد في النظرية النقدية أن سعر الفائدة هو المؤثر الرئيسي على كل من الادخار والاستثمار، أثبت التحليل الاقتصادي الحديث والمستند إلى واقع الحياة، أن التغير في المدخرات لا يتوقف على سعر الفائدة فقط بل يتوقف على مستوى الدخل، أما تغير الاستثمار كنتيجة لتغير سعر الفائدة فإن ذلك محل تساؤل كبير ويرجع إلى العوامل الآتية:

أولاً: أن أغلب المشروعات ولاسيما الكبيرة منها لا تلجأ إلى مصادر خارجية لتمويل استثماراتها الجديدة وإنما تعتمد في ذلك على مواردها الخاصة. وفي مثل هذه الأحوال لا يلقي المشروع بالاً إلى المنفعة الضمنية التي يمثلها سعر الفائدة.

ثانياً: أن رجال الأعمال يهتمون أساساً بتغطية نفقات الاستثمار في فترة قصيرة نسبياً خشية تقادم هذه الاستثمارات ، وذلك من شأنه أن يجعل الفائدة على رأس المال المقترض لتمويل الاستثمارات الجديدة ، جزءاً ضئيلاً من النفقات

الجارية، بالمقارنة إلى نفقة إحلال السلع الرأسمالية الجديدة، ومـن ثـم فإن تغيرات سعر الفائدة لا يكون لها تأثير بالغ على قرارات الاستثمار.

فإذا، بالتحليل الاقتصادي الحديث، يتأكد عدم فاعلية سعر الفائدة كمؤثر في الاقتصاد الحديث. فإن الاقتصاديين المحدثين الـذين يعنـون بالتحليل النقدي يجـادلون بـأن الرصيد النقدي وليس سعر الفائـدة هـو العنصر ـ ذو الأهميـة، مـن وجهـة نظر السياسـة المـاكرو اقتصادية. ومؤدى ذلك، أنه من الممكن تنشيط السياسة النقدية دون حاجة إلى إدخال سعر الفائدة في الحسبان، ويؤكد فريدمان وأتباعه المنتمون إلى مدرسة شيكاغو الفكرية، أن المتغير الحاسم هو الرصيد النقدي وليس سعر الفائدة.

ونخلص إلى أنه يمكن وضع سياسة نقدية تؤدي الأهداف المطلوبة والمرغوب فيها دون أن نأخذ سعر الفائدة في الاعتبار، وهو ما يتفق وأحكام الشريعة الإسلامية. ويمكن للدولة الإسلامية بسلطاتها النقديـة، أن تـؤثر عـلى كميـة النقـود المتداولـة، بالعديـد مـن الأدوات والأسلحة، وليس بينها هذا السلاح.

جـ ـ سياسة تغيير نسبة الرصيد النقدي ونسبة السيولة:

تقوم السياسة النقدية الممثلة في البنك المركزي بتغيير نسبة الأرصدة النقديـة ونسبة الاحتياطي القانوني، للتأثير في حجم الائتمان. وتغيير هذه النسبة وسيلة فاعلة مـن وسائل السياسة النقدية التي يتبعها البنك المركزي. فإذا قام البنك المركزي برفع نسبة الرصيد النقدي للبنوك التجارية، انخفض حجـم الائتمان المتاح وبـالعكس، إذا خفض مـن نسبة الأرصدة النقدية فإن البنوك التجارية تتوسع في الائتمان لما لهذه النسبة مـن ارتبـاط مباشر بمضاعفة الائتمان. فإن مقدرة البنوك التجارية في النظام الربوي، على مضاعفة نقـود الودائع، يتوقـف على حجم النقود التي يتداولها النظام المصرفي.

ونجد أن البنوك في ظل اقتصاد إسلامي أي البنوك والمصارف التي تعمل طبقاً لأحكـام الشريعة الإسلامية- لها موقف خاص فيما يتعلق بخلق الودائع يختلف اختلافاً كليـاً عـما هو كائن في النظام الربوي.

فالبنوك الإسلامية، يجب أن توظف وتقرض نقوداً حقيقيـة كائنة تحت يـدها وفي حوزتهـا، ومأذون لها بالتصرف فيها، وبناء عليه فهذه البنوك والمصارف والوحدات المالية الإسلامية لا تقـوم بمضاعفة الائتمان وخلق الودائع، فهي لا تبيع مالاً تملك ولا تتجر فيما ليس لديها، وهي لا تتعامل بالربا وسعر الفائدة، كعامل مؤثر في عملية خلق الودائع الموجود في البنوك الربوية، والسيولة في هذه

المصارف، تحكمها طبيعة ما يودع لديها من أموال وشروط وتعليمات المودعين وطريقة تُوظيفها لهذه الأموال، طبقاً لأحكام الشريعة. فنسبة السيولة فيها يحددها عاملان:

الأول: متطلبات توظيف الأموال في أحد الأشكال والعقود المباحة شرعاً.

والثاني: الوفاء باحتياجات المودعين والمستثمرين في الحصول على ما يطلبونه من أموالهم.

والنسبة الكبرى من أموال المودعين في حسابات الاستثمار ليست في حسابات جارية تحت الطلب، مما يقلل من نسبة السيولة المطلوب توافرها لتغطية التزامات العملاء في أي وقت. وهذا يشجعها على التوسع في الاستثمار قصير الأجل وطويله، ولكن يجب أن نوضح أن عدم قيام البنوك الإسلامية بخلق الودائع لا يقلل ولا يعوق وظائفها وخدماتها الاستثمارية ومشاركتها بفاعلية في مشروعات التنمية الاقتصادية، هذا إذا كانت كمية النقود المتداولة وسرعة دورانها كافية لتسيير حركة الاقتصاد أي كافية لتغطية الطلب على النقود بأنواعه كافة.

فالسلطات النقدية في ظل اقتصاد إسلامي لا تحتاج إلى هذا السلاح لتوجيه سياستها النقدية، أو هو أداة لا تؤثر تأثيراً ذا بال يمكن أخذه في الحسبان كمؤثر على نشاط البنوك الإسلامية ومقدرتها على المساهمة في النشاط الاقتصادي، ولكن تستطيع هذه السلطات أن تؤثر على حجم الائتمان والاستثمار في المصارف الإسلامية باستعمال سلاح آخر وهو نسبة الأرباح الموزعة بين المستثمرين والمصرف، فترفع النسبة الموزعة من الأرباح على المستثمرين (حسابات الاستثمار) لتشجيعهم على مزيد من الإيداعات الاستثمارية ولجذب مستثمرين جدد، فتزداد الإيداعات النقدية لدى المصارف الإسلامية لتعيد استثمارها ويمكن حدوث العكس في حال زيادة الأرصدة النقدية لدى هذه المصارف ورغبة السلطات في تقييد الائتمان والاستثمار.

2- السياسات الكيفية:

وهي التي تهدف إلى التمييز بين أنواع معينة من الائتمان والتأثير على وجوه الاستعمال التي يراد استخدام الائتمان المصرفي فيها، فيتم اللجوء إلى السياسات الكيفية في تنظيم الائتمان وتلافي العيوب التي تولدت عن السياسات الكمية وتأثيرها على حجم الائتمان وللوصول إلى أهداف اقتصادية معينة. وقد يكون ذلك بتشجيع الاستثمارات في قطاعات معينة من الاقتصاد الوطني برفع نسبة العائد الموزع

للاستثمارات في هذه القطاعات المرغوب في تنميتها وعلى العكس خفض نسبة العائد الموزع على الاستثمارات في القطاعات المطلوب حدوث انكماش فيها.

كما قد تستخدم السياسات الكيفية لتعزيز مفعول السياسات الكمية في التأثير على حجم الائتمان خاصة في البلاد النامية، الحديثة العهد بالنظم المصرفية، فتتضافر السياسات الكمية والكيفية لتساعد السلطات النقدية على تحقيق أهداف سياستها النقدية. فمن المعروف أن زيادة أو نقص الائتمان المستثمر في قطاع معين من شأنه إحداث تغير مقابل في القطاعات الأخرى في حالة ثبات الحجم الكلي للائتمان.

ومن أدوات السياسة الكيفية، التأثير على حجم الائتمان المستثمر في قطاع معين، بالتمييز في نسبة العائد الموزع كما سبق، أو بتوفير مواد مالية أكثر للاستعمال في هذا القطاع دون غيره.

ويمكن للسلطات النقدية الإسلامية استخدام هذه الأدوات وتحدد نسب لتوزيع العائد أو توفير التمويل اللازم لتشجيع قطاع معين. وهكذا تستطيع السلطات النقدية في ظل اقتصاد إسلامي أن تؤثر مباشرة في وجوه استخدام الأموال المتوفرة في البنوك الإسلامية، بأي من الوسيلتين السابقتين، مادام في ذلك مصلحة عامة يقدرها ولي الأمر العادل. وقد يصل التقييد إلى حد منع المصارف وبيوت المال من استثمار الأموال في وجوه غير مرغوب فيها، تلك التي تعوق التنمية ولا تساعد على دفع عجلتها إلى الأمام، بالسرعة المطلوبة، في الاتجاه السليم.

أسئلة للمناقشة

السؤال الأول: أ- عرّف 1- المصرف.

2- الجهاز المصرفي.

ب- أذكر أنواع المصارف.

السؤال الثاني: جميع المصارف تعطي قروضاً إلا أنها تختلف في أمور كثيرة. وضّح هـذه الاختلافات.

السؤال الثالث: اشرح نشأة المصارف التجارية.

السؤال الرابع: عدد وظائف المصارف التجارية التقليدية والحديثة.

السؤال الخامس: وضّح باختصار مصادر تمويل المصارف التجارية الداخلية والخارجية.

السؤال السادس: 1- عرّف المصرف المركزي.

2- وضّح تطور نشأت المصارف المركزية.

السؤال السابع: اشرح وظائف المصارف المركزية.

السؤال الثامن: عرّف المصارف المتخصصة مع إعطاء أمثلـة مـن الأردن حـول أنواع المصـارف المتخصصة.

السؤال التاسع: وضّح باختصار السياسة النقدية في ظل اقتصادي إسلامي.

أسئلة موضوعية

1. أي من التالية ليست من وظائف البنوك المركزية:

أ- المقرض الأخير للجهاز المصرفي.　　ب- بنك البنوك.

ج- بنك الدولة　　د- مجمّع لاحتياطيات المواطنين.

2. يعتبر من أهم وظائف البنوك التجارية الكلاسيكية:

أ- فتح الاعتمادات المستندية.　　ب- قبول الودائع على اختلاف أنواعها.

ج- تأجير الخزائن الحديدية.　　د- فتح بطاقات الائتمان للعملاء.

3. أي من الآتية ليست من البنوك المتخصصة:

أ- بنوك التنمية.　　ب- البنوك العقارية.

ج- بنوك الادخار.　　د- البنوك الاستثمارية.

4. أي من العبارات صحيحة فيما يتعلق بأدوات السياسة النقدية الكمية:

الأولى: أدوات السياسة النقدية الكمية في ظل اقتصاد إسلامي هي نفسها في الاقتصاد العالمي.

الثانية: تختلف أدوات السياسة النقدية الكمية في ظل اقتصاد إسلامي عنها في الاقتصاد العالمي.

أ- العباراتان صحيحتان.　　ب- العبارة الأولى صحيحة.

ج- العبارة الثانية صحيحة.　　د- كلتا العبارتين غير صحيحتين.

5. أي من الآتية ليست من أدوات السياسة النقدية الكمية:

أ- سياسة السوق المفتوحة.　　ب- تعديل نسبة الاحتياطي القانوني.

ج- سياسة سعر الخصم.　　د- تعديل أسعار الصرف.

الفصل الثالث
مدخل إلى المصارف الإسلامية

3-1 نشأة المصارف الإسلامية.

3-2 العوامل التي ساعدت على إنشاء المصارف الإسلامية.

3-3 الخصائص الأيدلوجية للمصرف الإسلامي.

3-4 الخصائص الوظيفية للمصرف الإسلامي.

3-5 خصائص ومميزات المصارف الإسلامية مقارنة مع المصارف الأخرى.

3-6 الربا على مر العصور وحكم الربا في الإسلام.

3-7 الضوابط والمحددات الشرعية للمصرف الإسلامي.

أسئلة للمناقشة

أسئلة موضوعية

الفصل الثالث

مدخل إلى المصارف الإسلامية

1-3 نشأة المصارف الإسلامية

سنتناول هنا نماذجاً من الأعمال المصرفية التي تم استخدامها في البلاد العربية والإسلامية لقرون عديدة قبل أن تقوم البلاد الغربية إليهم في منتصف عصر النهضة.

استندت الحضارة العربية الإسلامية على قاعدة فكرية قوية متماسكة تعتمد على القرآن الكريم والسنة النبوية وإجماع الصحابة، الأمر الذي أدى إلى اتساع طاق التجارة الدولية ونموها بين أقطار العالم الإسلامي من ناحية، ومع العالم الخارجي من ناحية أخرى.

إن ازدهار التجارة الداخلية والخارجية في العالم الإسلامي كان نتيجة طبيعية لابتكار أنظمة مصرفية ومالية، استهدفت تسهيل عمليات التبادل التجاري وتيسير تداول النقود ونقلها من مركز تجاري إلى آخر، ومن الأمثلة على تطور تلك الأنظمة ما يلي:

أولاً: قيام الصيارفة المسلمين بالأعمال التقليدية التي كانت للصيارفة في الحضارات السابقة، كوزن النقود، وتحديد قيمتها عند تداولها، وحفظها كودائع بأجر أو بغير أجر، يضاف الى ذلك قيامهم بمبادلة العملات، ومصارفة بعضها ببعض واستبدال أجناس النقود المتنوعة.

ثانياً: تقديم الصيارفة يد العون إلى الحكومات في بعض الأحيان، مثل صرف رواتب الموظفين والعمال، كما حدث في زمن الخليفة العباسي "المهدي" الذي أحال قاضياً على أحد الصيارفة لأخذ مستحقاته وقبض رزقه الذي كان يجريه عليه، هذا مع العلم بأن فترة حكم الخليفة المهدي امتدت من عام 775 ميلادية إلى عام 785 ميلادية.

ثالثاً: ترويج الصيارفة لاستعمال "الصكوك" المسحوبة عليهم (وهي تقابل حالياً الشيكات) لتسوية المدفوعات بدلا من الدفع النقدي ، بالإضافة إلى تحرير أوراق تجارية أخرى مثل "السفاتج " (ومفردها "سفتجة" وأصلها فارسي وهي

مرادفة للحوالة أو الكمبيالة)، و "رقاع الصيارفة" (وهي تعهدات مكتوبة بدفع مبالغ نقدية عند الطلب أو في موعد محدد لمستفيد أو لحامله، وتقابل حالياً السند الإذني وتؤدي وظيفة الشيك المصرفي).

وقد عرف المسلمون الأوائل هذه الأوراق التجارية واستخدموها منذ القرن الثامن الميلادي، وانتقلت منهم إلى المدن الإيطالية والأندلس ثم باقي أوروبا.

رابعاً: تطوير العرب والمسلمين للعمل المصرفي من خلال ابتكار صيغ تمويلية من "العقود الشرعية" التي تضبط التعامل في جميع الأنشطة الاقتصادية ويعتبر ذلك نقلة نوعية مميزة في تطوير الأعمال المصرفية التقليدية.

خامساً: ظهور وانتشار أعمال مصرفية متنوعة كالآتي:

1- حفظ الودائع.

2- الحوالات المالية.

3- استبدال العملات.

4- صرف الرواتب.

5- تقديم المشورة للولاة عند إصدار عملة جديدة.

6- تحصيل قيم السفاتج.

7- صرف أوامر الدفع.

8- تأدية قيمة الصكوك.

عندما كانت الدولة الإسلامية فتية وقوية بفضل تمسكها بكتاب ربها وسنة نبيها ﷺ كانت هناك مؤسسات مالية، تتولى رعاية شؤون المسلمين، وتُعنى باحتياجاتهم – أفراداً كانوا أم جماعات – ويأتي بيت المال في مقدمة تلك المؤسسات.

وقد ورد في كتب التاريخ ما يفيد أن بيت مال المسلمين،كان يقوم بمتطلبات التمويل اللازم للمجتمع،مستنيرين في ذلك بما وردفي هذا الشأن في كتاب الله تعالى،وسنة نبيه ﷺ.

جاء في تاريخ الطبري: (أن هند بنت عتبة، قامت إلى عمر بن الخطاب – رضي الله عنه – فاستقرضته من بيت مال المسلمين أربعة آلاف درهم، تتجر فيها، وتضمنها، فأقرضها، فخرجت إلى قبيلة كلب، فاشترت، وباعت، فلما أتت إلى

المدينة، شكت الوضيعة (أي الخسارة) فقال لها عمر: (لو كان مالي تركته، ولكنه مال المسلمين).

ولما ضعفت الدولة الإسلامية، وغلب على أمرها - بعد أن تكالب عليها الأعداء - كان ذوو الحاجة يلجأون إلى أهل اليسار، كي يسدوا احتياجاتهم من الأموال اللازمة عن طريق القرض الحسن - والخير في هذه الأمة إلى يوم القيامة إن شاء الله تعالى - .

وفي العصر الحديث، وبعد أن تغيرت ظروف الحياة في شتى المجالات: الاجتماعية والاقتصادية والثقافية، وبعد أن ظهرت النقود الورقية، وبرز دورها في حياة الفرد والمجتمع، ظهرت الحاجة إلى وجود مؤسسات مالية تلبي متطلبات المجتمع في ناحيتي التمويل والإنتاج، وقد شجعها على ذلك ارتفاع أسعار الفائدة وزيادة الطلب على الأموال اللازمة للتطور الصناعي والتجاري.

وفي بداية الأمر انفرد اليهود بهذه المؤسسات، ثم انضم إليهم في ذلك المسيحيون في أوروبا بصفة خاصة. وأخيراً تابعهم في ذلك بعض المسلمين، وذلك إبان التكالب الاستعماري على الأمة الإسلامية، فأدخلوا المؤسسات الربوية إلى المجتمعات الإسلامية، وكان ذلك في مطلع القرن الرابع عشر الهجري. ومن المؤسف حقاً أن يرتفع من بين المسلمين صوت هنا وهناك، يدافع عن تلك المؤسسات، محاولاً إضفاء الطابع الشرعي على أعمالها، فأفتى بعضهم بحل الفائدة الربوية، بدعوى أنها ليست من ربا الجاهلية، الذي نزل به القرآن الكريم، تارة، أو أنه يجوز أخذها للحاجة والضرورة، تارة أخرى.

وعندما أدرك الغيورون من أبناء هذه الأمة، خطورة المؤسسات الربوية، وأنها من صنع أعداء الإسلام وإنتاجهم، وأنهم أدخلوها إلى المجتمعات الإسلامية عنوة وعن قصد، كما أدخلوا معها أشياء كثيرة محرمة في الإسلام. بذلوا جهودهم من أجل الكشف عن سلبيات تلك المؤسسات وما تشكله من خطورة على اقتصاد الأمة، أخذوا يطالبون بإزالة تلك الرواسب، التي سببت الوباء للمجتمع الإسلامي وذلك عن طريق المؤلفات، والمقالات في الصحف الإسلامية، والخطب، والمحاضرات، والبحوث، والندوات، كما تصدوا للقلة التي تأثرت بأساليب المستعمرين، فأخذت، تحت شعار التجديد، تنادى بحل الفائدة، فكشفوا بذلك زيف ادعاءاتهم المضللة.

كما بدأت أصوات كثيرة تنادي إلى تحويل المؤسسات الاقتصادية الربوية إلى مؤسسات إسلامية في الشكل والمضمون، وتدعو إلى رفض الواقع المنقول من الغرب في عهد التبعية والضعف، وإيجاد البدائل الإسلامية.

وهكذا تبلورت فكرة إنشاء المصارف الإسلامية، وظهرت - بفضل الله تعالى - إلى حيز الوجود، فكانت أول محاولة لتنفيذ أوامر الله بهذا الشأن - تلك التجربة الرائدة التي قامت في إحدى المناطق الريفية في الباكستان، حيث تأسست في نهاية الخمسينات، من هذا القرن، مؤسسة تستقبل الودائع من ذوي اليسار من مالكي الأراضي، لتقدمها بدورها إلى الفقراء من المزارعين، للنهوض بمستواهم المعيشي وتحسين نشاطهم الزراعي، دون أن يتقاضى أصحاب هذه الودائع أي عائد على ودائعهم، كما أن القروض المقدمة إلى هؤلاء لمزارعين كانت دون عائد بل كانت تلك المؤسسة تتقاضى أجوراً رمزية تغطي تكاليفها الإدارية فقط.

لكن نتيجة لعدم وجود كادر مؤهل من العاملين، وعدم تجدد الإقبال على الإيداع لديها، أغلقت المؤسسة أبوابها في بداية الستينات، طاوية بذلك صفحة من صفحات تجربة إنشاء البنوك الإسلامية وفاتحة المجال لغيرها من التجارب.

ومع نهاية هذه التجربة، كانت هناك تجربة أخرى في طريقها إلى الظهور، وكان الريف المصري في هذه المرة مسرحاً لها، حيث تأسست عام 1963 في (ميت غمر) وغيرها من الأرياف المصرية بنوك ادخار محلية تعمل وفق أسس الشريعة الإسلامية، وتعد هذه التجربة أول محاولة مسجلة في العصر الحديث في مجال العمل المصرفي الإسلامي، ونتيجة لعدم تعاملها بالفائدة، حظيت هذه المصارف المحلية بتشجيع مواطني الريف المصري ودعمهم لها، نظراً لما تمثله من تجسيد عملي لتعاليم دينهم، فأقبلوا على التعامل معها بحماس شديد، حيث بلغ عدد المودعين فيها حوالي (59) تسعة وخمسون ألف مودع خلال ثلاث سنوات من عملها، ولم تك هناك أي فوائد تدفع على الودائع في بنوك الادخار، وكذا بالنسبة للقروض التي كانت تقدم إلى المودعين فقط لتستخدم في أغراض مختلفة مثل الإسكان، والزراعة، وشراء الآلات اللازمة لها.

لكن هذه التجربة لم تستمر أيضاً، حيث أنه تم إيقاف العمل بها عام 1967م نتيجة لظروف داخلية تتعلق فيها، من ذلك: عدم رسوخ الإطار النظري للأعمال والنشاطات المصرفية الإسلامية التي تمارسها، وعدم توافر الكوادر القادرة على أداء الأعمال والنشاطات المصرفية الإسلامية، وأيضاً فإن هذه التجربة لم تلق العناية والرعاية اللازمة، التي تمنح عادة لأي تجربة رائدة من قبل المؤسسات الحكومية والأهلية المختلفة، هذا إضافة إلى عدة عوامل أخرى لا مجال لذكرها الآن.

لقد عكست التجربتان السابقتان - بالرغم من عدم نجاحهما - حماس المسلمين ورغبتهم في إيجاد البدائل للمؤسسات المصرفية القائمة، التي تتفق مع مبادىء وتعاليم دينهم الحنيف، وعبرتا عن شعورهم الصادق برفض النظام المصرفي الربوي.

لذلك شهدت السبعينات من هذا القرن، انطلاقة جديدة لفكرة إنشاء المصارف والمؤسسات الإسلامية، ففي عام (1971م) أسس في مصر أول مصرف يقوم بممارسة النشاطات المصرفية على غير أساس الربا، وهو (بنك ناصر الاجتماعي) الذي بدأ ممارسة نشاطاته المصرفية عملياً عام (1972م) ثم أعقب ذلك إقامة مصرفين إسلاميين معاً عام (1975م) هما: بنك دبي الإسلامي في دولة الإمارات العربية المتحدة، والبنك الإسلامي للتنمية في جدة، اشتركت في رأس ماله، دول منظمة المؤتمر الإسلامي، ويهدف إلى دعم المشاريع التنموية لهذه البلدان ثم استمرت حركة إنشاء وتأسيس المصارف الإسلامية في طريقها نحو التقدم والازدهار، إذ أسس عام (1977م) ثلاثة مصارف إسلامية مرة واحدة هي كل من: بنك فيصل الإسلامي المصري، وبنك فيصل الإسلامي السوداني وبيت التمويل الكويتي، أعقبها بعد ذلك، البنك الإسلامي الأردني للتمويل والاستثمار عام (1978م).

وفي عقد التسعينات من القرن الميلادي العشرين، أخذت المصارف والمؤسسات المالية الإسلامية تتزايد بشكل واضح، عاماً بعد عام، وانتشرت المصارف الإسلامية في أنحاء مختلفة من العالم ولم ينته القرن العشرون حتى بلغ عدد المصارف الإسلامية في (سنة 2000م) حوالي 187 مصرفاً إسلامياً وتدير أصولاً يزيد حجمها عن 200 مليار دولار أمريكي.

وانتشرت حالياً المصارف والمؤسسات المالية الإسلامية في أكثر من 60 دولة من دول العالم الإسلامي والدول الغربية، حيث يوجد ما يزيد عن 300 مصرفاً ومؤسسة مالية إسلامية، وتبلغ أصولها المالية حوالي 400 مليار دولار أمريكي وينمو القطاع المصرفي الإسلامي بمعدلات كبيرة تفوق 20% سنوياً.

وفيما يأتي جدول لأهم المصارف والمؤسسات وأماكنها وتاريخ تأسيسها:

جدول رقم (1)

أولاً: المصارف

قائمة بأسماء المصارف والمؤسسات الإسلامية

رقم	اسم المصرف/ مكانه	تأريخ تأسيسه	رأس المال المصرح به	رأس المال المدفوع	الجهة المساهمة	نسبة
1	بنك ناصر الاجتماعي مصر	1972	1404 ملايين جنيه مصري	1404 ملايين جنيه مصري	الحكومة المصرية	%100
2	بنك دبي الإسلامي الإمارات العربية / دبي --------	1975 --- ---	---	7805 ملايين درهم إماراتي ---	القطاع الخاص حكومة دبي حكومة الكويت	%70 %20 %10
3	البنك الإسلامي للتنمية السعودية / جدة	1975	2 بليون دينار إسلامي[1]	10578 بليون دينار إسلامي	الدول الإسلامية	%100
4	بنك فيصل الإسلامي المصري مصر / القاهرة	1977	500 مليون دولار أمريكي	40 مليون دولار أمريكي	القطاع الخاص المصري القطاع الخاص السوداني	%51 %49
5	بنك فيصل الإسلامي السوداني السودان / الخرطوم	1977	100 مليون جنيه سوداني	5804 ملايين جنيه سوداني	القطاع الخاص السوداني = = السعودي وأخرى	%40 %60
6	بيت التمويل الكويتي الكويت	1977	20.625 مليون دينار كويتي	20571 مليون دينار كويتي	القطاع الخاص الكويتي الوزارات الكويتية	%51 %49
7	البنك الإسلامي الأردني / للتنمية والاستثمار الأردن / عمان	1978	6 ملايين دينار أردني	6 ملايين دينار أردني	القطاع الخاص	%100
8	المصرف الإسلامي الدولي للاستثمار والتنمية مصر / القاهرة	1980	9.96 ملايين جنيه مصري	9.49 ملايين جنيه مصري	القطاع الخاص	%100

(1) الدينار الإسلامي هو: وحدة من حقوق السحب الخاصة لصندوق النقد الدولي، SDR، الذي يساوي دولاراً واحداً.

9	بنك البحرين الإسلامي البحرين	1979	23 مليون دينار بحريني	5075 مليون دينار بحريني	حكومتا البحرين والكويت بنوك إسلامية القطاع الخاص	23.8% 26.1% 51.1%
10	البنك الإسلامي لغرب السودان / السودان	1981	25 مليون جنيه سوداني	12.7 مليون جنيه سوداني	شركة البركة بنوك إسلامية	-- ---
11	بيت التمويل الإسلامي انجلترا / لندن	1981	12.5 ألف جنيه استرليني	12.5 ألف جنيه استرليني	بيت التمويل الإسلامي / العالمي / لوكسمبررغ	100%
12	بيت التمويل الأردني الأردن / عمان	1981	6 ملايين دينار اردني	6 ملايين دينار أردني	القطاع الخاص	100%
13	بنك بنغلاديش الإسلامي المحدود / بنغلاديش	1982	---	13.2 مليون دولار أمريكي	الحكومة مصارف إسلامية وآخرون	51% 49%
14	بنك قبرص الإسلامي تركيا / قبرص	1982	مليون دولار أمريكي	مليون دولار أمريكي	مساهمون خاصون وآخرون	100%
15	بيت الاستثمار الأردني الأردن / عمان	1982	4 ملايين دينار أردني	4 ملايين دينار أردني	القطاع الخاص	100%
16	المصرف الإسلامي الدولي الدنمارك	1982	40 مليون كرون	40 مليون كرون	بيت التمويل الإسلامي العالمي في لوكسمبورغ	100%
17	مصرف قطر الإسلامي قطر / الدوحة	1983	200 مليون ريال قطري	50 مليون ريال قطري	مساهمون أفراد شركات إسلامية	96% 4%
18	بنك التضامن الإسلامي السودان / الخرطوم	1983	50 مليون دولار أمريكي	14.3 مليون دولار أمريكي	بيت التمويل الكويتي القطاع الخاص السوداني	---
19	بنك فيصل الإسلامي البحرين	1983	30 أمريكي دولار أمريكي	30 مليون دولار أمريكي	دار المال الإسلامي الأمير محمد فيصل آل سعود	99% 1%
20	بنك ماليزيا الإسلامي ماليزيا	1983	500 مليون دولار أمريكي	79.9 مليون دولار أمريكي	--------	---

21	بنك فيصل الإسلامي غينيا	1983	20 مليون دولار أمريكي	---	دار المال الإسلامي	---
22	بنك فيصل الإسلامي النيجر	1983	20 مليون دولار أمريكي	---	دار المال الإسلامي	---
23	البنك الإسلامي السوداني السودان	1983	20 مليون جنيه سوداني	18.07 مليون جنيه سوداني	--------	---
24	بنك التنمية التعاوني السودان	1983	20 مليون جنيه سوداني	3.7 مليون جنيه سوداني	--------	---
25	بنك البركة الإسلامي للاستثمار البحرين	1983	200 مليون دولار أمريكي	50 مليون دولار أمريكي	شركة البركة مساهمون آخرون	%50 %50
26	بيت التمويل السعودي التونسي / تونس	1983	50 مليون دولار أمريكي	250 مليون دولار أمريكي	شركة البركة البنك المركزي التونسي	%80 %20
27	بنك البركة السوداني السودان	1984	200 مليون دولار أمريكي	50 مليون دولار أمريكي	شركة البركة مساهمون آخرون	%80 %20
28	بيت البركة التركي للتمويل تركيا / اسطنبول	1985	10 بلايين ليرة تركية	10 بلايين ليرة تركية	شركة البركة البنك الإسلامي للتنمية مصارف إسلامية أخرى	%50 %13 %37
29	مؤسسة فيصل للتمويل تركيا	1984	5 بلايين ليرة تركية	5 بلايين ليرة تركية	دار المال الإسلامي مساهمون آخرون	%51 %15
30	بنك البركة الإسلامي الموريتاني موريتانيا	1985	7 ملايين دولار أمريكي	56 مليون دولار أمريكي	شركة البركة البنك المركزي الموريتاني القطاع الخاص	%50 %10 %40
31	بنك فيصل الإسلامي تركيا / قبرص	---	---	---	دار المال الإسلامي	---

32	بنك البركة في بنغلاديش	1986	---		شركة البركة	%100
33	مصرف فيصل الإسلامي/ البهامس	1982	---	---	دار المال الإسلامي	---
34	بنك الأمانة الفلبيني/ الفلبين	1982	---	---	دار المال الإسلامي	
35	بنك بان أمريكا الإسلامي	---	---	---	----------	---
	الأرجنتين/ بوينس آيرس					
36	مصرف فيصل الإسلامي	---	---	---	دار المال الإسلامي	---
37	مصرف فيصل الإسلامي/ جيرسي	---	---	---	دار المال الإسلامي	---
38	بنك الشمال السوداني	---	---	---	دار المال الإسلامي	---
	الإسلامي / السودان					
39	المصرف العراقي الإسلامي العراق / بغداد	1992	126.4 مليون دينار عراقي	31.6 مليون دينار عراقي	القطاع الخاص	%100
40	البنك العربي الإسلامي البحرين / المنامة	---	---	---	---------	---
41	مصرف قطر الإسلامي الدولي قطر / الدوحة	---	---	---	---------	---
42	بنك الأمانة للاستثمار الإسلامي الفلبين ، مانيلا	---	---	---	---------	---
43	بنك البركة في الجزائر الجزائر	---	---	---	---------	---
44	المصرف الإسلامي الدولي لوكسمبورغ	---	---	---	---------	---
45	البنك الإسلامي الدولي الدانمارك	---	---	---	---------	---
46	البركة بانكورب كاليفورنيا (باسادنيا/ أمريكا/ كاليفورنيا)	1987	10 ملايين دولار أمريكي	10 ملايين دولار أمريكي	---------	---
47	البركة تكساس	1987	10 ملايين دولار أمريكي	230 ألف دولار أمريكي	----------	---

48	بنك البركة الدولي المحدود انكلترا / لندن	1983	154 مليون دولار أمريكي	50 مليون دولار أمريكي	----------	---
49	البركة بانكورب شيكاغو (الينـــــــوي) - الإدارة الإقليمية أمريكا - شيكاغو	--- ---	--- ---	--- ---	--------- ---------	--- ---
50	بنك البركة جنوب أفريقيا جنوب أفريقيا، ديربان	---	---	---	---------	---
51	بنك البركة الأندنوسي					
	أندونوسيا ، كاكرتا					
52	بيـــت البركـــة الهنـــدي للاستثمار الهند / بومباي	---	---	---	---------	---
53	بنك البركة الإسلامي للاستثمار / باكستان	---	---	---	---------	---
54	بنك البركة في جيبوتي					
55	بنـــك التمويـــل المصـــري السعودي / مصر القاهرة					

جدول رقم (2)

ثانيا: الشركات المالية الإسلامية القابضة

رقم	اسم المصرف/ مكانه	تأريخ تأسيسه	رأس المال المصرح به	رأس المال المدفوع	الجهة المساهمة	نسبة المساهمة
1	بنك التمويـل الإسـلامي العالمي لوكسمبورغ	1978	100 مليون دولار أمريكي	26.7 مليون دولار أمريكي	مجموعة البركة آخرون	%21.6 %78.4
2	دار المال الإسلامي البهامس	1981	100 مليون دولار أمريكي	310 مليون دولار أمريكي	-------	---
3	شركـة البركـة للاسـتثمار والتنمية السعودية / جدة	1982	55 مليون دولار أمريكي	55 مليون دولار أمريكي	الشيخ صالح عبدالله كامل محسن الحارثي	---

جدول رقم (3)
ثالثاً: الشركات المالية الإسلامية

رقم	اسم الشركة ومقرها	تاريخ التأسيس
1	شركة أريفكو - المستثمرون العرب، فادوتس	1977
2	شركة الاستثمار الإسلامي المحدود، سويسرا، جنيف	1979
3	الشركة الإسلامية للاستثمار وأعمال النقد الأجنبي، قطر، الدوحة	1980
4	شركة الأمين للأوراق المالية، البحرين، المنامة	----
5	شركة التوفيق للصناديق الاستثمارية، البحرين، المنامة	----
6	الشركة الإسلامية للخدمات الاستثمارية / سويسرا	1980
7	الشركة الإسلامية العربية للتأمين / الإمارات	1980
8	شركة البركة للاستثمار الإسلامي / البحرين	1981
9	شركة أي بي أس للتمويل / سويسرا / فادوتس	1983
10	بيت الاستثمار الإسلامي / هولندا / ألافتي الهولندية	1983
11	بيت الاستثمار الإسلامي / هولندا / روتردام	1983
12	بيت الاستثمار الإسلامي / انجلترا / كيمان	1983
13	شركة البركة الدولية المحدودة / انجلترا	1983
14	شركة البركة للاستثمار المحدودة / انجلترا	1984
15	شركة البركة العالمية للاستثمار المحدودة / سنغافورة	1983
16	الشركة العربية التايلندية العالمية المحدودة / تايلند / بانكوك	1983
17	الشركة الإسلامية للاستثمار الخليجي / دبي / الشارقة	----
18	الشركة الإسلامية للاستثمار بالبحرين	----
19	الشركة الإسلامية للاستثمار بالسودان	----
20	الشركة الإسلامية للاستثمار / فينا	----
21	الشركة الإسلامية للاستثمار / بالنيجر	----
22	الشركة الإسلامية للاستثمار / بالسنغال	----
23	شركة الاستثمار الإسلامي / بالبهامس	----
24	الشركة الإسلامية للاستثمار / جبرسي	
25	شركة دار المال الإسلامي للخدمات الإدارية المحدودة / جبرسي	
26	شركة الراجحي للاستثمارات الإسلامية/ انجلترا / لندن	
27	شركة الاسثمارات العامة / القاهرة	
28	شركة البركة للاستثمار / ألمانيا الغربية	
29	شركة سير لإعادة التأمين / بناما	
30	شركة الراجحي للتجارة وتبادل العملات الأجنبية / السعودية	----
31	شركة دار المال الإسلامي / سويسرا / جنيف	----
32	شركة التكافل الإسلامي / لوكسمبورغ	----
33	شركة التكافل وإعادة التكافل / البهامس	----

2-3 العوامل التي ساعدت على إنشاء المصارف الإسلامية

تعد فكرة إنشاء مصارف ومؤسسات مالية إسلامية، فكرة حديثة، ولدتها عوامل عدة سياسية، واجتماعية، واقتصادية.

وقد ساعدت في تحقيق هذه الفكرة، وإخراجها من الجانب النظري إلى الواقع العملي عوامل عدة من أبرزها: العوامل الأربعة الآتية:

1- تبلور فكرة إنشاء هذه المصارف ونضوجها وتفهمها وعلى كافة المستويات.

2- طرح هذه الفكرة ودراستها في المؤتمرات الدينية والعلمية والسياسية للعالم الإسلامي.

3- المحاولات الجادة من قبل جميع الباحثين لإيجاد بدائل للمؤسسات المصرفية الربوية التقليدية.

4- الصحوة الإسلامية الشاملة التي شهدها العالم الإسلامي وما صاحب ذلك من توجه جاد وصادق من المسلمين نحو تكييف ما يتعلق بجوانب حياتهم الاجتماعية والسياسية والاقتصادية بما يتفق ومبادىء وأحكام الشريعة الإسلامية.

سنحاول هنا شرح هذه العوامل والأسباب بالتفصيل:

أولاً: تبلور الفكرة ونضوجها وتفهمها

إن قيام المخلصين من أبناء هذه الأمة حينما شعروا بأضرار ومخاطر المؤسسات الربوية، وما تخلفه من تأثير على اقتصاد الأمة بدؤوا يوضحون ذلك ويبينونه لمن فاته التنبه إليها من الشعوب الإسلامية.

كما بدؤوا - وفي الوقت نفسه - يطالبون بإيجاد بدائل عنها، وذكرنا أيضاً، أن هذه الفكرة كانت تقوى أحياناً وتضعف أحياناً أخرى، حتى وصلت إلى مرحلة النضوج الذي يتحتم معه العمل على تحقيقها وإخراجها إلى حيز الوجود.

فقام هؤلاء الدعاة بالإعلان عن هذه الفكرة بكل صراحة ووضوح، وطرحها على المستويات كافة حتى تمكنوا - وبفضل الله تعالى - من تحويلها إلى حقيقة واقعة لا يستطيع أحد إنكارها، أو إغماض عينيه عنها.

ثانياً: طرح هذه الفكرة على المؤتمرات العلمية والسياسية للعالم الإسلامي

من بين تلك المؤتمرات: أ- المؤتمرات العلمية: المؤتمر السنوي الثاني لمجمع البحوث الإسلامية، الذي عقد في القاهرة عام 1385هـ - 1965م، وقد بحث فيه موضوع الفوائد والأعمال المصرفية، ونصت قراراته على ان (الفائدة على أنواع القروض كلها رباً محرم، لا فرق في ذلك بين ما يسمى بالقرض الاستهلاكي وما يسمى بالقرض الإنتاجي، لأن نصوص الكتاب والسنة في مجموعها قاطعة في تحريم النوعين) وقرر أيضاً: (أن كثير الربا وقليله حرام، وأن الإقراض بالربا محرم لا تبيحه حاجة ولا ضرورة).

وفي المؤتمر السنوي الثالث، طلب من المجمع مواصلة دراسة البديل المصرفي الإسلامي، وطريقة تنفيذه، مستعيناً في ذلك بآراء رجال الاقتصاد.

كما دعا المؤتمر السنوي السادس إلى ضرورة إنشاء مصرف إسلامي يخلو من المحظورات الشرعية. وعقدت في هذا المجال أيضاً مؤتمرات أخرى، منها: مؤتمر الفقه الإسلامي الأول في الرباط عام 1969. وهناك مؤتمرات علمية عديدة عقدت منذ ذلك الحين وحتى الآن.

ب- المؤتمرات السياسية

أما على الصعيد السياسي، فقد عقدت مؤتمرات إسلامية عدة، منها:

– المؤتمر الأول لوزراء خارجية الدول الإسلامية في جدة عام 1979م، والذي أكد فيه المؤتمرون على ضرورة قيام الحكومات المشتركة بالتشاور سوية لغرض تعزيز تعاون وثيق، ومساعدة مشتركة في المجالات الاقتصادية، والفنية والثقافية، والروحية، المنبثقة من تعاليم الإسلام الخالدة لمصلحة المسلمين والبشرية جمعاء.

– المؤتمر الأول لوزراء خارجية الدول الإسلامية أيضاً، الذي عقد في كراتشي ـ عام 1970م تقدم وفدا مصر وباكستان باقتراحين كل على حدى بشأن إنشاء بنك إسلامي، أو اتحاد للبنوك الإسلامية، أيهما أفضل للمؤتمر أن يتبناه، على أن تشترك في هذه الدراسة الدول الإسلامية التي ترغب في المشاركة، وتم تحديد الأهداف لهذا المشروع بما يأتي:

1- ضمان تجميع رأس مال كاف لهذا البنك أو اتحاد البنوك الإسلامية بترشيح باب الاكتتاب والإسهام فيه، للهيئات غير الحكومية.

2- رسم سياسة واضحة لأسلوب العمل في هذا البنك أو اتحاد البنوك التي بها يضمن تحقيق أكبر فائدة للشعوب الإسلامية حسب متطلباتها المدروسة، وفي المستقبل.

3- أن يقترن إنشاء البنك، أو الاتحاد، بإقامة بيت خبرة إسلامي يحق للمجتمع الإسلامي الاستفادة منه، وتجنيد الإمكانيات العملية والعقلية الموجودة فعلاً في المجتمع الإسلامي.

– ثم أعقب هذا المؤتمر، مؤتمر ثالث لوزراء خارجية الدول الإسلامية في جدة عام 1972م، وقرر إنشاء إدارة مالية اقتصادية تابعة للأمانة العامة، تتولى الدراسة وإعطاء المشورة في المواضيع الاقتصادية للبنوك الإسلامية، وتكون هذه الإدارة كلها كاملة متخصصة في الميادين المالية، والاقتصادية التي تهم الدول الأعضاء.

– بعد ذلك عقد المؤتمر الرابع لوزراء خارجية الدول الإسلامية، في بنغازي عام 1973، أسفر عنه ما يأتي:

– عقد المؤتمر الأول لوزراء مالية الدول الإسلامية، في جدة، في العام نفسه أصدر تصريحاً أعرب فيه، عن إنشاء البنك الإسلامي للتنمية، الذي يهدف إلى التنمية الاقتصادية والدعم الاجتماعي لشعوب الدول الأعضاء، والمجتمعات الإسلامية مجتمعة ومنفردة، وفقاً لأحكام الشريعة.

– وأعقبه مؤتمر ثان للوزراء أنفسهم وفي المكان نفسه عام 1974م، تمت فيه المصادقة على بنود الاتفاقية التي شكلت برئاسة السيد تنكو عبد الرحمن تبرا – الأمين العام لمنظمة المؤتمر الإسلامي.

وفي عام 1975م، وبعد استكمال الترتيبات اللازمة، وتسديد الأقساط الأولى من المبالغ المكتتبة، عقد مجلس المحافظين للدول الأعضاء، وتم فيه إقرار النظام الداخلي للبنك، ولائحة انتخابات مجلس المديرين التنفيذيين، كما تم فيه أيضاً: انتخاب رئيس البنك، وأعضاء مجلس الادارة، واتخذوا قراراً بافتتاح البنك رسمياً في 15/شوال/ 1395هـ الموافق 1975/10/20م. وتم عقد مؤتمرات عديدة لوزراء خارجية الدول الإسلامية لمناقشة أهمية ومبررات المصارف الإسلامية حتى الآن.

وبذلك تم – وبفضل الله تعالى – افتتاح أول مصرف إسلامي دولي، شاركت فيه عدة دول أعضاء في منظمة المؤتمر الإسلامي.

ثالثاً: المحاولات الجادة من قبل الباحثين، لإيجاد بدائل للمؤسسات المصرفية الربوية:

قام الباحثون في المجالين الفقهي، والاقتصادي، بعدة محاولات جادة ومستمرة، لإيجاد بدائل للصيغ والأدوات المصرفية والاستثمارية الربوية، مستمدة من الشريعة الإسلامية، الأمر الذي أدى في النهاية إلى إيجاد صيغ وأدوات مصرفية واستثمارية إسلامية، تصلح للتطبيق العملي.

رابعاً: الصحوة الإسلامية الشاملة، التي شهدها العالم الإسلامي:

كان للصحوة الإسلامية الشاملة التي شهدها العالم الإسلامي، وما صاحب ذلك من توجه جاد وصادق للمسلمين كافة نحو تكييف كل ما يتعلق بجوانب حياتهم الاجتماعية والسياسية والاقتصادية، بما يتفق ومبادىء دينهم وتعاليمه السامية، دور بارز في تكوين فكرة إنشاء هذه المصارف، وإخراجها إلى حيز الوجود.

3-3 الخصائص الأيدولوجية للمصرف الإسلامي

تتميز أنشطة المصرف الإسلامي بانها ذات صبغة ايدولوجية أو مذهبية أو عقيدية، بمعنى أنها أنشطة لا بد أن تتفق وأحكام الشرعية الغراء فهي:

(1) مصارف لا تتعامل بسعر الفائدة (الربا) أخذا ولا إعطاءً اتباعاً لهدي القرآن الكريم:

" ... وأحل الله البيع وحرم الربا ..."

واتباعاً لسنة رسول الله محمد ﷺ حيث يقول:

" لعن الله آكل الربا وموكله وشاهديه".

(2) وهي بنوك لا تقدم تمويلاً أو تستثمر أموالاً في أي مشروع يمارس أنشطة محرمة أو مخالفة لأحكام الشريعة الإسلامية كالخمور والسجائر ووسائل الترفيه المحرمة ... الخ.

(3) وهي بنوك منضبطة بأحكام الشريعة وقيم الإسلام الداعية إلى الخير، الناهية عن المنكر، مثل تغليب مصلحة الجماعة وتشجيع قيم العمل والتنمية، والحد من الإسراف والتبذير ... الخ.

4-3 الخصائص الوظيفية للمصرف الإسلامي

تتميز أنشطة المصرف الإسلامي بأنها ذات صبغة استثمارية وتنموية واجتماعية:

(1) فهي مصارف "استثمارية" Investment Banks لأنها لا تقدم القروض لتنتظر عـودة الأمـوال مضافاً إليها سعر الفائـدة وإنمـا تقـوم بدراسـة جـدوى المشروعات وتبـدأ في تمويلهـا، الأمـر الـذي ينطـوي عليـه تحمـل المخـاطر سـواءً مـن حيـث مـدى نجـاح المشروعات، أو من حيث مدى تأثر السيولة بتدفق هذه الأموال خارجاً وداخلاً.

وتتفاوت درجة المخاطرة من صيغة لأخرى من صيغ الاستثمار، إذ تعتبر المخـاطرة في أعلى حد لها في صيغة المضاربة (أو عقد القراض)، وتكون في أدنى حد لها في صـيغة بيع المرابحة للآمر بالشراء.

ومن جهة أخرى، فإن الاستثمار، بما ينطوي عليه من تعاون مثمر بين عنصري رأس المال والخبرة البشرية، هو أفضل نموذج لحفظ ثروة المجتمع، لأنه يعني بحق الوصـول إلى المبدأ الاقتصادي العتيد وهو التخصيص الأمثل للموارد الاقتصادية.

(2) وهي مصارف "تنموية" Development Banks تهـدف إلى تعبئـة المـوارد وتوجيههـا لطالبي التمويل بهدف تحقيق مصلحة مشتركة، لا بين الطرفين فحسب، إنمـا للنهـوض بالمجتمع أساساً، لأن هدف المصارف الإسلامية هو إقامة الاقتصاد الإسلامي على اعتبار أن الهدف لا ينحصر في تحقيق الربح فحسب.

إن هـذا المفهـوم "التنمـوي" للمصـارف الإسـلامية يعنـي أن تنميـة المجتمـع مـن الناحية الاقتصادية تدور حول محاور سبعة هي:

* تحقيق الاستخدام الأمثل للموارد الاقتصادية وعدم تبديها.

* زيادة الطاقات الإنتاجية وحسن استخدام المتاح منها.

* تقوية البنية الهيكلية الاقتصادية.

* التصنيع الشامل.

* تنمية القطاعات الاقتصادية بشكل متوازن.

* تقليل البطالة، السافرة منها والمقنعة، واقتصار البطالة على ما يسمى بالبطالة "الاحتكاكية"، وهي التي تحدث عندما يريد الإنسان تغيير عمله من مهنة لأخرى.

* الاهتمام بالعنصر البشري وتحقيق التنمية النفسية والعقلية للإنسان، من حيث التعليم والتدريب، إيجاد الحوافز، واعتبار الإنسان غاية التنمية وأداتها لاأداة لها فقط.

(3) وهي مصارف "اجتماعية" Social Banks لأنها تسعى لتحقيق عناصر التكافل الاجتماعي بين أفراد المجتمع، لا من حيث الإشراف على صناديق الزكاة أو إدارة حسابات الجمعيات الخيرية فحسب، بل تتعدى هذا إلى الجانب الاقتصادي الاجتماعي الهام، وهو توزيع العوائد عن طريق الإسهام في عدم تركيز الثروة في أيدي أفراد أو مؤسسات قليلة في المجتمع.

ويأتي هذا نتيجة لما ينبثق عن الطبيعة الاستثمارية للمصرف الإسلامي البعيدة عن الربا، والتي تقوم أساساً على الاستثمار في مشروعات حقيقة تؤدي إلى خلق الدخول، فزيادة الطلب الفاعل وزيادة الإنتاج، فالعمالة الكاملة، فزيادة الدخول مرة أخرى، وبالتالي زيادة الميل الحدي للاستهلاك وزيادة الميل الحدي للادخار، فالاستثمار ... وبالتالي دوران عجلة النمو في الاقتصاد الوطني.

5-3 خصائص ومميزات المصارف الإسلامية مقارنة مع المصارف الأخرى

من المعلوم أن للمصارف الإسلامية خصائص ومميزات تنفرد بها عن المصارف الأخرى، من حيث المبدأ والمحتوى والمضمون اختلافاً بيناً وواضحاً، مما يرتب عليه اختلافها من حيث الغاية والهدف.

وعلى هذا الأساس فإنه لا بد من أن تكون لهذه المصارف خصائص تميزها عن غيرها، وفيما يأتي عرض لأهم تلك الخصائص والمميزات:

الخاصية الأولى: استبعاد التعامل بالفائدة

أن أول ما يمتاز به المصرف الإسلامي عن المصارف الأخرى وأهم معالمه هو: (إسقاط الفائدة الربوية من كل عملياته أخذاً أو إعطاء) [1].

وتعد هذه الخاصية، المَعلم الرئيس والأول للمصرف الإسلامي، وبدونها يصبح هذا المصرف كأي مصرف ربوي آخر. ذلك لأن الإسلام قد حرم الربا بكل إشكاله وشدد العقوبة عليه، بل أن الله سبحانه وتعالى لم يعلن الحرب على أحد، في القرآن الكريم، إلا على آكل الربا حيث قال: (**يا أيها الذين آمنوا اتقوا الله وذورا ما بقي من الربا إن كنتم مؤمنين، فإن لم تفعلوا فأذنوا بحرب من الله ورسوله وإن تبتم فلكم رؤوس أموالكم، لا تَظْلِمون ولا تُظْلمون**) [سورة البقرة: الآيتان 277، 278].

والمصرف الإسلامي بهذا ينسجم تماماً مع غيره من المؤسسات الإسلامية الأخرى، والتي تشكل في مجموعها نظاماً إسلامياً متكاملاً، لا يتناقض معها. ذلك لأن جميع هذه المؤسسات الإسلامية - بما فيها المصرف الإسلامي - تعمل جادة من أجل تنقية المجتمع الإسلامي من كل ما لا يتلاءم مع مبادىء هذا الدين وتعاليمه السامية.

ومساوىء الربا ومضاره معروفة لدى الجميع، بل إن هناك شبه إجماع على أن الربا يمثل قيمة الظلم والاستغلال، بما يتيحه لأحد الأطراف (المقرض) من استرداد رأس ماله زائداً الفائدة الربوية، مع قطع النظر عن الحالة التي يكون فيها المدين من خسران، أو مرض، أو أزمة مالية يعاني منها. فكلما كثرت الأزمات وعم الضيق زاد التعامل بالربا، ووجد المرابون لذتهم وسعادتهم في استغلال المحتاجين وإرهاقهم بالقروض الربوية الفاحشة، مما يؤدي إلى تكوين طبقة تملك رؤوس الأموال يجعلها تتحكم في المحتاجين، وتعمل على إضعافهم بكل ما تستطيعه من وسائل. وهذا يؤدي إلى تقسيم المجتمع إلى طبقتين، القوية منها والضعيفة، ففتح بابا للصراع الطبقي.

يقول أحد الباحثين: (إن الواقع يشير إلى أن كل أدوات التأثير في المجتمع من حكومات، وأحزاب، وقادة فكر ووسائل إعلام.. كل ذلك أدوات في مخالب أصحاب البنوك والملايين).

---

(1) حيث أن جميع النظم والقوانين تنص أول ما تنص عليه وفي موادها الأولى على العمل على تجنب كل ما هو ربا أو ما يؤدي إليه.

والإسلام في جوهره يعنى بحماية الفرد، كما يعنى بحماية المجتمع ويحرص على الوحدة والتآخي بين جميع أفراده، فهو يقيم تشريعه الشامل - الاجتماعي والاقتصادي - بطريقة تقتلع الأسباب التي تؤدي إلى خلق طبقة استغلالية ظالمة على حساب طبقة أخرى.

يقول أحد الباحثين: (تشكل خاصية استبعاد الفوائد من معاملات المصارف الإسلامية المعَلم الرئيسي لها، وتجعل وجودها متسقاً مع البنية السليمة للمجتمع الإسلامي، وتصبغ أنشطتها بروح راسية ودوافع عقائدية تجعل القائمين عليها يستشعرون دائماً أن العمل الذي يمارسونه ليس مجرد عمل تجاري يهدف إلى تحقيق الربح فحسب، بل هو إضافة إلى ذلك أسلوب من أساليب الجهاد في حمل عبء الرسالة والإعداد لاستنقاذ الأمة من مباشرة أعمال مجافية للأصول الشرعية، وفوق كل ذلك - وقبله - يستشعر هؤلاء العاملون أن العمل عبادة وتقوى، مثاب عليها من الله سبحانه وتعالى، إضافة إلى الجزاء المادي الدنيوي).

الخاصية الثانية: توجيه كل جهده نحو الاستثمار الحلال:

من المعلوم أن المصارف الإسلامية مصارف تنموية بالدرجة الأولى، ولما كانت هذه المصارف تقوم على اتباع منهج الله المتمثل بأحكام الشريعة الغراء، فإنها وفي جميع أعمالها تكون محكومة بما أحله الله، وهذا يدفعها إلى استثمار وتمويل المشاريع التي تحقق الخير للبلاد والعباد، والتقيد في ذلك بقاعدة الحلال والحرام التي يحددها الإسلام. مما يترتب عليه ما يأتي:

أ- توجيه الاستثمار وتركيزه في دائرة إنتاج السلع والخدمات التي تشبع الحاجات السوية للإنسان المسلم.

ب- تحري أن يقع المنتج - سلعة كان أم خدمة - في دائرة الحلال.

ج- يجب أن تكون كل مراحل العملية الإنتاجية (تمويل - تصنيع - بيع - شراء) ضمن دائرة الحلال.

د- انسجام أسباب الإنتاج (أجور - نظام عمل) مع دائرة الحلال.

هـ- تحكيم مبدأ احتياجات المجتمع ومصلحة الجماعة قبل النظر إلى العائد الذي يعود على الفرد.

الخاصية الثالثة: ربط التنمية الاقتصادية بالتنمية الاجتماعية:

حيث أن المصارف الإسلامية بطبيعتها تزاوج بين جانبي الإنسان المادي والروحي، ولا تنفصل في المجتمع الإسلامي الناحية الاجتماعية عن الناحية الاقتصادية، فالإسلام وحدة متكاملة لا تنفصل فيه جوانب الحياة المختلفة.

والمصرف الإسلامي لا يربط بين التنمية الاقتصادية والتنمية الاجتماعية فقط، بـل أنه يعد التنمية الاجتماعية أساساً لا تؤتي التنمية الاقتصادية ثمارها إلا بمراعاته، وهو بذلك يراعي الجانبين، ويعمل لصالح الجميع، فالمصرف الإسلامي يجمع الزكاة ويتولى مهمـة توزيعها وإيصالها إلى مستحقيها من الأصناف الثمانية التي حددها القرآن الكريم، كما أنه يحاول رفع المستوى المعيشي للمجتمع، من خلال سياسته الاستثمارية، ويفتح أبواب الرزق أمام الجميع، وذلك من خلال المشاريع والمؤسسات الاقتصادية التابعة له.

الخاصية الرابعة: تجميع الأموال المعطلة ودفعها إلى مجال الاستثمار:

من المسلم به أن الكثير من أموال المسلمين في العالم الإسلامي تعد أمـوالاً معطلـة لا تستفيد منها المجتمعات الإسلامية، والسبب في ذلك يعود إلى أن الكثير مـن أبنـاء الأمـة الإسلامية وبفضل الله تعالى يتحرج من استثمار أمواله وتنميتها في المصارف الربوية القائمة، وذلك يعود إلى تمسك هذا النفر الخير من أبناء هذه الأمة بعقيدته والتزامه بمبادىء دينه وتعاليمه السامية.

إلا أن قيـام المصارف الإسلامية، وتمكنها – وبفضل الله تعـالى – إثبـات جـدارتها ونجاحها في استثمار الأموال المودعة وتنميتها، قد دفع الكثير مـن اصحاب رؤوس الأمـوال إلى استثمار أموالهم المجمدة وتنميتها، من خلال المشاريع التنموية التـي تقـوم بهـا هـذه المصارف وقد تمكنت هذه المصارف والمؤسسات الإسلامية من تولي مكـان الريـادة في هذا المجال، حيث استطاعت هذه المصارف والمؤسسات – كما سبق القول – تجميع الفـائض من الأموال المجمدة ودفعها إلى مجال الاستثمار في مشروعاتها التنمويـة المختلفـة، تجاريـة كانت أم صناعية أم زراعية.

وهي بذلك قد حققت نجاحاً باهراً في تحريك تلك الأموال وجعلها أداة فاعلـة في خدمة الاقتصاد الوطني والمشاريع التنموية التي تقدم الخدمة لأبناء المجتمع.

الخاصية الخامسة: تيسير وتنشيط التبادل التجاري بين الدول الإسلامية:

وذلك من خلال تعاون هذه المصارف وتبادل الخبرات فيما بينها، وتقديم كل منها ما يستطيع تقديمه للآخر، شأنها في ذلك شأن المصارف الربوية التي تسود العالم اليوم، وهي بذلك تجعل الحركة التجارية بين الشعوب الإسلامية تسير نحو التقدم، بل تؤدي إلى الاستغناء عن النظام المصرفي القائم وعدم الركون إليه في أي عمل مصرفي يحتاجه الفرد المسلم.

الخاصية السادسة: إحياء نظام الزكاة:

حيث تقوم هذه المصارف وانطلاقاً من رسالتها السامية في التوفيق بين الجانبين الروحي والمادي معاً، وذلك من خلال العمل على كل ما من شأنه أن يؤدي إلى تحقيق الرفاه والتقدم لأفراد المجتمع الإسلامي كلهم.

لذلك أقامت هذه المصارف صندوقاً خاصاً لجمع الزكاة، تتولى هي إدارته، كما أخذت على عاتقها أيضاً - كما سبق القول - مهمة إيصال هذه الأموال إلى مصارفها المحددة شرعاً. وهو بذلك يؤدي واجباً إليها فرضه الله على هذه الأمة، إضافة إلى الجانب الاقتصادي الذي تؤديه أموال هذه الفرضية، إذا ما قام المصرف باستثمار الفائض من تلك الأموال وتنميتها.

الخاصية السابعة: القضاء على الاحتكار الذي تفرضه بعض شركات الاستثمار:

تقوم المصارف - وانطلاقاً من وظيفتها الأساسية في التقيد في معاملاتها بالأحكام الشرعية - بالقضاء على الاحتكار الذي تفرضه بعض الشركات المساهمة على أسهمها، وتقوم هذه الشركات وبهدف احتكار أسهمها وعدم السماح لمساهمين جدد بالاشتراك في رأس مالها، فإنها تلجأ إلى إصدار سندات تمكنها من الحصول على رأس مال جديد، وبقاء أسهم الشركة محصورة في يد المساهمين فقط. أما المصارف والمؤسسات المالية الإسلامية، فإنها لا تصدر السندات - نظراً لأن فقهاء الشريعة قد قالوا بحرمتها - عدا سندات المقارضة - التي أجازها بعض الفقهاء المعاصرين). بل لقد ذهب الفقهاء المعاصرون إلى القول بجواز إصدار سندات المقارضة: والتي تعني (الوثائق المحددة القيمة التي تصدر بأسماء مالكيها مقابل الأموال التي قدموها لصاحب المشروع بعينه، بقصد تنفيذ المشروع واستغلاله وتحقيق الربح).

فهي وبهدف زيادة رأس مالها، والتوسع في أعمالها تفتح باب الاكتتاب على أسهمها أمام جميع الراغبين في ذلك.

الخاصية الثامنة: عدم إسهام هذه المصارف وتأثرها المباشر فيما يطرأ على النقد من تضخم

فالمصرف اللاربوي حتى في اقتصاد غير إسلامي، يقع خارج إطار وآلية عمليات السوق المفتوحة التي تجري عادة بين المصارف المركزية والتجارية، في علاقات وترابط بين عملية الخصم وإعادة الخصم.

إن مخططي السياسة النقدية في حالة عملهم على زيادة السيولة النقدية، يلجأون عادة إلى خفض سعر فائدة إعادة الخصم، وبذلك يدفعون المصارف التجارية إلى زيادة عرض النقد في السوق وتغطية طلبات الاستثمار.

أما إذا ما أراد مخططو السياسة النقدية العكس من ذلك، فإنهم يقومون برفع سعر إعادة الخصم، وبذلك يدفعون المصارف التجارية إلى الإقبال على عمليات إعادة الخصم لدى المصرف المركزي، وعند ذلك يستطيعون تقليل حجم السيولة النقدية في السوق.

ولما كان المصرف الإسلامي في الأصل بعيداً عن العمليات الربوية في علاقاته مع المصارف الأخرى بما فيها المصرف المركزي، فإن ظاهرة التضخم النقدي لن يكون لها أي دور في تطويرها أو الحد منها.

ولكنه مع ذلك قد يتأثر - وبصورة غير مباشرة - بجوانب منها، لا سيما ما يخص العلاقات القيمية للوحدة النقدية وقوتها الشرائية في الاقتصاد المعني. وبهذا فإنه يمكننا القول أن النظام المصرفي الإسلامي - وفي ظل نظام اقتصادي إسلامي متكامل - سوف يمنح الوحدة النقدية السائدة استقراراً وثباتاً في قيمتها الشرائية، ويسهم إلى حد كبير في الحد من ظاهرة التضخم.

6-3 الربا على مر العصور وحكم الربا في الإسلام

الربا في اللغة: اسم معناه الزائد أي المقدار الزائد.

ارتبطت الفائدة في مختلف العصور، بحاجة الناس عند تبادل المنافع إلى الاستدانة سواء لسد الفجوة في حاجاتهم الاستهلاكية ، أو لتمويل استثمارهم ، لأن الدائنين

أصحاب الثروات والمدخرات - رأوا في الفائدة دائماً ثمناً للأجل، وتعويضاً عن تأخير السداد وكذلك ارتبط البيع وإقراض النقود لأجل على مر العصور.

1- كانت القروض في حضارة سومر وبابل وآشور تتخذ صورة بضائع أو عملة وكانت فوائدها عالية وخاصة ما بين الأغنياء والفقراء عندما كان الغني يقرض الفقير، يأخذ منه ما يزيد بكثير عن قيمة القرض.

2- وكان الربا عند الإغريق والرومان شائعاً بدون قيود.

3- حرمت الكنيسة القديمة على الناس مزاولة التجارة والإقراض بفائدة.

4- اليهود في الطائف وفي المدينة هم الذين نشروا الربا في الجزيرة العربية.

5- إن حكم الربا في الشريعة الإسلامية هو التحريم القطعي، ويمحق الله الربا ويربي الصدقات.

وسنبين هنا حكم الربا في القرآن الكريم.

ورد لفظ الربا في القرآن في عشر آيات موزعة في أربعة سور - هي سورة الروم: الآية 39، سورة النساء: الآيتان 161 ، 162، وسورة آل عمران الآية: 130، وسورة البقرة: الآيات الستة 275 إلى 281 -. وهذه الآيات نوردها هنا حسب ترتيب نزولها:

أ- في سورة الروم قال تعالى: ((**وما آتيتم من ربا ليربو في أموال الناس فلا يربو عند الله، وما آتيتم من زكاة تريدون وجه الله فأولئك هم المضعفون**)). [الآية 39].

ب- وفي سورة النساء، قال تعالى: ((**فبظلم من الذين هادوا حرمنا عليهم طيبات أحلت لهم، وبصدهم عن سبيل الله كثيرا، وأخذهم الربا وقد نهوا عنه وأكلهم أموال الناس بالباطل وأعتدنا للكافرين منهم عذاباً أليما**)). [الآيتان 160 ، 161].

ج- وفي سورة آل عمران، قال تعالى: ((**يا أيها الذين آمنوا لا تأكلوا الربا أضعافاً مضاعفة، وأتقوا الله لعلكم تفلحون**)). [الآية 130].

د- وفي سورة البقرة، قال تعالى: ((**والذين يأكلون الربا لا يقومون إلا كما يقوم الذي يتخبّطه الشيطان من المس ، ذك بأنهم قالوا إنما البيع مثل الربا وأحل الله البيع وحرم الربا، فمن جاءه موعظة من ربه فانتهى فله ما سلف وأمره إلى الله ، ومن عاد فأولئك أصحاب النار هم فيها خالدون.**

يمحق الله الربا ويربي الصدقات، والله لا يحب كل كفار أثيم، إن الذين آمنوا وأقاموا الصلاة وآتوا الزكاة لهم أجرهم عند ربهم ولا خوف عليهم ولا هم يحزنون، يا أيها الذين آمنوا أتقوا الله، وذروا ما بقي من الربا إن كنتم مؤمنين، فإن لم تفعلوا فأذنوا بحرب من الله ورسوله، وإن تبتم فلكم رؤوس أموالكم لا تظلمون ولا تظلمون، وإن كان ذو عسرة فنظرة إلى ميسرة، وأن تصدقوا خير لكم إن كنتم تعلمون، واتقوا يوماً ترجعون فيه إلى الله، ثم توفى كل نفس ما كسبت وهم لا يظلمون)). [الآيات 275 إلى 281].

نزلت آية سورة الروم في مكة - قبل أن تفصل الأحكام العملية للشريعة الإسلامية. وهي - كما هو متفق عليه - ليست في بيان حكم الربا، إنما ذمت الآية التعامل بالربا، وأثنت على الصدقات والعطايا والهبات التي يقدمها المؤمن المقتدر لمن هو في حاجة ولوجه الله. وبشرت الآية الذين ينفقون من أموالهم خالصة لوجه الله بأضعاف في أموالهم بفضل الله وبركته في الدنيا، وبأن الله تعالى سيضاعف أجرهم في الآخرة ((**والله يضاعف لمن يشاء**)).

والآية الثانية حول الربا في سورة النساء ((**فبظلم من الذين هادوا** .. إلخ الآية))، آية مدنية وهي أيضاً لا تتضمن حكم الربا في الشريعة الإسلامية، إنما تدل على أن حكم الربا في الديانة اليهودية كان التحريم وأنهم - أي اليهود - تعدوا على حرمات الله وأخذوا الربا بأنواع الحيل وأكلوه، وأكلوا أموال الناس بالباطل فحرم الله عليهم لذلك طيبات أحلت لهم آية للعبرة وموعظة مستمدة من تاريخ الأمم تحذر المسلمين من أن ينهجوا نهج اليهود.

أما آية سورة آل عمران والآيات الست من سورة البقرة، فهي آيات مدنية، ((وهي الأسس التشريعية لأحكام الربا)). وتدل الروايات الموثوقة أن آيات الربا في سورة البقرة هي من آخر القرآن نزولاً وقبل فترة قصيرة من وفاة الرسول (صلى الله عليه وسلم).

7-3 الضوابط والمحددات الشرعية للمصرف الإسلامي

هناك عدة ضوابط ومحددات شرعية للمصرف الإسلامي تتمثل بما يلي:

(1) عدم التعامل الفائدة المصرفية أخذا أو إعطاءً (على اعتبار أن الفائدة المصرفية من الربا المحرم شرعا) إذ لا تقوم العلاقات بين المصرف

الإسلامي والأطراف الأخرى على الإقراض والاقتراض، ولذلك فإن تعامل المصرف الإسلامي مع البنوك الربوية في الداخل والخارج يحكمه هذا الضابط الشرعي، وكذلك تعامله مع المدينين إذ لا يترتب عليه تقاضي أية فوائد في حال تأخر المدين عن السداد، وإنما يطبق القاعدة الشرعية التي وردت في سياق الآيات الكريمة التي حرمت الربا.

" .. وإن كان ذو عسرة فنظرة إلى ميسرة .." الآية (280) من سورة البقرة

وهذا لا يتعارض مع ما أقرته الفتاوى الشرعية بجواز أخذ غرامة من العميل المماطل وإنفاقها في أوجه الخير لأن ((مطل الغني ظلم)) كما في الحديث الشريف.

أما لماذا اعتبرت الفائدة المصرفية من الربا المحرم فلأنها اشتملت على الأركان الثلاثة للربا وهي:

− نقد يقابله نقد مماثل.

− وزيادة.

− نتيجة الأجل.

أما لماذا حرم الإسلام الربا؟ فللآثار الاقتصادية والاجتماعية بالغة السوء الناجمة عنه. فالربا يؤدي إلى جميع الأمراض الاقتصادية (التضخم، الكساد، الركود التضخمي، سوء توزيع الثروة، التفاوت الطبقي الصارخ، تعطيل مبدأ التخصيص الأمثل للموارد الاقتصادية ... الخ) ولا مجال هنا لمزيد من التفصيل.

(2) عدم الاستثمار أو تمويل أي سلعة أو مشروع لا تبيحه الشريعة الإسلامية، فلا استثمار أو تمويل للخمور أو الدخان أو الملاهي أو أي محظور شرعي.

(3) الالتزام بأهداف النظام الاقتصادي الإسلامي:

* التوظيف الكامل للموارد الاقتصادية.

* التنمية الاقتصادية الشاملة.

* الاستقرار الاقتصادي.

* التوازن الاقتصادي.

* الضمان الاجتماعي.

(4) الالتزام بالمبادىء والقيم الاقتصادية في الإسلام، مثل:

- مبدأ الاستخلاف (المال مال الله، والإنسان مستخلف فيه).

- ضمان حد الكفاية لكل فرد في المجتمع.

- احترام الملكية الخاصة.

- الحرية الاقتصادية المقيدة بأحكام الشريعة.

- ترشيد الاستهلاك والإنفاق.

أسئلة للمناقشة

السؤال الأول: وضحّ كيف نشأت المصارف الإسلامية.

السؤال الثاني: أ- عرّف المصرف الإسلامي.

ب- اشرح العوامل التي ساعدت على إنشاء المصارف الإسلامية.

السؤال الثالث: اشرح باختصار الخصائص الأيدولوجية للمصارف الإسلامية.

السؤال الرابع: ما هي الخصائص الوظيفية للمصارف الإسلامية؟

السؤال الخامس: هناك خصائص ومميزات للمصارف الإسلامية مقارنة مع المصارف الأخرى وضحّ ذلك بالتفصيل.

السؤال السادس: أ- وضّح الربا على مر العصور.

ب- بيّن حكم الربا في الإسلام.

السؤال السابع: ما هي الضوابط والمحددات الشرعية للمصارف الإسلامية؟

أسئلة موضوعية

1- أي العبارات التالية صحيحة:

العبارة الأولى – المصارف الإسلامية تطور عن بيت المال.

العبارة الثانية – ظهرت المصارف الإسلامية في القرن العشرين.

أ- العبارة الأولى صحيحة ب- العبارة الثانية صحيحة

ج- العبارتان صحيحتان د- كلتا العبارتين غير صحيحتين

2- أي من التالية تعتبر من خصائص المصارف الإسلامية.

أ- ربط التنمية الاقتصادية بالتتمية الاجتماعية.

ب- تنشيط التجارة بين دول العالم.

ج- إصدار السندات.

د- جمع الأموال المعطلة وإقراضها بفائدة للمحتاجين.

3- أي من الآتية ليست من أسس الاقتصاد الإسلامي:

أ- الإيمان بتفاوت الرزق.

ب- الايمان بأن الانسان هو المالك الحقيقي لثروته.

ج- الإيمان بأن مزاولة النشاط الاقتصادي عبادة.

د- الإيمان بأن الانسان سيحاسب على نشاطه الاقتصادي.

4- أي من التالية ليست من العوامل التي ساعدت على انشاء المصارف الإسلامية.

أ- الصحوة الإسلامية.

ب- إيجاد بدائل للبنوك التجارية.

ج- طرح فكرة إنشائها على المؤتمرات الإسلامية المتعددة.

د- إيجاد بدائل للبنوك التعاونية.

5- أي من التالية ليست من مميزات أنشطة المصارف الإسلامية.

أ- مصارف تنموية   ب- مصارف اجتماعية

ج- مصارف دينية   د- مصارف استثمارية

الفصل الرابع
مفاهيم أساسية في المصارف الإسلامية

1-4 تعريف المصرف الإسلامي

2-4 أسس المصارف الإسلامية

3-4 أهمية المصارف الإسلامية

4-4 رسالة المصارف الإسلامية

5-4 أهداف المصارف الإسلامية

الفصل الرابع
مفاهيم أساسية في المصارف الإسلامية

1-4 تعريف المصرف الإسلامي

المصارف الإسلامية تنطلق ابتداء من منظور مؤداه: أن المال مال الله، وأن البشر مستخلفون في هذا المال لتوجيهه إلى ما يرضي الله .. في خدمة عباد الله، فليس الفرد حراً حرية مطلقة يفعل في ماله ما يشاء لأن يده يد عارضة، والملكيه الحقه هي لله خالق كل شيء لذلك فالبنك الإسلامي لا بد أن يلتزم بمبادىء الشريعة التي توجه المال لخدمة المجتمع أولاً، وهو بهذا الالتزام حقق دائماً النجاح، لأن الله تعالى قد أكمل لنا الدين، وأتم علينا النعمة، ووضع لنا من الشريعة ما تصلح به الدنيا والآخرة.

هذا وقد عرّف الباحثون المصرف الإسلامي بتعاريف عدة، منها:

أولاً: (هو منظمة إسلامية تعمل في مجال الأعمال بهدف بناء الفرد المسلم والمجتمع المسلم، وتنميتها وإتاحة الفرص المواتية لها، للنهوض على أسس إسلامية تلتزم بقاعدة الحلال والحرام).

ثانياً: وعرفه باحث آخر بقوله: (البنك الإسلامي: مؤسسة مالية مصرفية، لتجميع الأموال وتوظيفها في نطاق الشريعة الإسلامية، بما يخدم بناء مجتمع التكامل الإسلامي، وتحقيق عدالة التوزيع، ووضع المال في المسار الإسلامي).

ثالثاً: ويذهب باحث آخر إلى القول: بأنه هو: (كل مؤسسة تباشر الأعمال المصرفية، مع الالتزام بعدم التعامل بالفوائد، أخذاً أو إعطاء).

رابعاً: ويقول باحث آخر: (يقصد بالمصارف، أو بيوت التمويل الإسلامية، تلك المؤسسات التي تباشر الأعمال المصرفية، مع التزامها باجتناب التعامل بالفوائد، أخذاً أو إعطاء- بوصفه تعاملاً محرماً شرعاً - وباجتناب أي عمل مخالف لأحكام الشريعة الإسلامية).

وعليه: فإن المصرف لا يكون إسلامياً إلا إذا كانت أعماله كلها ملتزمة باحكام الشرع. والامتناع عن التعامل بالربا، ليكون المصرف إسلاميا.

وحسب رأي المؤلفين أن اكثر التعريفات الملائمة هو ما جاء في اتفاقية إنشاء الاتحاد الدولي للبنوك الإسلامية (يقصد بالبنوك الإسلامية تلك المؤسسات التي ينص قانون إنشائها ونظامها الأساسي صراحة على الالتزام بمبادىء الشريعة وعلى عدم التعامل بالفائدة أخذاً أو عطاءً).

2-4 أسس المصارف الإسلامية

لقد استطاعت فكرة إنشاء المصارف الإسلامية أن تتحول إلى واقع ملموس، وأن تخرج على جميع الملأ وتعلن لهم: بأنه قد آن الأوان لتطبيق أحكام الله وتشريعاته في هذا المجال الحيوي من مجالات الحياة، والعمل على كسر الحواجز التي طالما شكلت عقبة في طريق المسيرة الإسلامية، وإزاحة تلك العقبات الشائكة، التي وضعها لها الأعداء، والفضل في ذلك يعود إلى تلك الجهود المتواصلة التي بذلها المخلصون من أبناء هذه الأمة.

لقد أثبتت هذه التجربة قدرتها على مواكبة روح العصر ـ والوفاء بمتطلباته، كما استطاعت أيضا وبفضل الله تعالى من أن تشق طريقها في عالم الاقتصاد، حتى أصبحت واقعاً ملموساً وحقيقة ثابتة يشهد لها الجميع.

إن المصارف والمؤسسات المالية الإسلامية عند قيامها، لم يكن جمع المال والإثراء على حساب الآخرين هدفاً لها، وإنما قامت على أساس من التقوى وخدمة هذا المجتمع، وذلك وفقاً لأسس متينة قوية مستمدة من روح التشريع الإسلامي وتوجيهاته، تلك الأسس التي لم تكن نابعة من أفكار اقتصادية مستوردة من الشرق أو الغرب، وإنما وضعها رجال غيورون من أبناء هذه الأمة، حريصون كل الحرص على سلامة المجتمع الإسلامي وتقدمه في شتى مجالات الحياة، لا سيما المجال الاقتصادي، حيث اعتمدوا في وضعهم لتلك التشريعات على مصادر التشريع الإسلامي وقواعده الثابتة، مستنيرين في تفسير تلك النصوص وشرحها بذلك العطاء الفكري الذي خلفه لنا سلفنا الصالح، من فقهاء ومفسرين ومحدثين، فجزاهم الله عنا خير الجزاء.

ولما كانت هذه المصارف والمؤسسات كما سبق القول تعتمد على أسس ثابتة مستمدة من كتاب الله وسنة رسوله ﷺ وتلك الثروة الفكرية التي خلفها لنا سلفنا الصالح، ولم يك للأعداء أي إسهام في وضعها وتأصيلها، فإنها لا بد من أن يكون لها دور بارز في القضاء على كل ما خلفه أولئك الأعداء من عقبات تحول دون تقدم هذه الأمة وعلى جميع الصعد الفكرية، والسياسية، والاجتماعية، والاقتصادية.

يرغب القائمون على أمره في تحقيقها، إلا أن أهم ما يميز المصرف الإسلامي عن المصارف الربوية - كما سبق القول - هو أن هذا المصرف يقوم على أساس من التقوى، واستبعاد الفائدة الربوية وكل ما من شأنه أن يؤدي إليها، إضافة إلى ما يسعى إليه - بل هو أهم أهدافه - من تحقيق كل ما يمكنه تحقيقه في مجال الخدمات الاجتماعية.

ومن خلال استعراض ما قاله الباحثون في تحديد معنى المصرف الإسلامي - التي سبقت الإشارة إلى بعضها، ومن خلال ما نصت عليه قوانين وأنظمة المصارف الإسلامية، يمكننا تحديد الأسس التي تقوم عليها المصارف الإسلامية بما يأتي:

1- عدم التعامل بالربا، أو ما من شأنه أن يؤدي إليه

حيث يشكل هذا الأساس القاعدة الأولى الرصينة التي يقوم عليها هذا المصرف، إذ أنه وبدون هذا الأساس يصبح كسائر المصارف والمؤسسات المالية الربوية، ذلك لأن الإسلام يحرم التعامل بالربا، ويدعو إلى مبدأ المشاركة في الغنم والغرم، بديلاً عن الغنم المضمون المتمثل والواضح في الفائدة الربوية المحددة والثابتة.

كما أن قيام المصرف الإسلامي على هذا الأساس يتفق مع التصور والرؤيا التي يراها هذا الدين ويحددها للكون والحياة معاً.

وبما أن الإسلام يتصف بالشمولية، فهو حين يحرم التعامل الربوي، فإنه يقيم نظمه على أساس الاستغناء عن الحاجة إليه، وينظم جوانب الحياة الاجتماعية بالشكل الذي تنتفي فيه الحاجة إلى هذا النوع من التعامل، مع الوفاء بكل ما يتطلبه النمو الاقتصادي والاجتماعي ذلك لأنه من المستحيل أن يحرم الله أمراً لا تقوم الحياة البشرية ولا تتقدم بدونه، بل أن ما حرمه الله سبحانه وتعالى على لسان نبيه لا يمكن أبداً أن يكون فيه صلاح لفرد أو المجتمع، كما أنه من المستحيل أيضاً أن يكون هناك أمر خبيث، وهو صالح لقيام الحياة وتقدمها. ويمثل هذا الأساس إحدى العلامات الأساسية المميزة للمصرف الإسلامي، ذلك أنه يتسق مع البنية السليمة للمجتمع الإسلامي، ويضفي على أنشطة المصرف سمة روحية ودوافع عقائدية، تحفز القائمين عليه وتجعلهم يستشعرون دائماً أن العمل الذي يمارسونه ليس هو مجرد عمل تجاري يهدف إلى تحقيق أكبر قدر ممكن من الربح فقط، بل هو إضافة إلى ذلك إحدى الوسائل والأساليب التي يمكن من خلالها تنفيذ شرع الله، وإنقاذ الأمة من ممارسة الأعمال التي تتنافى مع القواعد والأحكام الشرعية.

والأصل في اعتماد المصارف الإسلامية وقيامها على هذا الأساس، هو النصوص العديدة التي وردت في القرآن الكريم، والسنة النبوية الشريفة، والتي تنص جميعها على تحريم التعامل بالربا، بل وتحذر وتهدد بالوعيد الشديد من يتعامل به، بل أن الله سبحانه وتعالى قد أعلن حربه على من يتعامل به، قال تعالى: **(يا أيها الذين آمنوا اتقوا الله وذروا ما بقي من الربا إن كنتم مؤمنين، فإن لم تفعلوا فأذنوا بحرب من الله ورسوله، وإن تبتم فلكم رؤوس أموالكم لا تظلمون ولا تظلمون)** [سورة البقرة: الآية 278].

وما ذلك إلا لأن هذا الأمر قد بلغ مبلغاً عظيماً في دمار الأمة وتحطيمها وشتاتها وضياعها. لذلك كان من البديهي أن تستبعد هذه المصارف التعامل بالفائدة – أخذاً أو إعطاء- حتى تكون بحق مؤسسات إسلامية يمكنها تحقيق حياة فاضلة لأبناء الأمة الإسلامية، تتفق مع ما تتطلبه مبادىء دينهم وأحكام شريعتهم، خصوصاً ما يتعلق منها بالمعاملات.

2- تقرير العمل كمصدر للكسب

ذلك لأن الإسلام يرى: أن المال لا يلد مالاً، وإنما الذي ينمي المال ويزيده هو العمل فقط.

وهذا يعني، توجيه الجهد نحو التنمية عن طريق الاستثمار بجميع الوسائل والأساليب التي تخضع لقاعدة الحلال والحرام التي جاء بها ديننا الحنيف، وذلك عن طريق القيام بالأعمال والأنشطة التي تعود بالخير والنفع العام ولا تتعارض مع مبادىء الإسلام وتعاليمه، ورفض ما يتعارض منها مع هذه المبادىء السامية، أو التي يكون هدفها تحقيق النفع الخاص فقط أو الربح على حساب الآخرين.

وبما أن المصرف الإسلامي هو الأداة التي يتجسد من خلالها نظام الإسلام الاقتصادي تطبيقاً عملياً، كان الواجب عليه التمسك بكل ما تتضمنه الشريعة الإسلامية من أحكام تتعلق بالجانب الاقتصادي من حياة الفرد المسلم.

ونظراً لأن هذا الدين لا يعترف بشرعية المال إذا لم يكن مصدره معترفاً به في الشريعة الإسلامية. فإنه يجب على هذه المصارف التركيز على أن تكون مواردها المالية ناتجة عن تلك الطرق التي أجازها الإسلام في كيفية الحصول على المال وطرق التملك.

لقد قسم الفقهاء أسباب الملك المعتبرة إلى قسمين هما:

القسم الأول: أسباب ابتدائية، ليس لمالكها أي نشاط أو جهد في الحصول عليها، كالإرث، والهبة، والصدقة وما شابه ذلك.

القسم الثاني: أسباب يكون مصدرها نشاط الفرد وسعيه في سبيل الحصول على أكبر قدر من الربح، وذلك كالتجارة، والصناعة، والزراعة، والإجارة، وما شابه ذلك.

ومن هنا يتضح لنا أن التنافس المباح بين الأفراد والجماعات في مجال الكسب الحلال، هو إحدى الطرق والأسباب المشروعة للحصول على أكبر قدر ممكن من الملك، أما ما عداه من الوسائل المستحدثة في اكتساب المال، والتي يكون مصدرها المال فقط دون أن يكون للإنسان جهد فيه، والتي لم يرد في النصوص الشرعية ما يدل على إباحتها، أو التي تقوم على أساس من الخداع أو الضرر أو الربح، على حساب الآخرين، فإنها جميعاً وسائل محرمة شرعاً، لا تقرها مبادىء هذا الدين وأحكامه السامية.

يقول ابن القيم رحمه الله: (والأصل في العقود كلها هو العدل الذي بعث به الرسل وأنزلت به الكتب، قال تعالى: **(لقد أرسلنا رسلنا بالبينات، وأنزلنا معهم الكتاب والميزان ليقوم الناس بالقسط)** سورة الحديد - الآية 25.

والشارع نهى عن الربا، لما فيه من الظلم، وعن الميسر لما فيه من الظلم، والقرآن جاء بتحريم هذا وهذا، وكلاهما أكل المال بالباطل، وما نهى عنه النبي ﷺ من المعاملات، كبيع الغرر، وبيع الثمر قبل بدء صلاحه، وبيع السنين [(1)] ، وبيع حبل الحبلة [(2)] ، وبيع المزاينة [(3)] ، والمحاقلة [(4)] ، وبيع

---

(1) بيع السنين، ويسمى المعاومة، (بيع ثمر الشجرة عامين أو ثلاثة أو أكثر) فإن هذا البيع منهي عنه، لعدة أحاديث واردة في النهي عنه، ولأنه بيع غرر، لأنه بيع معدوم ومجهول غير مقدور على تسليمه، وغير مملوك للعاقد.

(2) بيع حبل الحبلة: اختلف فيه: (فقال جماعة: هو البيع بثمن مؤجل إلى أن تلد الناقة ويلد ولدها..) وقال آخرون: (هو بيع ولد الناقة الحامل في الحال).

(3) المزاينة هي: (بيع ثمر النخل بالتمر كيلاً، وبيع الزبيب بالعنب كيلاً).

(4) المحاقلة هي: بيع الحنطة في سنبلها بحنطة صافية.

الحصاة[1]، وبيع الملاقيح[2]، والمضامين[3] ونحو ذلك، فهي داخلة إما في الربا وإما في الميسر).

إذن فالإثراء على حساب الآخرين، والذي لا يكون للعمل أي دور فيه، هو من الظلم، بل هو من أكل المال بالباطل الذي نهى الله عنه، قال تعالى: (**ولا تأكلوا أموالكم بينكم بالباطل، وتدلوا بها إلى الحكام لتأكلوا فريقاً من أموال الناس بالإثم وأنتم تعلمون**) [سورة البقرة - الآية 188].

يقول عليه الصلاة والسلام: "إن دماءكم وأموالكم عليكم حرام، كحرمة يومكم هذا في شهركم هذا في بلدكم هذا ".

ويقول أيضاً: "كل المسلم على المسلم حرام، دمه وماله وعرضه" إلى غير ذلك من الآيات والأحاديث التي جاءت لتنهى عن كسب الأموال التي يكون مصدرها من جهد الآخرين، ولا يكون لمالكه أي دور أو جهد في الحصول عليه، لما في ذلك من الظلم والأكل بالباطل. بل ورد العديد من الآيات والأحاديث التي تحث الإنسان على العمل وتباركه بل ترقى به حتى تجعله عبادة يتقرب بها الإنسان إلى ربه.

قال تعالى: (**هو الذي جعل لكم الأرض ذلولاً فامشوا في مناكبها وكلوا من رزقه وإليه النشور**) [سورة الجمعة - الآية 15].

قال أيضاً: (**فإذا قضيت الصلاة فانتشروا في الأرض وابتغوا من فضل الله**) [سورة الجمعة - الآية 10].

ويقول عليه الصلاة والسلام: "من أمسى كالاً من عمل يده، أمسى مغفوراً له".

ويقول أيضاً: "ما أكل أحد طعاماً قط خير من أن يأكل من عمل يده، وإن نبي الله داود كان يأكل من عمل يده"، وكان المهاجرون من أصحاب رسول الله ﷺ، كما ورد في البخاري: "يشغلهم الصفق في الأسواق " أي البيع فيها.

---

(1) بيع الحصاة: فيه ثلاث تأويلات: أحدها: أن يقول بعتك من هذه الأثواب ما وقعت عليه الحصاة التي أرميها، أو بعتك من هذه الأرض من هنا إلى ما انتهت إليه هذه الحصاة. الثاني: أن يقول بعتك على أنك بالخيار إلى أن أرمي بهذه الحصاة. الثالث: أن يجعلا نفس الرمي بالحصاة بيعاً، فيقول: إذا رميت هذا الثوب بالحصاة فهو مبيع منك بكذا.
(2) الملاقيح: ما في ظهور الجمال، أما المضامين فهي: ما في بطون الإبل. وقيل العكس: فالملاقيح هي: جمع ملقوح وهو: ما في بطن الناقة.
(3) المضامين: هي ما في أصلاب الفحول.

فالسلوك السوي للفرد المسلم، هو أن يباشر جميع الأسباب والوسائل المهيأة له للوصول إلى غاياته، التي من بينها تحقيق حد الكفاية له ولأفراد أسرته والاستغناء عن المسألة، التي ورد النهي الشديد عنها للقادر على العمل والكسب، قال عليه الصلاة والسلام: "ما يزال الرجل يسأل الناس حتى يأتي يوم القيامة وليس في وجهه مزعة لحم".

ويقول ﷺ: "اليد العليا خير من اليد السفلى"، ويقول أيضاً: "لأن يأخذ أحدكم حبلة، فيأتي بحزمة الحطب على ظهره فيبيعها، فيكف بها وجهه، خير له من أن يسأل الناس أعطوه أو منعوه".

ويقول أيضاً: "إنك إن تدع ورثتك أغنياء، خير من أن تدعهم عالة يتكففون الناس في أيديهم".

وبما أن المصرف الإسلامي ينطلق من تصور الإسلام ومنهجه في الاستثمار وطرقه التي تخضع لمعايير الحلال والحرام، كان عليه الالتزام بعدة أساسيات في أعماله وعلاقته بالمجتمع الذي يتعامل معه، ومن أبرزها.

أ- توجيه الاستثمار وتركيزه في دائرة إنتاج السلع والخدمات، التي يحتاج إليها الإنسان المسلم.

ب- تحري أن يضع المنتج سلعته في دائرة الحلال.

ج- تحري أن تكون كل المراحل الإنتاجية، العملية (تمويل وتصنيع وبيع وشراء) في دائرة الحلال.

د- تحري أن تكون أسباب الإنتاج (إنتاج أو نظام عمل) منسجمة مع دائرة الحلال.

هـ- تحكيم مبدأ احتياجات المجتمع ومصلحة الجماعة، قبل النظر إلى العائد الذي يعود على الفرد.

ومن المعلوم أن نظام المشاركة الذي تتبعه المصارف الإسلامية، فيه تحقيق مصلحة كل من الفرد والمجتمع.

ذلك أن:

1- مشاركة المقترضين في نشاطهم الإنتاجي مع مؤسسة التمويل يكون بمثابة حافز للمؤسسة لتجند خبراتها الفنية للبحث عن أفضل مجالات الاستثمار ، وأوسع الأساليب ، ومن هنا فإن تعاون رأس المال وخبرة العمل في التنمية

الاقتصادية يتفق مع التوجيهات الإسلامية للحفاظ على رأس المال، وحسن استخدامه.

2- ولأن الإيداع في مؤسسة مالية على أساس المشاركة، يؤدي إلى الحصول على ربح عادل، حيث يؤدي هذا المال دوره الفعلي في التنمية الاقتصادية، فإنه يدفع المسلمين إلى الإيداع في تلك المؤسسات.

3- لأن مبدأ المشاركة يحرر الفرد من النزعة السلبية التي تنتج عن الفائدة الربوية الثابتة.

3- الصفة التنموية لهذه المصارف

تحاول هذه المصارف تصحيح وظيفة رأس المال كخادم لمصالح المجتمع، وليس سيداً يتحكم فيه، وبمعنى آخر، الحد من شراسة رأس المال بأسلوب علمي، ومحاولة ربط التنمية الاقتصادية بالتنمية الاجتماعية. وذلك باعتبار أن هذه المصارف تقوم على بناء فكري خاص، وهو الإسلام ونظامه الشامل، لذا فإنها تتصدى بطبيعة هذا التكوين للتنمية الاقتصادية، وتحاول تصحيح وظيفة رأس المال في حالة تحقق المجتمع الإسلامي، ويتم ذلك عن طريق توجيهه للمساهمة في تنمية المجتمع الإسلامي اقتصادياً، علاوة على تنميته اجتماعياً.

ويمكن للمصرف الإسلامي القيام بهذه الوظيفة ولو إلى حد ما، حتى في حالة قيامه في اقتصاد غير إسلامي عن طريق تدعيم الوعي الادخاري بين المسلمين، والقيام بالأنشطة الاستثمارية التي تميزها عن غيرها من المصارف، بالإضافة إلى قيامها بأنشطة اجتماعية تهدف في النهاية إلى زيادة التكافل الاجتماعي، وإيجاد مجتمع متكافل متراحم تسود ابناءه المودة والرحمة والإخاء.

وفيما يأتي استعراض سريع لأهم المبادىء التي يقوم المصرف الإسلامي على أساسها والتي يمكنه من خلالها تدعيم هذا الأساس.

أ- تدعيم الوعي الادخاري:

ينطلق المصرف الإسلامي في اجتذابه للمدخرات والعمل على زيادة حجمها ، من معتقدات ثابتة ، ومفاهيم واضحة ومحددة المعالم ، وذلك باعتبار أن النقد في نظر الفكر الاقتصادي الإسلامي وسيلة ، وليست سلعة ، أي أنها وسيلة لتحقيق

تبادل المنافع ومقياس للقيم باعتبارها أداة لتسوية المدفوعات وتقاضي الديون بين الأفراد، وليست سلعة تباع وتشترى لتحقيق كسب معين، ذلك لأنه كما هو معروف في علم الاقتصاد - أن قيمة النقود مشتقة من قيامها بعملية التبادل، هذا إضافة إلى كون هذه الوسيلة (النقود) متاحة لكل الأفراد وأمام الجميع.

ولما كان المسلمون مأمورين - بالكسب الحلال والاعتدال في الإنفاق كما جاء في القرآن الكريم: **(والذين إذا أنفقوا لم يسرفوا ولم يقتروا، وكان بين ذلك قواما)** [سورة الفرقان- الآية67]، ولما كان هذا الدين ينهى عن حبس المال من التداول، فإنه من الواجب على كل مسلم أن يقوم باستثمار ماله وفق ما أراده الله تعالى، وبهذا يصبح للادخار معنى خاصاً يتمثل في: (تأجيل إنفاق عاجل إلى إنفاق آجل، على أن يأخذ المال طريقه في فترة التأجيل إلى مؤسسة تتولى إدارة واستخدام هذه المدخرات).

وبهذا يصبح للمصرف الإسلامي دور أساسي في تغيير سلوك أفراد المجتمع من أفراد مكتنزين إلى افراد مدخرين، لأنه عند يتأصل هذا السلوك لدى أفراد المجتمع، وتتسع دائرة انتشاره بينهم فإنه سوف يؤدي إلى تراكم رأس المال، وعند ذلك تصبح الفرصة متاحة ومهيئة لعمليات الاستثمار بوساطة المصرف الإسلامي، كما أن هذا السلوك - وفي نفس الوقت - سوف يبعد عن أصحاب هذه المدخرات النزعة الفردية المحدودة ويدفعهم إلى تنمية هذه المدخرات مما يساعد على دفع الخطط الاستثمارية للمجتمع إلى الأمام.

ب- القيام بالأنشطة الاستثمارية المباحة التي تساعد على دعم الاقتصاد الوطني ودفع الخطط التنموية إلى الأمام:

سبق أن ذكرنا أن المصارف الربوية تعتمد على الفروق التي تحصل بين الفوائد التي تعطيها للمودعين، والفوائد التي تأخذها من المقترضين، وبما ان المصارف الإسلامية لا تتعامل بالفوائد الربوية - أخذاً أو إعطاءً لذلك فإن السبيل الوحيد الذي يبقى أمامها هو الاستثمار، سواءً كان مباشراً تقوم به هذه المصارف بنفسها، أو بوساطة مستثمرين آخرين تعتمد عليهم في ذلك.

ومن هنا يصبح الاستثمار بالنسبة لهذه المصارف مسألة حتمية، يتوقف عليه وجودها أو عدمه. إذ يعتبر الاستثمار بمثابة العمود الفقري بالنسبة لهذه المصارف.

ومن المعلوم بداهة أن هناك فرقاً كبيراً وواضحاً بين الطبيعة الإقراضية، والطبيعة الاستثمارية . ذلك لأن المصرف الربوي في حالة الإقراض يندر أن

يتعرض لمخاطر عدم السداد، لأنه وقبل منح القرض، يحصل على الضمانات اللازمة والكافية للسداد، وغالباً ما تفوق الضمانات قيمة القرض.

أما المصرف الإسلامي، فإن الأمر يختلف فيه تماماً، لأنه:

أ- إما أن يقوم باستثمار هذه الأموال بنفسه مباشرة: وفي مثل هذه الحالة يجب عليه القيام وبقدر الإمكان بتحديد الأولويات الاستثمارية التي يوظف فيها هذه الأموال، ومراعاة مقاصد الشريعة من ضروريات وحاجيات وتحسينات. وعدم التركيز على الربح فقط، في تحديده لهذه الأولويات، إضافة إلى دراسته للجدوى الاقتصادية للمشروع محل الاستثمار.

ب- وإما أن يدخل شريكاً في أحد المشاريع الاستثمارية: وهي وفي هذه الحالة أيضاً يكون مطلوباً منه إجراء نفس الدراسة السابقة، إضافة إلى بيان المركز المالي للعميل، وسمعته، وخبرته، وسلوكه، ومدى تمسكه بمبادىء الشريعة وتعاليمها السامية.

ج- وإما أن يقوم المصرف الإسلامي بدور الوساطة بين المودعين (أصحاب المال) والمستثمرين (المضاربين) كما هو الحال في المضاربة المشتركة، وفي مثل هذه الحالة يجب على المصرف الإسلامي أن يتحرى مدى خبرة هذا المستثمر (المضارب) في مجال الاستثمار، ومدى اتصافه بالخلق الإسلامي الرفيع، وذلك من خلال محيط العمل الذي يعمل فيه.

وباستقراء الصفة الاستثمارية للمصارف الإسلامية، تتضح لنا أن لهذه الصفة آثاراً اقتصادية واجتماعية على البيئة التي فيها مثل هذه المصارف، ومن بين هذه الاثار والانعكاسات ما يأتي:

1- تقريرها وتركيزها على أن يكون العمل مصدراً وحيداً للكسب، بدلاً من المال.

2- إتاحة الفرصة أمام صاحب المال للحصول على عائد من أمواله المودعة، بعيداً عن شبهة الربا.

3- تطبيق الأحكام الشرعية المتعلقة بهذا المجال من مجالات الحياة (المعاملات) في المجتمعات الإسلامية وذلك بتركيزها على مبدأ المضاربة، وتقديم ذلك بديلاً من بدائل أنماط الاستثمار المعروفة في النظم الوضعية، والقائمة على وحدانية الجانب في العلاقة بين العمل ورأس المال، وتقديمها الخدمات المصرفية وفق أحكام الشريعة الإسلامية ، وكذلك وضعها رأس

المال في وظيفته الأساسية، بصفته خادماً للأفراد وليس سيداً يتحكم فيهم، وتقريراً للمبدأ الإسلامي المعروف وهو (المشاركة في الغنم والغرم).

4- توجيه السلوك الاقتصادي للمسلمين وفق التوجيهات الإسلامية في هذا المجال.

5- تحقيق الهدف الذي يعود بالنفع على جميع الأمة الإسلامية، وهو: كسب تفاعل المسلمين في تنمية مجتمعاتهم، وذلك من خلال ربط الدوافع الدينية بالأنشطة الاقتصادية، مما يؤدي إلى بعث نزعة ذاتية في الفرد المسلم تدعوه إلى تسخير كل ما يملكه ووضعه في خدمة دينه ووطنه وأمته.

ج- توسيع مهامها لتشمل الجانب الاجتماعي، وعدم الاقتصار على الجانب الاقتصادي:

تسعى المصارف الإسلامية إلى تجسيد الاقتصاد الإسلامي تطبيقاً عملياً، لتبرهن أن الإسلام بصفته نظاماً شاملاً يعمل على إيجاد التوازن الدقيق بين مصلحة الفرد ومصلحة المجتمع في إطار الشريعة الإسلامية الغراء. ولتبرهن أيضاً بأن المجتمع الإسلامي الصحيح هو مجتمع متكافل ومترابط.

ومن خلال التربية الادخارية وتنمية الوعي الادخاري لدى أفراد المجتمع، يقوم المصرف الإسلامي بمنح قروض حسنة لصغار المنتجين والحرفيين من أجل تفجير طاقات المجتمع عن طريق تزاوج المال والعمل، على أن يتم ذلك في ضوء ضوابط محددة، وبذلك يستطيع هذا المصرف تحويل قطاع لا يستهان به من المجتمع إلى أناس منتجين.

كما يسهم نظام المشاركة أيضاً في تنظيم عمليات التنمية في المجتمع، وذلك من خلال عمل المصرف على استخدام الفرص المتاحة لديه، ومن ثم فإنه يعمل على تغطية مصروفاته من العائد المتحقق، ويتم بعد ذلك توزيع صافي الأرباح، من هذا العائد، على عكس ما يجري عليه العمل في المصارف الربوية حيث أنها تقوم بتغطية مصروفاتها من الفرق بين سعري الفائدة المدفوعة، والفائدة المتحصلة. ولما كانت هذه المصارف تؤدي دورها في هذا المجال الإسلامي الرائد، وسط عالم مليء بالعمليات الربوية كان عليها وهي تقوم بدراسة مشاريعها، أن لا تستهدف مدى ما يحققه المشروع من أرباح مادية فقط، بل يجب عليها أن تضع في عين الاعتبار مدى ما يتحقق في مثل هذا المشروع من خدمات عامة يعود نفعها إلى المجتمع ككل، ومدى ما يحققه هذا المشروع أيضاً في مجال التكافل الاجتماعي، وعلى هذا المنهج سار سلفنا الصالح . يقول الإمام الشاطبي وهو يصف حال

المسلمين الأوائل: (وتجدونهم في الإجارات والتجارات لا يأخذون إلا بأقل ما يكون الربح أو الأجر، ولذلك بالغوا في النصيحة فوق ما يلزمهم، لأنهم كانوا وكلاء للناس لا لأنفسهم، بل كانوا يرون المحاباة لأنفسهم وإن جاز كالغش لغيرهم).

وبهذا يبرز الدور الاجتماعي لهذه المصارف، وما تحققه من فوائد وخدمات للمجتمع، كقيامها بجمع الزكوات وإنفاقها، وفتح الحسابات الخيرية للأفراد والهيئات، حيث يتم إنفاق العائد المتحقق من استثمار الأموال العائدة لمثل هذه الحسابات في أوجه البر والإحسان.

3-4 أهمية المصارف الإسلامية

أوجدت المصارف الإسلامية نوعاً من التعامل المصرفي لم يكن موجوداً قبل ذلك في القطاع المصرفي التقليدي. فقد أدخلت المصارف الإسلامية أسساً للتعامل بين المصرف والمتعامل تعتمد على المشاركة في الأرباح والخسائر بالإضافة إلى المشاركة في الجهد من قبل المصرف والمتعامل، بدلا من أسس التعامل التقليدي القائم على مبدأ المديونية (المدين / الدائن) وتقديم الأموال فقط دون المشاركة في العمل. كما أوجدت المصارف الإسلامية أنظمة للتعامل الاستثماري في جميع القطاعات الاقتصادية وهي صيغ الاستثمار الإسلامية (المرابحة / المشاركة / المضاربة / الاستصناع / التأجير / ......) إلى غير ذلك من أنواع صيغ الاستثمار التي تصلح للاستخدام في الأنشطة كافة.

وترجع أهمية وجود المصارف الإسلامية إلى ما يلي:

1- تلبية رغبة المجتمعات الإسلامية في إيجاد قنوات للتعامل المصرفي بعيداً عن استخدام أسعار الفائدة.

2- إيجاد مجال لتطبيق فقه المعاملات في الأنشطة المصرفية.

3- تعد المصارف الإسلامية التطبيق العملي لأسس الاقتصاد الإسلامي.

4-4 رسالة المصارف الإسلامية

إنطلاقاً من حاجة المجتمع الإسلامي والفرد المسلم إلى أن يجد ملاذاً للتعامل المصرفي والاستثماري بعيداً عن شبهة الربا، فإن رسالة المصارف الإسلامية هي: (تقديم الخدمات المصرفية والاستثمارية في ضوء أحكام الشريعة الإسلامية).

5-4 أهداف المصارف الإسلامية

من المعلوم أن الأهداف تنبع من مشكلات قائمة بالفعل في المجتمع، فالمشكلة تعبر عن حاجة أو رغبة قائمة بحيث تكون الحاجة هي الهدف، والتوصل لأسلوب إشباع هذه الحاجة هو الحل. ومن أهم حاجات المجتمعات الإسلامية وجود جهاز مصرفي يعمل طبقاً لحكام الشريعة الإسلامية ويقوم بحفظ أمواله واستثمارها، بالإضافة إلى توفير التمويل اللازم للمستثمرين بعيداً عن شبهة الربا، وفي سبيل تحقيق رسالة المصارف الإسلامية فإن هنالك العديد من الأهداف التي تؤدي إلى تحقيق تلك الرسالة، وهي:

أولاً: الأهداف المالية

انطلاقاً من أن المصرف الإسلامي في المقام الأول مؤسسة مصرفية إسلامية تقوم بأداء دور الوساطة المالية بمبدأ المشاركة، فإن لها العديد من الأهداف المالية التي تعكس مدى نجاحها في أداء هذا الدور في ضوء أحكام الشريعة الإسلامية، وهذه الأهداف هي:

أ- جذب الودائع وتنميتها:

يعد هذا الهدف من أهم أهداف المصارف الإسلامية حيث يمثل الشق الأول في عملية الوساطة المالية. وترجع أهمية هذا الهدف إلى أنه يعد تطبيقاً للقاعدة الشرعية والأمر الإلهي بعدم تعطيل الأموال واستثمارها بما يعود بالأرباح على المجتمع الإسلامي وإفراده، وتعد الودائع المصدر الرئيسي لمصادر الأموال في المصرف الإسلامي سواء كانت في صورة ودائع استثمار بنوعيها؛ المطلقة والمقيدة، أو ودائع تحت الطلب؛ الحسابات الجارية أو ودائع ادخار وهي مزيج من الحسابات الجارية وودائع الاستثمار.

ب- استثمار الأموال:

يمثل استثمار الأموال الشق الثاني من عملية الوساطة المالية، وهو الهدف الأساسي للمصارف الإسلامية حيث تعد الاستثمارات ركيزة العمل في المصارف الإسلامية، والمصرف الرئيسي لتحقيق الأرباح سواء للمودعين أو المساهمين، وتوجد العديد من صيغ الاستثمار الشرعية التي يمكن استخدامها في المصارف الإسلامية لاستثمار أموال المساهمين والمودعين، على أن يأخذ المصرف في اعتباره عند استثماره للأموال المتاحة، تحقيق التنمية الاجتماعية.

3- تحقيق الأرباح:

الأرباح هي المحصلة من النشاط المصرفي الإسلامي، وهي ناتج عملية الاستثمارات والعمليات المصرفية التي تنعكس في صورة أرباح موزعة على المودعين وعلى المساهمين، يضاف إلى أن زيادة أرباح المصرف تؤدي إلى زيادة القيمة السوقية لأسهم المساهمين. والمصرف الإسلامي كمؤسسة مالية إسلامية يعد هدف تحقيق الأرباح من أهدافه الرئيسية، وذلك حتى يستطيع المنافسة والاستمرار في السوق المصرفي، وليكون دليلاً على نجاح العمل المصرفي الإسلامي.

ثانياً: أهداف خاصة بالمتعاملين:

للمتعاملين مع المصرف الإسلامي أهداف متعددة يجب أن يحرص المصرف الإسلامي على تحقيقها وهي على النحو التالي:

أ. تقديم الخدمات المصرفية:

يعد نجاح المصرف الإسلامي في تقديم الخدمات المصرفية بجودة عالية للمتعاملين، وقدرته على جذب العديد منهم، وتقديم الخدمات المصرفية المتميزة لهم في إطار أحكام الشريعة الإسلامية، نجاحاً للمصارف الإسلامية وهدفاً رئيسياً لإدارتها.

ب- توفير التمويل للمستثمرين:

يقوم المصرف الإسلامي باستثمار أمواله المودعة لديه من خلال أفضل قنوات الاستثمار المتاحة له عن طريق توفير التمويل اللازم للمستثمرين، أو عن طريق استثمار هذه الأموال من خلال شركات تابعة متخصصة، أو القيام باستثمار هذه الأموال مباشرة في الأسواق (المحلية ، الإقليمية ، الدولية).

ج- توفير الأمان للمودعين:

من أهم عوامل نجاح المصارف مدى الثقة فيها، ومن أهم عوامل الثقة في المصارف، توافر سيولة نقدية دائمة لمواجهة احتمالات السحب من ودائع العملاء خصوصا الودائع تحت الطلب دون الحاجة إلى تسييل أصول ثابتة. وتستخدم السيولة النقدية في المصارف للوفاء باحتياجات سحب الودائع الجارية من ناحية واحتياجات المصرف من المصروفات التشغيلية من ناحية أخرى بالإضافة إلى توفير التمويل اللازم للمستثمرين.

ثالثاً: أهداف داخلية

للمصارف الإسلامية العديد من الأهداف الداخلية التي تسعى الى تحقيقها منها:

أ. تنمية الموارد البشرية:

تعد الموارد البشرية العنصر الرئيسي لعملية تحقيق الأرباح في المصارف بصفة عامة، حيث أن الأموال لا تدر عائداً بنفسها دون استثمار، وحتى يحقق المصرف الإسلامي ذلك لا بد من توافر العنصر البشري القادر على استثمار هذه الأموال، ولا بد أن تتوافر لديه الخبرة المصرفية ولا يتم ذلك إلا من خلال العمل على تنمية مهارات أداء العنصر- البشري في المصارف الإسلامية عن طريق التدريب للوصول إلى أفضل مستوى أداء في العمل.

ب- تحقيق معدل نمو:

تنشأ المؤسسات بصفة عامة بهدف الاستمرار وخصوصا المصارف حيث تمثل عماد الاقتصاد لأي دولة، وحتى تستمر المصارف الإسلامية في السوق المصرفية، لا بد أن تضع في اعتبارها تحقيق معدل نمو، وذلك حتى يمكنها الاستمرار والمنافسة في الأسواق المصرفية.

ج- الانتشار جغرافياً واجتماعياً:

وحتى تستطيع المصارف الإسلامية تحقيق أهدافها السابقة بالإضافة إلى توفير الخدمات المصرفية والاستثمارية للمتعاملين، لا بد لها من الانتشار، بحيث تغطي أكبر شريحة من المجتمع، وتوفر لجمهور المتعاملين الخدمات المصرفية في أقرب الأماكن لهم، ولا يتم تحقيق ذلك إلا من خلال الانتشار الجغرافي في المجتمعات.

رابعاً: أهداف ابتكارية

تشتد المنافسة بين المصارف في السوق المصرفية على اجتذاب العملاء سواء أصحاب الودائع؛ الاستثمارية أو الجارية أو المستثمرين. وفي سبيل تحقيق ذلك، تقدم لهم العديد من التسهيلات، بالإضافة إلى تحسين مستوى أداء الخدمة المصرفية والاستثمارية. وحتى تستطيع المصارف الإسلامية أن تحافظ على وجودها بكفاءة وفاعلية في السوق المصرفية، لا بد لها من مواكبة التطور المصرفي وذلك بالطرق التالية:

أ. ابتكار صيغ للتمويل: حتى يستطيع المصرف الإسلامي مواجهة المنافسة من جانب المصارف التقليدية في اجتذاب المستثمرين، لا بد أن يوفر لهم التمويل اللازم لمشاريعهم المختلفة، ولذلك يجب على المصرف أن يسعى لإيجاد الصيغ الاستثمارية الإسلامية التي يتمكن من خلالها من تمويل المشروعات الاستثمارية المختلفة، بما لا يتعارض مع أحكام الشريعة الإسلامية.

ب- ابتكار وتطوير الخدمات المصرفية:

يعد نشاط الخدمات المصرفية من المجالات الهامة للتطوير في القطاع المصرفي. وعلى المصرف الإسلامي أن يعمل على ابتكار خدمات مصرفية لا تتعارض مع أحكام الشريعة الإسلامية. ويجب على المصرف الإسلامي ألا يقتصر نشاطه على ذلك، بل عليه أن يقوم بتطوير المنتجات المصرفية الحالية التي تقدمها المصارف التقليدية بما لا يخالف أحكام الشريعة الإسلامية.

خامساً: أهداف اجتماعية

تسعى المصارف الإسلامية إلى تقديم الخدمات الاجتماعية ذات الطبيعة الخاصة، فعن طريق صناديق الزكاة تعمل المصارف على تنظيم جباية الزكاة سواء من ناتج نشاطها أو من المال الذي يملكه المصرف أو المودع لديه وكذا من الذين يرغبون في ذلك. فإنه يعمل على إحياء فريضة الزكاة وروح التكافل الاجتماعي بين أفراد الأمة، وتقوم المصارف الإسلامية برعاية أبناء المسلمين والعجزة والمعوقين منهم، وتقديم الإعانات والدعم للطبقات الفقيرة، وكذلك توفر سبل الحياة الكريمة لغير القادرين، فضلاً عن إقامة المشروعات الاجتماعية الأخرى اللازمة للمجتمع وإقراضهم القروض الحسنة.

أسئلة للمناقشة

السؤال الأول: اشرح الأسس التي تقوم عليها المصارف الإسلامية.

السؤال الثاني: وضح بالتفصيل أهداف المصرف الإسلامي.

السؤال الثالث: وضح أهمية المصارف الإسلامية.

السؤال الرابع: ما هي رسالة المصارف الإسلامية.

السؤال الخامس: اشرح بالتفصيل أهداف المصارف الإسلامية.

الأسئلة الموضوعية

1- أي من الآتية ليست من الأسس التي تقوم عليها المصارف الإسلامية؟
أ- عدم التعامل بالربا
ب- تحقيق الأرباح
ج- الالتزام بالصفات التنموية في معاملاتها المصرفية والاستثمارية
د- تقرير العمل كمصدر للكسب.

2- تعتبر الآتية من ضمن أهداف المصارف الإسلامية الخاصة بالمتعاملين.
أ- جذب الودائع وتنميتها
ب- تحقيق الأربا.
ج- عدم التعامل بالربا
د- توفير التمويل للمستثمرين.

3- الآتية تعتبر من الأهداف الداخلية التي تسعى المصارف الإسلامية إلى تحقيقها باستثناء:
أ- تنمية الموارد البشرية
ب- الانتشار جغرافيا واجتماعياً
ج- توفير الأمان للمودعين
د- تحقيق معدل نمو

4- الآتية تعتبر من الأهداف المالية التي تسعى المصارف الإسلامية الى تحقيقها ما عدا:
أ- تقديم الخدمات الاجتماعية
ب- تحقيق الأرباح
ج- استثمار الأموال
د- جذب الودائع وتنميتها

الفصل الخامس

القوائم المالية في المصارف الإسلامية

5-5 مصادر الأموال الخارجية للمصارف الإسلامية (الودائع)

الفصل الخامس

القوائم المالية في المصارف الإسلامية

5-1 المقدمة:

تعبر القوائم المالية التي تصدرها المصارف الإسلامية سنوياً عن وظيفة المصرف بصفته مستثمراً وتوضح حقوقه وواجباته، وتشمل القوائم المالية ما يلي:

1- قائمة المركز المالي (الميزانية العامة).

2- قائمة الدخل.

3- قائمة التدفقات النقدية.

4- قائمة التغيرات في حقوق الملكية.

5- قائمة التغيرات في الاستثمارات المقيدة.

6- قائمة مصادر واستخدامات أموال صندوق القرض الحسن.

وفيما يلي شرح مختصر لقائمة المركز المالي وكذلك قائمة الدخل:

5-2 الميزانية العمومية

تتضمن الميزانية العمومية لأي مصرف إسلامي جانبين: الجانب الأيمن يمثل الموجودات (أو استخدامات أموال المصرف)، والجانب الأيسر يمثل المطلوبات (أو مصادر أموال المصرف).

وتظهر مكونات الموجودات (الأصول) في الميزانية العمومية متسلسلة حسب سيولتها، فتظهر الأصول الأشد سيولة (أرصدة نقدية سائلة) في مقدمة الموجودات، تليها الأقل سيولة، ثم الأقل وهكذا، أما مكونات المطلوبات (الخصوم) فإنها تنظم حسب حجمها، فتظهر الودائع، وحقوق أصحاب حسابات الاستثمار المطلقة وما في حكمها، وحقوق أصحاب الملكية، ويمكن تصوير ميزانية عمومية لمصرف إسلامي كما في الجدول رقم (1)، الذي نجده في الصفحات التالية.

3-5 الموجودات (استخدامات أموال المصرف الإسلامي)

يقصد بالموجودات الشيء القادر على توليد تدفقات إيجابية أو منافع اقتصادية أخرى في المستقبل بمفرده أو بالاشتراك مع موجود أو موجودات أخرى تم اكتساب الحق فيها نتيجة عمليات أو أحداث في الماضي، ولكي يعتبر الشيء أحد موجودات البنك يتعين أن يكون للبنك حق التصرف فيه أصالة أو نيابة.

وفيما يلي توزيع لمختلف الموجودات المدرجة في الميزانية العمومية للمصرف الإسلامي:

1-1-1. نقد وأرصدة لدى البنوك المركزية

وهي النقد في الخزينة، وحسابات جارية لدى البنوك المركزية لمواجهة ما يترتب على المصرف المودع لتسوية التزاماته المالية الناتجة عن المقايضة بين البنوك المحلية، وكذلك مبالغ الاحتياطيات النقدية الإلزامية يطلبها البنك المركزي من البنوك العاملة في الدولة، إيداعها إلزامي لديه وفقاً لأحكام الشريعة الإسلامية. فإن المصرف الإسلامي لا يتقاضى أية فوائد على الأرصدة والحسابات الجارية.

1-2. أرصدة وحسابات لدى المؤسسات المصرفية:

وهذه المبالغ تودعها المصارف الإسلامية وتكون مودعة أصلاً في حسابات جارية وتحت الطلب (أمانة)، وقد تكون ودائع جارية (أمانة) لدى بنوك ومؤسسات مصرفية خارجية وغالباً ما تكون بالعملات الأجنبية، لأغراض تسوية المعاملات المالية الناتجة عن الحوالات والاعتمادات ووسائل تمويل التجارة الخارجية، ولا يتقاضى المصرف الإسلامي عليها أية فوائد.

1-3. حسابات استثمار لدى بنوك ومؤسسات مصرفية

وغالباً ما تكون حسابات استثمار مطلقة (لدى بنوك مراسلة) تتعامل وفق الشريعة الإسلامية ويعهد إليها استثمار هذه الأموال لديها مقابل نسبة من الأرباح تقدم للبنك المراسل كمضارب.

4. محفظة الأوراق المالية:

أ- موجودات مالية للمتاجرة- وهي استثمارات مالية يتم اقتناؤها أو إنشاؤها بغرض الحصول على أرباح من خلال التغيرات قصيرة الأجل في الأسعار أو هامش الربح وغالباً ما تتكون من أسهم الشركات المدرجة في الأسواق المالية.

ب- موجودات مالية متاحة للبيع- هي الاستثمارات التي لا يحتفظ بها لغرض المتاجرة ولا يحتفظ بها حتى تاريخ الاستحقاق ولا هي مما تم إنشاؤها من قبل المصرف وتتكون من: أسهم شركات، محفظة البنوك الإسلامية، سندات مقارضة، المشاركة في الصناديق الاستثمارية.

جـ- موجودات مالية محتفظ بها حتى تاريخ الاستحقاق- هي الاستثمارات التي يكون للمصرف توجه وقدرة إيجابية للاحتفاظ بها حتى تاريخ الاستحقاق وتتكون من الصكوك الإسلامية، المشاركة في الصناديق الاستثمارية.

5- التمويلات:

يمثل هذا البند صيغ التمويل الإسلامي، والبيوع المؤجلة مثل بيع المرابحة، والبيع المؤجل بالتقسيط، والمضاربة، والمشاركة والاستصناع والإجارة المنتهية بالتمليك، والسلم وغيرها.

6- الاستثمار في الأصول الثابتة وتأجيرها:

هو اقتناء عقارات أو أراضٍ أو جزء منها بغرض بيعها أو ليقام أبنية عليها لتأجيرها أو الحصول على إيراد دوري أو تأجيرها تأجيراً منتهياً بالتملك أو الاحتفاظ بها لغرض توقع زيادة في قيمتها المستقبلية.

7- استثمارات في شركات حليفة وتابعة.

الشركات الحليفة هي تلك التي نجد للمتصرف فيها تأثيراً فاعلاً على القرارات المتعلقة بالسياسات المالية والتشغيلية ولكنه لا يسيطر عليها بل يملك نسبة بين 20% إلى 50% من أسهمها.

8- قروض حسنة

هي قروض يقدمها المصرف الإسلامي لغايات اجتماعية مبررة كالتعليم والعلاج والزواج الخ، ولا تتقاضى المصارف الإسلامية أية فوائد عليها.

9- الموجودات غير الملموسة.

تتألف من الأصول التي يصعب التحقق من وجودها المادي مثل الشهرة وبراءات الاختراع والعلامة التجارية وحقوق النشر وتسجل هذه الأصول أيضاً بسعر التكلفة ويتم إهلاكها سنوياً كما في حالة الأصول الثابتة.

10- موجودات أخرى.

يتألف هذا البند من موجودات أخرى متنوعة مثل مصروفات مدفوعة مقدماً، شيكات تحت التصفية، إيجارات مدفوعة مقدماً، حسابات البطاقات المصرفية، قرطاسية، ومطبوعات.

4-5 : المطلوبات (مصادر أموال المصرف الإسلامي)

يقصد بالمطلوبات (الخصوم) الأموال التي توفرت لدى المصرف من مطلوباته ورأسماله، والتي يستخدمها في تمويل استثماراته، أو في تمويل الأصول المتوفرة لديه، أو لتعزيزها، وتشكل الودائع المصدر الرئيس لموارد المصرف المالية، ثم يأتي بعدها رأس المال الممتلك.

لا تختلف المصارف الإسلامية عن المصارف الربوية من حيث المصادر المالية المكونة لها (المطلوبات)، ذلك لأن القاسم المشترك لجميع المصارف أنها مؤسسات مالية مهمتهما جمع الودائع وجذب المدخرات، لا فرق في ذلك بين مصرف إسلامي وغير إسلامي.

إلا أن الفارق النوعي بين المصارف الإسلامية والربوية هو طريقة استخدام واستثمار هذه الحسابات (الودائع) والمدخرات، مما يؤدي إلى وجود اختلاف جذري في هيكل الحسابات بين المصارف الإسلامية والمصارف الأخرى، وفي توزيع نسب الأرباح لتلك الحسابات.

وتتكون مصادر أموال المصارف من مصادر خارجية وداخلية.

5-5 مصادر الأموال الخارجية للمصارف الإسلامية (الودائع)

فالحسابات (الودائع)- كما هو معروف – تعد أهم المصادر الخارجية للأموال في المصارف التجارية، والتي ترتكز معاملاتها على أساس الفائدة، حيث تعتمد المصارف في تمويل الجزء الأكبر من عملياتها على أموال المودعين، مما دفع بعض الباحثين إلى أن يطلق عليها اسم (بنوك الودائع)، وهي تشكل أيضاً أهم مصادر الأموال الخارجية في المصارف الإسلامية.

-أنواع الحسابات (الودائع) المصرفية في المصارف الإسلامية:

1- حسابات الأمانة

الحسابات الجارية وحسابات تحت الطلب

أ- الحسابات الجارية

وتستخدم هذه الحسابات من قبل العملاء للإيداع والسحب بموجب شيكات أو أوامر دفع، وتوفر لأصحابها خدمة السحب بوساطة البطاقات المصرفية (VISA Electron)، التي تتيح لحاملها فرصة الشراء المباشر من مواقع البيع المختلفة التي تعتمد البطاقة.

ولا تشارك هذه الحسابات في أرباح الاستثمار، ولا تتحمل مخاطره.

ب- الحسابات (الودائع تحت الطلب)

- وهي الحسابات التي تكون مهيأة للسحب والإيداع بلا قيد ولا شرط ولكن دون أن يكون مسموحاً فيها استعمال الشيكات عند السحب من الحساب، بل يتم السحب والإيداع داخل فروع ومكاتب المصرف، ويتم فتح هذه الحسابات بناء على طلب أصحابها الذين لا يرغبون باستعمال الشيكات، ولا تشارك هذه الحسابات في أرباح الاستثمار ولا تتحمل مخاطره.

وفي ظل أحكام الشريعة الإسلامية فإن حكم هذا النوع من الحسابات أنها أمانة يتركها المودع عند المصرف، فالمصرف مؤتمن أو أمين عليها على أن يستردها المودع منه وقتما يشاء.

أما التكييف الشرعي لودائع الحسابات الجارية في المصارف الإسلامية فلا يخرج عن كونه "قرضاً"، ومن ثم فإنه يجب أن يخضع لشروط القرض وأحكامه كافة. لذلك فإن النقود المودعة في المصرف الإسلامي إما أن تكون قرضاً عليه أو مدفوعة له على سبيل المضاربة الشرعية.

وتقوم المصارف الإسلامية باستثمار أرصدة الحسابات الجارية، (حسابات الائتمان) بالإضافة إلى ضمانها. وتكون عوائد مثل هذا الاستثمار خالصة للمصرف الإسلامي، ولا يجوز دفع أي مبلغ يزيد عن أرصدة هذه الحسابات لأصحابها لأنها قرض، وأيما قرض جر منفعة لصاحبه (المودع) فهو ربا. هذا مع العلم بأن المبلغ المودع في حساب الائتمان، يصبح ملكاً للمصرف إذ تنتقل ملكية المال من المودع (المقرض) إلى المصرف الإسلامي. ويعتبر هذا المال كدين في ذمة المصرف نحو صاحب المال. وإذا حدثت خسارة، فإن المصرف يتحملها بالكامل، لأنه ضامن للمال الذي هو دين في ذمته للمودعين، ولا يجوز تحميلهم أية خسائر. وكما أن

للمصرف الإسلامي الغُنْم، فإن عليه الغُرْم، وفي حالة الربح يحصل عليه المصرف بالكامل؛ وذلك تطبيقاً للقاعدة الفقهية التي تقول "إن الخراج بالضمان"، ويقصد بهذا القول أن من ضمن أصل شيء جاز له أن يحصل على ما تولّد عنه أو منه من منافع أو إيرادات.

2- حسابات الاستثمار المشترك:

يقبل المصرف الإسلامي المبالغ في حسابات الاستثمار المشترك على أساس اعتبارها وحدة واحدة وباعتبار الأموال المودعة شريكة في الأرباح المتحققة في سنة مالية واحدة كما تتحمل هذه الحسابات مخاطر الاستثمار وفق قاعدة الغُنم بالغُرم، وهي أكثر أنواع الحسابات أهمية من حيث الحجم.

وتتفق المصارف الإسلامية مع أصحاب هذه الودائع على استثمارها إما مباشرة أو بدفعها إلى من يعمل فيها على شروط العقود التي يقرها الإسلام وذلك عن طريق المشاركة أو المرابحة أو المضاربة ... الخ.

أنواع هذه الحسابات:

1-1   حسابات التوفير

هذه الحسابات لتشجيع صغار المستثمرين على المشاركة في عمليات الاستثمار عن طريق السماح بالإيداع والسحب وفق شروط محدده في طلب فتح الحساب.

- الحد الأدنى للرصيد المعتبر في هذا الحساب لغايات المشاركة في نتائج أرباح الاستثمار مئة دينار على الأقل أو ما يعادل 1000 دينار للعملة الأجنبية، ويعتبر صاحب الحساب منسحباً من المشاركة إذا قل الرصيد في أي شهر من الشهور خلال السنة المالية الواحدة عن الحد المقرر.

وتشارك حسابات التوفير في الأرباح بنسبة 50% من المعدل السنوي لرصيد حسابات التوفير.

2- حسابات تحت إشعار

- وهي حسابات يخضع السحب منها لإشعار مسبق، إذ يجب على صاحب الحساب إذا ما أراد السحب من حسابه أن يقدم إشعاراً خطياً للبنك قبل مدة الإشعار المحددة والبالغة تسعين يوماً.

- للبنك أن يوافق على السماح للعميل بالسحب من الحساب وفي هذه الحالة تخسر المبالغ المسحوبة حقها في المشاركة لمدة الإشعار، ويكون الحد الأدنى للرصيد المعتبر لغايات المشاركة في نتائج أرباح الاستثمار مئة دينار على الأقل أو ما يعادل 1000 دينار لحسابات العملات الأجنبية، ويعتبر صاحب الحساب منسحباً من المشاركة إذا قل الرصيد في أي شهر من الشهور خلال السنة المالية الواحدة عن هذا الحد المقرر. وتشارك الحسابات الخاضعة لإشعار في الأرباح بنسبة 70% من المعدل السنوي لرصيد هذه الحسابات الخاضعة لإشعار.

3- حسابات لأجل

وهي حسابات تكون المبالغ فيها مربوطة بأجل محدد، ويكون الحد الأدنى لكل إيداع مسموح بقبوله في حسابات الأجل خمسمائة دينار على الأقل لحسابات الدينار أو ما يعادل مبلغ ألف دينار للعملات الأجنبية، ولا يشارك المبلغ الإضافي الذي يودع بعد ذلك في الأرباح إلا إذا بلغ الحد المقرر، وتكون "سنة" هي الحد الأدنى للمدة التي يحق فيها لصاحب الحساب لأجل أن يشارك في أرباح الاستثمار، ويشارك الحساب لأجل في الأرباح بنسبة 90% من أدنى رصيد لحسابات الأجل.

ولا يجوز لصاحب حساب الأجل أن يسحب أي مبلغ إلا بعد انتهاء الأجل، إلا إذا وافق المصرف على سحب أي جزء منه قبل الموعد المحدد، وفي هذه الحالة يخسر الجزء المسحوب حقه في المشاركة في الأرباح اعتباراً من بداية السنة التي سحب المبلغ فيها، وحسب شروط الحساب.

4- حسابات الاستثمار المخصص

وهي الحسابات التي يقبلها المصرف من المودعين لتستثمر في مشروع معين أو غرض معين، ويكون لأصحابها الغُنم وعليهم الغُرم، لأن العميل يقرر في هذا النوع من الحسابات نوع الاستثمار وطبيعته، ويرتبط استرداد مبالغ هذه الحسابات باسترداد المبالغ المستثمرة في المشروع المحدد أو التمويل المحدد، ويكون للمصرف حصة من الأرباح المتحققة ويتحمل العميل وحده مخاطرها إذا استثمرها المصرف دون تعدٍ أو تفريط طالما لم يشارك المصرف فيها بأمواله.

5- حسابات المحافظ الاستثمارية

وتقدم فكرة المحافظ الاستثمارية على الاستثمار في الفرصة أو الفرص الاستثمارية ذات الجدوى، حيث يتم إصدار سندات مقارضة (حصص) في محافظ استثمارية برأسمال يكفي للمتطلبات الاستثمارية المنوي الاستثمار فيها حسب صيغة الدعوة للاكتتاب في السندات. وتكون السندات موحدة القيمة، ويقوم المصرف بإدارة المحفظة واستثمارها وفقاً لأسس وقواعد المضاربة الشرعية، والتي تقضي بأن يحصل البنك بصفته مضارباً على حصة من صافي ربح استثمارات المحفظة، والنسبة المتبقية يتم توزيعها على مالكي سندات المحفظة كل بنسبة عدد ما يملكه من تلك السندات. وتعتبر سندات المقارضة وعاءً ادخارياً مرناً يمكن الاكتتاب بها عند إصدارها أو شرائها في أي وقت من الأوقات، كما يمكن تسييلها إلى نقود بالبيع الفوري والاسترداد مع قبض الربح عند البيع.

6- حسابات صندوق القرض الحسن

- وهي حسابات تأتي لتحقيق التكافل والتعاون داخل المجتمع ويكون المصرف مفوضاً لاستعمال الأموال المودعة في هذا الحساب لإقراضها كقروض حسنه لسد حاجات اجتماعية مُبرره كالزواج والعلاج والتعليم، ولا تشارك الأموال المودعة في هذا الحساب بأي نسبة في أرباح الاستثمار ولا تتحمل مخاطرة.

- ويبقى رصيد هذا الحساب مودعاً لدى المصرف لمدة ستة أشهر على الأقل من تاريخ الإيداع، إلا أنه يجوز لصاحب الحساب سحب نسبة (50%) من قيمة رصيد الحساب إذا قدم للمصرف إشعاراً لا تقل مدته عن شهرين قبل تاريخ السحب.

7- ودائع المؤسسات المالية الإسلامية:

تقوم بعض المصارف الإسلامية التي لديها فائض في الأموال، بإيداع تلك الأموال في المصارف الإسلامية التي تعاني من عجز في السيولة النقدية، إما في صورة ودائع استثمار تأخذ عنها عائداً، أو في صورة ودائع جارية لا تستحق عليها عائداً.

6-5 مصادر الأموال الداخلية للمصارف الإسلامية (حقوق الملكية):

تتكون المصادر الداخلية للأموال في جميع المصارف من حقوق الملكية والتي تشتمل على ما يلي:

1- رأس المال.

2- الاحتياطيات.

3- الأرباح المحتجزة.

1- رأس المال:

يتكون رأس مال المصارف الإسلامية في الأموال المدفوعة من المؤسسين والمساهمين عند إنشائه مقابل القيمة الاسمية للأسهم المصدرة، أو مقابل زيادة رأس المال والتي تلجأ إليها المصارف من أجل توفير مصادر تمويل داخلية ذات آجال طويلة.

ويلعب رأس المال المدفوع دوراً "تأسيسياً" في إنشاء المصرف من خلال توفير جميع المستلزمات الأولية اللازمة للبدء في ممارسة أعماله من مبنى وكوادر إدارية ومصرفية وأثاث وأجهزة ومعدات وأدوات ومطبوعات مختلفة وغيرها. كما يقوم رأس المال المدفوع بدور "تمويلي" في السوق المصرفية لتغطية الاحتياجات التمويلية لعملاء المصرف. ويضاف إلى ذلك قيامه بدور "حمائي " أو وظيفة ضمان بتحمله الخسائر المحتملة التي تتعلق بجهاز بالمساهمين أو العجز الذي قد يتعرض له المصرف، فيكون أشبه بجهاز امتصاص للخسائر والمخاطر التي تقف في سبيله. إذ يقوم باستيعابها، لحين حصوله على موارد مالية أخرى لتغطيتها.

وعادة يشكل رأس المال نسبة ضئيلة من المصادر المالية للمصارف الإسلامية وتبلغ 12% إلى 15% من مجموع الأموال التي يستخدمها المصرف في استثماراته، لأن القدر الأكبر من المال يأتي عن طريق الودائع بأنواعها المختلفة.

2- الاحتياطيات

وهي تمثل أرباحاً محتجزة من أعوام سابقة وتقتطع من نصيب المساهمين لتدعيم وتقوية المركز المالي للمصرف، وتوجد عدة أنواع من الاحتياطيات منها:

1- احتياطي قانوني

تمثل المبالغ المتجمعة في هذا الحساب ما تم تحويله مـن الأربـاح السـنوية قبـل الضرائب بنسبة (10%) خلال السنة والسنوات السابقة وفقاً لقانون البنوك وهو غير قابـل للتوزيع على المساهمين.

2- احتياطي اختياري

تمثل المبالغ المتجمعة في هذا الحساب ما تم تحويلـه مـن الأربـاح السـنوية قبـل الضرائب بنسبة لا تزيد عن (20%) خلال السنة والسنوات السابقة. يستخدم الاحتيـاطي الاختياري في الأغراض التي يقررها مجلس الإدارة ويحق للهيئة العامة توزيعـه بالكامـل أو أي جزء منه كأرباح.

3- احتياطي خاص

تمثل المبالغ المتجمعة في هذا الحساب ما تم تحويله من الأرباح السنوية لمواجهة أية التزامات قد تطرأ على البنك، وهي قابلة للتوزيع على المساهمين.

4- احتياطي مخاطر مصرفية عامة

يمثل هذا البند احتياطي مخاطر مصرفية عامة على ذمم البيوع المؤجلة وتمويلات البنك الممولة من أموال البنك الذاتية وفقاً لتعليمات البنك المركزي الأردني.

5- الأرباح المحتجزة (المدورة)

هي الفائضة أو المتبقية بعد إجراء عملية توزيع الأرباح الصافية للمصارف الماليـة على المساهمين وهي قابلة للتوزيع على المساهمين.

البنك الإسلامي الأردني للتمويل والاستثمار
الميزانية العامة الموحدة كما في 31 كانون الأول 2007
جدول رقم (1)

2006	2007	إيضاحات	البيـــــان
دينار	دينار		
			الموجودات
539.664.608	540.537.578	35	نقد وأرصدة لدى بنوك مركزية
111.451.814	94.426.772	44	أرصدة لدى بنوك ومؤسسات مصرفية
14.463.600	8.437.100	5	حسـابات اسـتثمار لـدى بنـوك ومؤسسات مصرفية
525.286	266.234	6	موجودات مالية للمتاجرة
562.755.192	678.575.141	7	ذمم البيوع المؤجلة والذمم الأخرى – بالصافي
13.445.829	13.782.348	8	التمويلات – بالصافي
82.379.229	108.833.507	9	موجودات مالية متاحة للبيع
13.477.306	6.004.233	10	موجـودات ماليـة محـتفظ بهـا حتى تاريخ الاستحقاق- بالصافي.
17.858.873	21.462.872	11	استثمارات في شركات تابعة وحليفة
22.943.979	49.306.258	12	موجودات إجارة منتهيـة بالتمليـك- بالصافي
44.540.195	44.240.352	13	استثمارات في عقارات
5.736.498	7.326.604	14	قروض حسنة- بالصافي
14.815.327	15.805.279	15	ممتلكات ومعدات بالصافي
14.282	25.741	16	موجودات غير ملموسة
18.537.213	7.802.555	17	موجودات أخرى
1.462.609.231	1.596.832.574		مجموع الموجودات

تعتبر الإيضاحات المرفقة من رقم (1) إلى رقم (65) جزءاً مـن هـذه البيانـات الماليـة وتقـرأ معها.

البنك الإسلامي الأردني للتمويل والاستثمار

الميزانية العامة الموحدة كما في 31 كانون الأول 2007

جدول رقم (2)

البيان	إيضاحات	2007	2006
		دينار	دينار
المطلوبات وحقوق أصحاب حسابات الاستثمار المشترك وحقوق الملكية			
المطلوبات			
حسابات البنوك والمؤسسات المصرفية	18	6.197.458	30.786.294
حسابات العملاء الجارية وتحت الطلب (أمانة)	19	447.118.258	375.421.023
تأمينات نقدية	20	19.075.302	18.447.567
ذمم دائنة	21	3.095.788	1.002.038
مخصصات أخرى	22	2.846.518	3.562.088
مخصص ضريبة الدخل	23	11.381.457	7.905.196
مطلوبات ضريبية مؤجلة	24	640.265	655.199
مطلوبات أخرى	25	8.027.334	5.985.817
مجموع المطلوبات		498.382.380	443.765.222
حقوق أصحاب حسابات الاستثمار المشترك			
حسابات الاستثمار المطلقة	26	910.989.037	861.250.767
احتياطي القيمة العادلة	27	23.480.632	17.702.329
مطلوبات ضريبة مؤجلة	24	8.393.068	2.938.505
مجموع حقوق أصحاب حسابات الاستثمار المشترك		942.862.737	881.891.601
صندوق مواجهة مخاطر الاستثمار	28	20.164.825	21.332.981
مخصص ضريبة دخل صندوق مواجهة مخاطر الاستثمار	28	1.946.796	312.428

			حقوق الملكية
			حقوق مساهمي البنك
64.138.764	65.000.000	29	رأس المال المدفوع
14.138.764	15.000.000	29	علاوة الإصدار
13.736.075	17.267.496	30	احتياطي قانوني
3.846.292	7.211.515	30	احتياطي اختياري
392.697	392.697	30	احتياطي مخاطر مصرفية عامة
3.011.895	3.011.895	30	احتياطي خاص
1.840.796	1.798.840	27	احتياطي القيمة العادلة- بالصافي
14.201.716	23.793.393	31	الأرباح المدورة
115.306.999	133.475.836		مجموع حقوق الملكية- مساهمي البنك
1.462.609.231	1.596.832.574		مجموع المطلوبات وحقوق أصحاب حسابات الاستثمار المشترك وحقوق الملكية
			حسابات مدارة لصالح الغير
87.249.492	101.210.653	52	الاستثمارات المقيدة
116.716.458	218.486.185	53	سندات المقارضة
9.452.750	9.451.750	54	حسابات الاستثمار بالوكالة

تعتبر الإيضاحات المرفقة من رقم (1) إلى رقم (65) جزءاً من هـذه البيانـات المالية وتقـرأ معها.

7-5 قائمة الدخل

تشمل العناصر الرئيسية لقائمة الدخل الإيرادات، والمصروفات، والمكاسب، والخسائر، والعائد لأصحاب حسابات الاستثمار المطلقة وما في حكمها، وصافي الدخل أو صافي الخسارة.

8-5 الإيرادات

الإيرادات هي مقدار الزيادة في الموجودات أو النقص في المطلوبات- أو كلاهما معاً- خلال فترة زمنية معينة، الناتج عن طرق وأساليب مشروعة من الاستثمارات بجميع أنواعها ووسائلها، أو تقديم الخدمات المصرفية، أو تأدية وظائف أخرى تستهدف الربح مثل إدارة الاستثمارات المقيدة للحصول على أجر أو حصة من أرباح تلك الاستثمارات.

والإيرادات في البنوك الإسلامية متأتية من:

1- إيرادات الاستثمار:

وتمثل هذه الإيرادات النسبة الأكبر من إيرادات البنك الإسلامي، وتنقسم بحسب مصدر تمويلها إلى الأنواع التالية:

أ) إيرادات الاستثمار من استثمار أموال البنك الذاتية:

يستثمر البنك الإسلامي جزءاً من أمواله الذاتية المتمثلة في حقوق الملكية (رأس المال والاحتياطات والأرباح المدورّة) في تمويل الأصول الثابتة، ويستثمر جزءاً آخر في استثمارات تُدِر عائداً كالمساهمة في أسهم الشركات، والباقي يقوم بخلطه مع حسابات الاستثمار المُطلقة ويستثمرها معاً، والإيرادات المتأتية من استثمار أموال البنك الذاتية تكون للبنك، ولا يتم قيدها لأرباح الاستثمار التي يتم توزيعها لاحقاً بينه وبين أصحاب الحسابات الاستثمارية.

ب) إيرادات الاستثمار المشتركة:

وهي الإيرادات المتأتية من الاستثمارات المشتركة الممولة من أموال أصحاب حسابات الاستثمار المطلقة حيث يكون المصرف الحق في استثمارها بدون قيد أو شرط وخلطها بما تبقى من أموال البنك الذاتية ، والإيرادات الناتجة عن هذه

الاستثمارات توزّع بين البنك (المساهمين) وأصحاب حسابات الاستثمار المطلقة كل حسب مساهمته.

ج) إيرادات الاستثمارات المقيدة:

وهي الإيرادات التي يحصل عليها البنك بصفته مضارباً يدير استثمارات محددة لحسابات المتعاملين وعلى مسؤولياتهم، أو يكون البنك فيها وكيلاً بعمولة محددة، حيث يحصل البنك على حصته ويوزّع الباقي على أصحاب الحسابات.

2- إيرادات الخدمات المصرفية:

يقدم البنك الإسلامي مختلف الخدمات المصرفية مثل فتح الاعتمادات المستندية، وإصدار خطابات الضمان، وإجراء الحوالات المصرفية، وتأجير الصناديق الحديدية،......الخ، ويستوفي مقابل ذلك عمولة أساسها أجر يحصل عليه البنك مقابل عمله، يختص البنك بإيرادات الخدمات المصرفية لأنها ناتجة عن عناصر مملوكة للبنك، وهي رأس المال المتمثل في المباني المملوكة لإجراء نشاط البنك فيها، والعمل، والشهرة والاسم التجاري، وبذلك فلا دخل لأصحاب الحسابات الاستثمارية بهذه الإيرادات، وإنما تكون للمساهمين، ويتم قياسها استناداً لمبدأ الاستحقاق الذي يقضي بإدراج الإيرادات المستحقة عن الفترة المعمول عنها الحساب بغض النظر عن تحصيلها.

والبنوك الإسلامية التي تحمل الإيرادات المشتركة بالمصروفات الإدارية والعمومية للبنك فإنها تعتبر إيرادات الخدمات المصرفية من حق المساهمين وأصحاب حسابات الاستثمار.

أما إذا استخدمت حسابات الاستثمار في أداء بعض الخدمات المصرفية التي تستخدم فيها الأموال النقدية لعمليات بيع وشراء العملات الأجنبية، فإن الإيراد المتأتي من هذه العمليات يكون من حق البنك (المساهمين) والمستثمرين أصحاب الحسابات الاستثمارية.

3- الإيرادات الأخرى:

يحصل البنك الإسلامي على إيرادات أخرى خلاف إيرادات الاستثمار وإيرادات الخدمات المصرفية مثل، البريد والهاتف، وأرباح بيع أصول ثابتة، وإيجارات من عقارات مملوكة للبنك، ..... الخ، حيث تظهر جميع هذه الإيرادات تحت مسمى "إيرادات أخرى".

9-5 المصروفات

هي مقدار النقص في الموجودات أو الزيادة في المطلوبات- أو كلاهما- خلال فترة زمنية معينة، الناتج من توظيف الأموال أو إدارة الاستثمار بطرق أو وسائل مشروعة أو تقديم الخدمات بجميع أنواعها أو وسائلها المشروعة.

تتضمن المصروفات في المصارف الإسلامية ما يلي:

1- نفقات الموظفين:

وتشمل رواتب ومنافع وعلاوات الموظفين، نفقات طبية، نفقات تدريب الموظفين، مساهمة المصرف في الضمان الاجتماعي، مياومات الموظفين .... الخ.

2- استهلاكات وإطفاءات

يتم استهلاك الموجودات المتاحة للاستثمار وفقاً للسياسة التي ينتهجها المصرف الإسلامي، وفقاً لعمرها الإنتاجي من المباني والمعدات وأجهزة وأثاث ووسائط النقل وأجهزة الحاسب الآلي.. الخ، وكذلك يتم إطفاء الموجودات غير الملموسة.

3- مخصصات أخرى:

وتشمل مخصص تعويض نهاية الخدمة للموظفين وكذلك مخصص إجازات الموظفين، ويتم احتساب هذه المخصصات وفقاً لتعليمات المصرف الداخلية ويتم تحويل المبالغ لهذه المخصصات طبقاً لمبدأ الاستحقاق.

4- ضريبة الدخل:

تمثل مصاريف الضرائب مبالغ الضرائب المستحقة والضرائب المؤجلة.

تُحسب مصاريف الضرائب المُستحقة على أساس الأرباح الخاضعة للضريبة، وتختلف الأرباح الخاضعة للضريبة عن الأرباح المُعلنة في البيانات المالية لأنَّ الأرباح المُعلنة تشمل إيرادات غير خاضعة للضريبة أو مصاريف غير قابلة للتنزيل في السنة المالية وإنما في سنوات لاحقة أو الخسائر المُتراكمة المقبولة ضريبياً أو بنود ليست خاضعة أو مقبولة التنزيل لأغراض ضريبية.

يقوم البنك بأخذ مخصص لضريبة الدخل وفقاً لقانون ضريبة الدخل، ومعيار المحاسبة الدولي رقم (12) الذي يقضي الاعتراف بالضرائب المؤجلة والناجمة عن الفروقات الزمنية لمخصص تعويض نهاية الخدمة، ونتيجة لذلك قد يترتب للبنك موجودات ضريبية مؤجلة.

إن الضرائب المؤجلة هي الضرائب المتوقع دفعها أو استردادها نتيجة الفروقات الزمنية المؤقتة بين قيمة الموجودات أو المطلوبات في البيانات المالية والقيمة التي يتم احتساب الربح الضريبي على أساسها. يتم احتساب الضرائب المؤجلة باستخدام طريقة الالتزام بالميزانية العامة وتحتسب الضرائب المؤجلة وفقاً للنسب الضريبية التي يتوقع تطبيقها عند تسوية الالتزام الضريبي أو تحقيق الموجودات الضريبية المؤجلة.

يتم مراجعة رصيد الموجودات الضريبية المؤجلة في تاريخ البيانات المالية ويتم تخفيضها في حالة توقع عدم إمكانية الاستفادة من تلك الموجودات الضريبية جزئياً أو كلياً.

5- مصاريف أخرى

إن تفاصيل هذا البند هي كما يلي:

البيـــان
بريد وبرق وهاتف وتلكس
قرطاسية ومطبوعات ولوازم
بطاقات مصرفية
إيجارات مدفوعة
مياه وكهرباء وتدفئة
صيانة وتصليحات وتنظيفات
أقساط تأمين
مصاريف سفر وتنقلات
أتعاب قانونية وشرعية واستشارات
أتعاب تدقيق الحسابات
اشتراكات وعضويات
تبرعات
رسوم ورخص وضرائب
ضيافة وإكراميات

دعاية وإعلان
جوائز حسابات التوفير
أتعاب لجنة التدقيق
رسوم الجامعات الأردنية
بحث علمي وتدريب مهني
مكافأة أعضاء مجلس الإدارة
صندوق دعم التعليم والتدريب المهني والتقني
صندوق حماية المستثمر
أخرى
المجموع

6- صندوق مُواجهة مخاطر الاستثمار المُشترك:

يقتطع البنك ما لا يقل عن (10%) من صافي أرباح الاستثمار المُشترك المُتحققة على مُختلف العمليات الجارية خلال الفترة، وتزداد النسبة بناء على أوامر من البنك المركزي ويسري مفعول النسبة المُعدَّلة بعد زيادتها في السنة المالية اللاحقة للسنة التي تقرر فيها هذا التعديل.

يؤول رصيد صندوق مخاطر الاستثمار المُشترك إلى صندوق الزكاة وذلك بعد تغطية جميع المصروفات والخسائر التي أسس الصندوق لتغطيتها أو إطفائها، الأمر الذي يستخلص منه، أنَّه ليس للمُستثمرين في البنك الإسلامي أي حق في المبالغ المُقتطعة بالنسبة المُقررة المُتجمعة في صندوق مُواجهة مخاطر الاستثمار، وإنما هي مبالغ مُخصصة لتغطية الخسائر التي تتعرض لها عمليات الاستثمار المُشترك.

إذا حصلت خسائر في بعض عمليات الاستثمار المُشترك التي بدأت وتمت في سنة مُعينة، فتُغطى هذه الخسائر من الأرباح التي حققتها عمليات الاستثمار المُشترك الأُخرى التي بدأت وتمت في السنة ذاتها وإذا كانت الخسائر أكثر من الأرباح في السنة ذاتها، فتُغطى من صندوق مُواجهة مخاطر الاستثمار.

أمَّا إذا بدأت عمليات استثمار مُشترك واستمرت في سنوات سابقة، وتبيَّن في النتيجة وفي سنة مُعينة أنَّ تلك العمليات الاستثمارية كانت من حيث النتيجة عمليات خاسرة، فتُغطى خسارتها من صندوق مُواجهة مخاطر الاستثمار.

عائد أصحاب حسابات الاستثمار المطلقة وما في حكمها:

يقصد بعائد أصحاب حسابات الاستثمار المطلقة وما في حكمها، حصّة أصحاب هذه الحسابات في الربح أو الخسارة الناتجة عن الاستثمارات التي شارك البنك في تمويلها لفترة زمنية معينة. ولا يعتبر عائد أصحاب حسابات الاستثمار المطلقة وما في حكمها، في حالة الربح مصروفاً محمّلاً على دخل البنك، كما لا يعتبر في حالة الخسارة إيراداً مضافاً إلى دخل البنك، وإنما يعتبر تخصيصاً بمقدار حصة حسابات الاستثمارات في ربح أو خسارة الاستثمار الذي شاركت فيه هذه الحسابات.

10-5 صافي الدخل أو صافي الخسارة

صافي الدخل أو صافي الخسارة لفترة زمنية معينة هو مقدار الزيادة أو النقص في حقوق أصحاب الملكية الناتج عن الإيرادات والمصروفات، والمكاسب والخسائر، وما خصص لأصحاب حسابات الاستثمار المطلقة وما في حكمها كنصيبهم في ربح أو خسارة استثمار أموالهم الذي يرتبط بتلك الفترة الزمنية، يعني هذا أن صافي الدخل أو صافي الخسارة هو محصلة الأنشطة الهادفة للربح كافة التي يؤديها البنك خلال الفترة الزمنية التي تمثلها قائمة الدخل، وكذلك الأحداث والظروف الأخرى خلال الفترة الزمنية التي تمثلها قائمة الدخل، وتلك التي يكون لها تأثير على قيمة الموجودات التي هي في حيازة البنك في أثناء الفترة الزمنية، ويعني هذا المفهوم لصافي الدخل أو صافي الخسارة أن صافي الدخل أو صافي الخسارة يعبّر عن جميع التغيرات في حقوق أصحاب الملكية خلال الفترة الزمنية التي تمثلها قائمة الدخل فيما عدا تلك التغيرات الناتجة من استثمارات أصحاب حقوق الملكية أو التوزيعات عليهم.

البنك الإسلامي الأردني للتمويل والاستثمار
بيان الدخل الموحد
للسنة المنتهية في 31 كانون الأول 2007
جدول رقم (3)

2006	2007	إيضاحات	البيــــان
دينار	دينار		
49.625.848	59.172.959	32	إيرادات البيوع المؤجلة
218.905	272.553	33	إيرادات التمويلات
5.318.684	7.136.789	34	أرباح موجودات مالية متاحة للبيع
606.694	617.006	35	إيرادات موجــودات ماليــة محــتفظ بهـا حتـى تاريخ الاستحقاق
799.053	1.298.720	36	أرباح موزعة من شركات تابعة وحليفة
1.514.226	1.698.766	37	إيرادات عقارات
964.095	2.745.051	38	إيرادات موجــودات مـؤجرة وإجـارة منتهيـة بالتملك
2.136.640	2.534.085	39	إيرادات استثمار أخرى
61.184.145	**75.475.929**		**إجمالي إيرادات حسابات الاستثمار المشترك**
(26.654.315)	(29.533.953)	40	حصة أصحاب حسابات الاستثمار المطلقة
(6.118.415)	(7.547.593)	28	حصة صندوق مواجهة مخاطر الاستثمار
28.411.415	**38.394.383**	**41**	**حصة البنك مـن إيرادات حسابات الاستثمار المشتركة بصفته مضارباً ورب مال**
318.629	244.949	42	أرباح استثمارات البنك الذاتية
4.000.027	6.052.261	43	حصة البنك من إيرادات الاستثمارات المقيـدة بصفته مضارباً
-	142.905	43	حصة البنك من إيرادات الاستثمارات المقيـدة بصفته وكيلاً
7.792.047	8.401.487	44	إيرادات الخدمات المصرفية

1.217.231	1.539.248	45	أرباح العملات الأجنبية
-	123.192	46	أرباح محفظة الأسهم/متاجرة
1.619.931	1.979.047	47	إيرادات أخرى
43.359.280	**56.886.472**		**إجمالي الدخل**
(11.484.769)	(13.600.302)	48	نفقات الموظفين
(1.370.754)	(1.434.942)	15	استهلاكات وإطفاءات
(6.500.848)	(7.067.793)	49	مصاريف أخرى
(2.027)	(238.657)	14	خسائر تدني موجودات- ذاتي
(623.180)	(175.000)	22	مخصصات أخرى
(19.981.578)	**(22.516.694)**		**إجمالي المصروفات**
23.377.702	34.369.778		الربح قبل الضريبة
(7.905.196)	(11.381.457)	23	ضريبة الدخل
15.472.506	**22.988.321**		**الربح بعد الضريبة**
فلس/دينار	فلس/دينار		
./279	./354	50	الحصة الأساسية للسهم من ربح السنة
./238	./354	50	الحصة المخفضة للسهم من ربح السنة

تعتبر الإيضاحات المرفقة من رقم (1) إلى رقم (65) جـزءاً مـن هـذه البيانـات الماليـة وتقـرأ معها.

أسئلة للمناقشة

السؤال الأول: اشرح كل ما تعرفه عن مصادر الأموال الداخلية للمصارف الإسلامية.

السؤال الثاني: ما هي مصادر الأموال الخارجية للمصارف الإسلامية؟ اشرح بالتفصيل.

السؤال الثالث: هـل يختلـف هيكـل الحسـابات في المصـارف الإسلامية عـن هيكلهـا في المصارف التجارية الربوية؟ وضح ذلك.

السؤال الرابع: وضّح الفرق بـين الخصـوم والمطلوبـات في البنـوك الإسـلامية مقارنـة مـع التقليدي.

السؤال الخامس: اشرح مصادر الإيرادات في المصارف الإسلامية.

السؤال السادس: عـدد أنـواع المصـاريف المختلفـة في المصـاريف الإسلامية مـع الشرـح باختصار.

أسئلة موضوعية

1- أي من الآتية ليست من مصادر التمويل الخارجية في المصارف الإسلامية:
أ- الودائع تحت الطلب.
ب- حسابات الاستثمار المشترك.
جـ- رأس المال.
د- حسابات التوفير.

2- أي من الآتية ليست من مصادر التمويل الداخلية في المصارف الإسلامية:
أ- الأرباح المحتجزة (المدورة).
ب- الاحتياطيات.
جـ- رأس المال.
د- حسابات التوفير.

3- لا توجد في ميزانية المصرف الإسلامي الموجودات التالية:
أ- النقدية.
ب- القروض.
جـ- القروض الحسنة.
د- سندات مقارضة.

4- أي من الآتية صحيحة فيما يتعلق بميزانية المصرف الإسلامي:
- العبارة الأولى: الموجودات= المطلوبات + حقوق الملكية
- العبارة الثانية: رأس المال المدفوع يمثل 8-16% من مصادر التمويل.
أ- العبارة الأولى صحيحة والثانية خطأ.
ب- العبارة الثانية صحيحة والأولى خطأ.
جـ- العبارتان صحيحتان.
د- العبارتان غير صحيحتين.

5- أي العبارات التالية صحيحة فيما يتعلق بقائمة الدخل:

العبارة الأولى: تشمل القائمة الإيرادات، والمصاريف؟، والخسائر /الأرباح.

العبارة الثانية: تعبر عن المركز المالي للمصرف الإسلامي.

أ- العبارة الأولى صحيحة والثانية خطأ.

ب- العبارة الثانية صحيحة والأولى خطأ.

جـ- العبارتان صحيحتان.

د- العبارتان غير صحيحتين.

الفصل السادس
أدوات التمويل الإسلامية
(المضاربة والمشاركة)

2-6 المضاربة.

- 2-2-6 شروط المضاربة.
- 4-2-6 مزايا المضاربة.

3-6 المشاركة.

- 2-3-6 شروط المشاركة.
- 5-3-6 مزايا المشاركة.

4-6 الفرق بين المضاربة والمشاركة.

الفصل السادس

أدوات التمويل الإسلامية

المضاربة والمشاركة

1-6 المقدمة

تعتبر وظيفة قبول الودائع بأنواعها المختلفة من أهم وظائف المصارف الإسلامية والتجارية الربوية، والوظيفة الثانية هي توظيف هذه الأموال بالحلال، ويتخذ الاستثمار في المصارف الإسلامية أشكالاً، وصوراً متعددة، وتعتبر كل واحدة منها بديلاً مناسباً عن العمليات التي تجريها البنوك التجارية الربوية، ولقد تم استقرار التعامل بأدوات التمويل والاستثمار لدى المصارف الإسلامية على أساس ما يلي:

أولاً: المشاركة في الربح والخسارة (العائد المتغير).

ومن أدواتها المضاربة والمشاركة، ومنها أدوات أقل شهرة واستخداماً حيث تتم المشاركة في الناتج مثل المزارعة والمساقاة ولن نتطرق لبحثها لقلة استخدامها في العصر الحديث وسيتم تناول المضاربة والمشاركة بالتفصيل في هذا الفصل.

ثانياً: تحقيق هامش من الربح (العائد الثابت):

وأدواته التمويلية المعروفة والمستخدمة هي البيوع بشكل أساسي ومنها المرابحة والبيع الآجل، والإجارة، وسيتم تناول هذه الأدوات في الفصل السابع، أما السلم والاستصناع سيتم تناولها بالتفصيل في الفصل الثامن.

ثالثاً: بدون تحقيق عائد: القرض الحسن وسيتم تناوله في الفصل الثامن.

2-6 المضاربة

1-2-6 تعريفها، تأصيلها الشرعي

أولاً: التعريف اللغوي

المضاربة في اللغة: مضاربة على وزن مفاعَلة، والمفاعلة تدل على المشاركة بين فاعلين، وكلمة المضاربة مأخوذة من (الضرب في الأرض) أو السعي فيها، ومن الخطأ الشائع استخدام اللفظ للدلالة على شراء الأسهم أو الذهب أو العقارات توقعاً لارتفاع الأسعار، والبيع لجني الأرباح. وبالتالي فإن لفظ (مضاربة) يعتبر ترجمة غير أمينة لكلمة (Speculation) الإنجليزية والتي تقترب من معنى المقامرة.

"والمضاربة" تسمية أهل العراق بمعنى السعي في طلب الرزق، أما عند أهل الحجاز فتسمى "مقارضة" وهي مأخوذة من القرض وهو القطع، لأن رب المال يقتطع للمقارض قطعة من ماله يتصرف فيها.

ثانياً: التعريف اصطلاحاً:

المضاربة في الاصطلاح تعني أن يدفع رب المال إلى المضارب مالاً ليتجر فيه، ويكون الربح مشتركاً بينهما حسب الاتفاق، على أن تكون الخسارة على رأس المال فقط، إلا إذا ثبت التعدي أو التقصير من جانب المضارب.

وفي المصارف الإسلامية، تعني المضاربة دخول المصرف في صفقة محددة مع متعامل أو أكثر، بحيث يقدم المصرف المال اللازم للصفقة، ويقدم المتعامل جهده، ويصبح الطرفان شريكين في الغنم والغرم. ويكون المصرف هو الشريك صاحب رأس المال، ويكون المتعامل هو الشريك المضارب. فإذا تحقق الربح وزع وفقاً للنسب المتفق عليها، وإذا تحققت خسارة، يتحمل المصرف خسارة في رأسماله، ويتحمل المتعامل خسارة في عمله فحسب، ولا يترتب عليه أي مديونية نتيجة للخسارة، ولا يترتب عليه أن يتحمل جزءاً من الخسارة إلا إذا ثبت أن هناك تعد أو تقصير من جانبه.

تأصيلها الشرعي:

ثبت التعامل بشركة المضاربة قبل بعثة النبي صلى الله عليه وسلم وبعد بعثته، فلم ينكر صلى الله عليه وسلم ذلك. كما أن من المعروف أنه صلى الله عليه وسلم سافر بمال خديجة. إذن فمشروعية المضاربة ثابتة بالسنة التقريرية، وعن ابن عباس رضي الله عنهما قال: كان العباس بن عبد المطلب إذا دفع مالاً مضاربة اشترط على صاحبه ألا يسلك به بحراً، ولا ينزل به وادياً، ولا يشتري به ذات كبد رطبه، فإن فعل فهو ضامن، فرفع شرطه إلى رسول الله صلى الله عليه وسلم فأجازه.

6-2-2 شروط المضاربة

1) أن يكون رأس المال معلوماً، حاضراً لا غائباً، ولا دَيْنَاً، وأن يُسْلَم إلى العامل وإذا سلّمه المال على دفعات يجوز.

2) أن يكون نصيب كل طرف في الربح جزءاً شائعاً على نحوٍ كسري نسبي لا أن يكون مبلغاً مقطوعاً.

3) أن لا يتم توزيع الربح إلاّ بعد القسمة واسترداد رأس المال وإخراج المصاريف، تطبيقاً للقاعدة (لا ربح إلاّ بعد وقاية رأس المال).

4) أن لا يعمل رب العمل مع المضارب، ولا يتدخل في إدارة الشركة.

5) ثبوت قدرة وأهلية المتعاقدين.

6-2-3 توزيع نتائج المضاربة

1- استرداد البنك رأس ماله (قيمة التمويل) دون زيادة أو نقص إذا كان سالماً.

2- يوزع الربح حسب النسب المتفق عليها بين المضارب ورب المال.

3- تكون الخسارة على الطرف صاحب رأسٍ المال (الطرف المضارب يخسر جهده فقط، إلا في حالة ثبوت حالات التعدي والتقصير من جانبه).

وإذا فسد عقد المضاربة يكون للمضارب أجر مثله، ويكون الربح إذا تحقق لرب العمل.

مصاريف المضاربة:

يكون تحميل مصاريف المضاربة بحسب طبيعتها:

- يتحمل المضارب مصاريف الأعمال التي من شأنه القيام بها لأن هذا من قبيل الإدارة والعمل المطلوب منه، والذي يأخذ حصة من الربح لأجله.

- يتحمل وعاء المضاربة المصاريف المتعلقة بالمضاربة نفسها مثل مصاريف المحاسبة والتدقيق وحفظ المال وترويج السلعة (تخرج المصروفات من الأرباح قبل توزيعها).

6-2-4 مزايا المضاربة:

* خلوها من الشبهات الشرعية.

* معالجة الأطراف الاقتصادية من ركود وتضخم وسوء توزيع الثروة، نتيجة إنشاء مشروعات جديدة.

* تحقيق التكامل بين عناصر الإنتاج.

* المزايا الاجتماعية (ارتفاع فرص التشغيل، زيادة عدد الملاك – الخ).

6-2-5 أنواع المضاربات

المضاربة عقد بين من يملك المال وبين من لا يملكه ليعمل فيه والبنوك الإسلامية تقوم بدور المضارب أو دور رب المال أو الدورين معاً.

هناك عدة أنواع من المضاربات منها:

1- المضاربة الفردية:

وهي المضاربة التي تكون العلاقة فيها ثنائية بين مضارب واحد يقدم العمل والجهد والإدارة وبين رب مال واحد (يقدم المال).

2-المضاربة الجماعية (المشتركة)

وهي المضاربة التي تتعدد فيها الأطراف المشتركة في المضاربة بين أصحاب رؤوس الأموال وأرباب العمل والخبرة، وأهم صور هذه المضاربات التي تمارسها المصارف الإسلامية ما يلي:

أ- الصورة التي يتعدد فيها أصحاب رؤوس الأموال وينفرد فيها المضارب، وذلك في حال قيام المصرف الإسلامي باستثمار الحسابات الاستثمارية (الودائع) بنفسه دون الاستعانة بمضاربين آخرين.

ب- الصورة التي يتعدد فيها المضاربون وينفرد فيها رب المال، وذلك في حال قيام المصرف الإسلامي باستثمار الحسابات الاستثمارية (الودائع) مع مضاربين متعددين.

جـ- الصورة التي يتعدد فيها أطراف المضاربة، أرباب المال والمصرف الإسلامي والمضاربون، وتتمثل في قيام المصرف الإسلامي بإعطاء المال مضاربة لغيره، أي أن العلاقة تقوم يبين أرباب المال (أصحاب الحسابات الاستثمارية) والمصرف الإسلامي كوسيط، والمضاربون الذين يأخذون المال من المصرف لاستثمارها.

3- المضاربة المطلقة:

وهي أن يدفع رب المال (أصحاب الحسابات الاستثمارية) المال إلى المصرف الإسلامي ليستثمره من غير تقييد بزمان أو مكان المضارب، ولا نوع التجارة، ويفوض فيها المضارب في العمل وفقاً لما يراه محققاً للمصلحة.

4- المضاربة المقيدة:

وهي التي يدفع فيها رب المال (أصحاب الحسابات الاستثمارية) المال إلى المضارب (المصرف الإسلامي) وتقيد بزمان أو مكان أو نوع من متاع معين بيعاً أو شراءً، أو هي التي يتقيد فيها المضارب بتصرف معين يتفق عليه عند التعاقد، ويمثلها في التطبيق المصرفي المعاصر حسابات الاستثمار المقيدة.

6-2-6 تقيم استخدام نظام المضاربة في المصارف الإسلامية.

نجح نظام المضاربة في أن يكون الأسلوب الرئيسي الذي اعتمدته المؤسسات المالية والمصارف الإسلامية من حيث صياغة علاقتها بعملائها الذين يقدمون الأموال لهذه المؤسسات والمصارف لاستثمارها حيث يكون المصرف مضارباً والمستثمرون هم أرباب العمل، وذلك على أساس قسمة الأرباح بنسبة متفق عليها.

إلا أنه عندما يكون المصرف هو رب المال والمضارب هم المتعاملون معه، من أصحاب المشاريع وطالبي التمويل ، لا يحظى بالنجاح المتوقع ، حيث

يلاحظ ضآلة حجم التمويل عن طريق استخدام المضاربة لدى المصارف الإسلامية، ويعزى لصعوبات ومشاكل في التطبيق العملي، بالإضافة إلى المخاطر المرتبطة بالتمويل عن طريق المضاربة، هذه المخاطر جعلت المصارف تتردد كثيراً في استخدام المضاربة، ولقد بلغت نسبة التمويل عن طريق المضاربة ما يعادل 1% - إلى 2% من مجموع أساليب التمويل في المصارف الإسلامية.

7-2-6 الخطوات العملية لتنفيذ المضاربة:

غالباً ما يكون التمويل عن طريق المضاربة لدى المصارف الإسلامية عن طريق تقديم النقد كلياً أو جزئياً لتمويل عملية محددة يقوم بالعمل فيها شخص آخر وذلك على أساس المشاركة بالربح بين المصرف والمضارب، والثقة والكفاءة فيما يتعلق بالعميل ووفق الخطوات التالية:

1- **الطلب**: يتقدم العميل طالب المضاربة إلى المصرف بدراسة جدوى اقتصادية للصفقة أو المشرع الذي يود تمويله عن طريق المصرف الإسلامي موضحاً فيه:

أ. وصفاً وتحليلاً كاملاً لطبيعة الصفقة.

ب. التكلفة الجزئية والكلية المتوقعة والمبنية على أسس منطقية.

ج. العائدات الجزئية والكلية المتوقعة والمبنية على أسس منطقية.

2- **الدراسة الائتمانية**: تتم دراسة الطلب من قبل فرع المصرف المعني من حيث:

أ. دراسة سوقية عن الصفقة للتأكد من مطابقتها لواقع السوق.

ب. التأكد من مدى ربحية العملية وإمكانية استعادة التمويل المقدم من قبل البنك ضمن المدة المحددة.

ج. التأكد من خبرة العميل وكفاءته ومدى معرفته بالسوق المتوقع لهذه الصفقة.

د. التأكد من السيرة الذاتية للعميل خلقاً وأمانة من خلال تجربة المصرف معه، ومدى التزامه بتسديد التزاماته السابقة.

3- **موافقة المصرف على التمويل**: في ضوء التقرير الذي يقدمه الفرع للمسؤولين عن التمويل تصدر الموافقة على التمويل وشروطه ومقداره ونسبة الأرباح ، وفيما إذا كان التمويل يتطلب تقديم ضمانة عينية أو كفالة شخصية من العميل

طالب المضاربة، وذلك في حالة الخسارة الناتجة عن التعدي أو التقصير أو المخالفة ويتم توقيع عقد مضاربة بين المصرف والعميل لتوثيق العملية حسب الأصول القانونية والشرعية.

4- **تنفيذ عملية المضاربة:** يفتح حساب خاص للعملية (مضاربة/ باسم العميل) ليتم الصرف منه على الصفقة، ولإيداع الواردات فيه ولتصفية العملية عن طريقه.

5- **متابعة العميل المضارب:** تتم متابعة المضارب أثناء فترة المضاربة من قبل موظفي دائرة التمويل والاستثمار لدى الفرع المعني، عند عملية البيع والشراء الرئيسية، بالإضافة لمتابعته ضمن فترات زمنية مناسبة، للتأكد من سير عملية المضاربة حسب الخطة المتفق عليها.

6- **التصفية النهائية:** يقدم العميل حساباته للمصرف مشتملة على مقدار ما سحب من الحساب لتمويل العملية بمختلف مراحلها وما ورّده لحساب المضاربة من أموال مرفقة مع الوثائق الضرورية.

وقد يسبق التصفية النهائية عمليات تصفية مبدئية وعلى فترات خلال مدة المضاربة حسب طبيعتها، وبعد تدقيق هذه الحسابات، للتأكد من صحتها، تتم الموافقة على تصفية العملية بحيث يسترد البنك الإسلامي رأس ماله المدفوع دون زيادة أو نقصان.

3-6 المشاركة

1-3-6 تعريفها، تأصيلها الشرعي

أولاً: التعريف اللغوي

المشاركة في اللغة: الاختلاط (خلط الأموال ببعضها بحيث يصعب تمييز إحداها عن الأخرى).

ثانياً: التعريف في الاصطلاح

المشاركة اصطلاحاً: تعني أن يشترك اثنان- أو أكثر- بحصة معينة في رأس مال يتجران به كلاهما، والربح يوزع على حسب أموالهما أو على نسبة يتفق عليها عند العقد.

تأصيلها الشرعي:

* ورد في القرآن الكريم: **"فهم شركاء في الثلث"** الآية (12) سورة النساء.

وقال تعالى: "**وإن كثيراً من الخلطاء ليبغي بعضهم على بعض إلا الذين آمنوا وعملوا الصالحات**" الآية (24) من سورة ص.

* الحديث القدسي "أنا ثالث الشريكين ما لم يخن أحدهما صاحبه، فإذا خانه خرجت من بينهما"

- مفهوم المشاركة:

يعتبر التمويل بالمشاركة من أهم الأساليب التمويلية التي تستخدمها البنوك الإسلامية بفاعلية وأخذ نواحي تميزها وتفردها عن البنوك التقليدية، حيث يتم تقديم التمويل الذي يطلبه المتعامل معه دون أن يتقاضى البنك فائدة محددة من قبل، وإنما يشارك البنك في الناتج المحتمل، سواء كان ربحاً أو خسارة حسب أسس توزيعية متفق عليها بين البنك والعميل، ومن هنا تكون العلاقة بين الأطراف علاقة شراكة لا علاقة الدائن بالمدين.

2-3-6: شروط المشاركة

(أ) شروط رأس المال:

1- أن يكون رأس المال نقدياً (لا أن يكون من العروض إلا إذا جرى تقويمها بالنقود وقت المشاركة).

2- ألاّ يكون رأس المـال ديناً، وأن يكـون حاضراً عنـد بـدء العمليـات (للتأكـد مـن خلـط الأموال).

(ب) شروط توزيع (الربح أو الخسارة):

1- يوزع الربح كحصة شائعة بين الشركاء، بحسب الاتفاق.

2- تقسم الخسارة (من غير تعد أو تقصير) حسب نسب ملكية رأس المال فقط، ولا يجـوز الاتفاق على تحميل الخسارة بنسب مختلفة عن نسب المشاركة.

3- يتم احتساب نسبة من صافي الـربح مقابـل الإدارة والإشراف لمـن يـدير الشركة ويقـوم بأعمالها، أو يحسب له مكافأة مقابل جهده.

(جـ) عدم بيع حصة الشريك إلا بعد حيازتها عيناً أو حكماً.

(د) لا يجوز اشتراط ضمان أحد الشركاء لمال الشركة أو لنصيب شريـك آخـر، وإنما يكـون هناك ضمانة ضد التعدي والتقصير وسوء الأمانة من جانب الشريك المفوض بالإدارة.

(هـ) تمويل نصيب البنك (أو الطـرف) الـذي يريـد الانسـحاب مـن الملكيـة أي أن أسـهمه تتناقص بشراء الشريك الآخر لها حتى تصبح الملكية كاملة لهذا الشريك.

6-3-3 أنواع الشركات في الإسلام

يمكن تقسيم الشركات إلى عدة أنواع، فهناك:

1- شركات الملك.

2- شركات العقد، وتنقسم إلى:

أ- شركات الأموال

ب- شركات الأعمال الأبدان.

ت- شركات الوجوه.

وشركات الأموال منها: شركات المفاوضة وشركات العنان.

وشركات العنان هي المعنية في المصارف الإسلامية - وهي الشركات التي لا يتصرف فيها أحد الشركاء إلا بإذن باقي الشركاء، ويكون كل من الشركاء وكيلاً عن صاحبه في التصرف في المال الذي اشتركا فيه وكلمة العنان مأخوذة من عنان الفرس دلالة على أن الشركاء متساوون في التصرف، أو أن كلا منهم أعطى عنان التصرف لشركائه ولا يشترط في تركه العنان التساوي في المال والربح أو العمل.

4-3-6 صيغ المشاركات المستخدمة في المصارف الإسلامية:

يُعَدّ الاستثمار بالمشاركة من أفضل ما طرحته المصارف الإسلامية من صيغ استثمارية، ومن أهم ما يميزها عن البنوك التجارية الربوية، بل يمكن القول بأن المصرف الإسلامي هو مصرف مشاركة.

وتختلف صيغ المشاركة المستخدمة في المصارف الإسلامية وأنواعها باختلاف مدة كل منها. وتقسم صيغ المشاركة إلى ما يلي:

1- المشاركة قصيرة الأجل.

2- المشاركة طويلة الأجل.

أ- المشاركة الثابتة (المشاركة الدائمة).

ب- المشاركة المتناقصة (المنتهية بالتمليك).

ووفقاً لهذه الصيغ يتحول البنك الإسلامي إلى شريك كامل للعميل، وليس مجرد ممول له، ويقوم التمويل بالمشاركة على أساس اشتراك كل من البنك وطالب التمويل في علاقة مشاركة، يشارك من خلالها البنك عميله في جزء من نشاطه الاقتصادي الذي يمارسه، عن طريق تقديم جزء من التمويل الكلي الذي يحتاج إليه، كما يشارك العميل أيضاً في الجزء الآخر، وتختلف نسب المشاركة بين البنك وبين العميل باختلاف المشروعات وطبيعة النشاط وقدرة العميل على إدارة نشاطه بنجاح فضلاً عن حجم المخاطر التي تكتنف عملية التمويل.

وعادة يتولى العميل مسئولية مباشرة العمل التنفيذي للنشاط الاقتصادي الممول، والإشراف عليه وإدارته باعتباره صاحب المعرفة بتفاصيله كافة، ولديه الخبرة الكافية على التعامل فيه، وعنده الدراية بفنونه وتعاملاته وبما يمكنه من النجاح في هذا النشاط.

ويتفق الطرفان بموجب عقد المشاركة على نسب توزيع ناتج النشاط سواء أكان ربحاً أو خسارة، ويتم هذا وفقاً للقواعد الآتية:

أ- يحصل العميل المشارك على حصة مقطوعة كنسبة من الناتج المتحقق، أو كمبلغ متفق عليه مقابل إدارته للنشاط وقيامه بالأعمال التنفيذية الخاصة به.

ب- يوزع الباقي بين الطرفين بنسبة مساهمة كل طرف منهما في التمويل الكلي المقدم.

وفي حالة ما إذا كان ناتج الأعمال خسارة، فإن التوزيع يقتصر فقط على أساس نسب المشاركة في التمويل لكل منهما ولا يدخل في ذلك مشاركة الجهد، أو لا يتحمل العميل نصيباً آخر من الخسائر بسبب عمله، إذ يكفيه أنه قد خسر مقابل هذا الجهد.

وفيما يلي عرض لكل منهما بشيء من الإيجاز:

(1) المشاركة الإسلامية قصيرة الأجل:

وهذا النوع من المشاركات يكون محدد المدة ويتضمن الاتفاق بين الأطراف على توقيت معين التمويل، مثل أن يقوم البنك بتمويل جزء من رأس المال العامل لدورة واحدة للنشاط الجاري، أو لسنة مالية، أو قيام البنك الإسلامي بتمويل عملية محددة، مثل عملية توريد معينة، أو عملية مقاولات لإنشاء مبنى معين، أو تمويل نقل صفقة معينة خلال فترة محددة قصيرة الأجل... إلخ.

وبعد انتهاء المدة، أو العملية الممولة يقوم البنك والعميل باقتسام الأرباح أو العائد وفقاً للنسب المتفق عليها.

ويراعى في المشاركة قصيرة الأجل، توضيح حدود العلاقة بين طرفيها، أي بين البنك وبين عميله، ووضع أجل محدد يتعين الالتزام به، تلافياً لأي خلافات قد تنجم بين الطرفين، إلا إذا ما اتفق على غير ذلك فيما بعد، فيتم تأسيس مشاركة جديدة، وهكذا.

(2) المشاركة طويلة الأجل:

وهي أهم أنواع المشاركات تأثيراً على البنيان الاقتصادي في الدولة، والتي تقوم أساساً على إنشاء مصانع وشركات، أو خطوط إنتاج، أو القيام بعمليات الإحلال والتجديد، والتي تتضمن شراء أصول رأسمالية إنتاجية يتم تشغيلها لسنوات، لتعطي عائداً، والمشاركة طويلة الأجل نوعان هما:

أ- المشاركة الثابتة (المشاركة الدائمة):

يقوم هذا النوع من التمويل بالمشاركة عن طريق قيام البنك بالمساهمة في رأس مال المشروع الذي يتقدم به عميل المصرف سواء أكان هذا المشروع إنتاجياً سلعياً يقدم سلعاً صناعية أو زراعية، أو مشروع خدمات تجارية وتوزيعية أو أياً كان نشاط المشروع، وذلك وفقاً لحصة مشاركة ثابتة لكل من الطرفين تظل دائمة إلى حين انتهاء الشركة، ويتم التحاسب بين البنك وبين العميل وفقاً لهذه الصيغة الاستثمارية، عن طريق اقتسام العائد بنسبة مساهمة كل منهم في رأس المال، مع تخصيص حصة من هذا العائد للعميل أو لأحد الشركاء، إذا ما كان قائماً بإدارة الشركة.

ويترتب على ذلك أن يكون البنك وفقاً لهذه الصيغة شريكاً ليس فقط في رأس المال، ولكن أيضاً في إدارة المشروع والإشراف عليه، وفي عائده الذي يرزق الله به، وبالحصة المتفق عليها، وفي إطار القواعد الشرعية الحاكمة لعملية المشاركة.

والبنك وفقاً لهذه الصيغة مستمر في التمويل في هذا المشروع ما دام المشروع قائماً ومستمراً ويعمل.

ب- الشركة المتناقصة المنتهية بالتمليك:

هي أحد أهم أشكال التمويل بالمشاركة التي تقوم بتقديمها البنوك الإسلامية، ويطلق عليها البعض اصطلاح "المشاركة التنازلية"، ويقوم هذا النوع من التمويل على أساس عقد مكتوب يتم بمقتضاه تأسيس علاقة تعاقدية بين البنك كشريك ممول بجزء من المال، والعميل كشريك ممول بالجزء الآخر من المال، بالإضافة إلى تقديمه الجهد والعمل اللازمين لإدارة النشاط الاقتصادي.

وبموجب هذا العقد يتناقص حق البنك كشريك في الشركة بشكل تدريجي، يتناسب تناسباً طردياً مع ما يقوم العميل بسداده إلى البنك من قيمة التمويل المقدم، مثله في ذلك مثل شراء أي فرد لأسهم شركة من الشركات، وبمعنى آخر، كلما قام العميل بشراء جزء من تمويل البنك، كلما تناقصت نسبة البنك في المشاركة، وهكذا تدريجياً حتى يصبح تمويل البنك ومساهمته صفراً، وامتلاك العميل لكل الموجودات الخاصة بالمشروع بنسبة 100% في نهاية فترة المشاركة المنصوص عليها في العقد.

ولفظ المشاركة المتناقصة يُشير إلى الجهة المشاركة بجزء من رأس المال، وهي الجهة التي ستخرج من المشروع كلما استردت جزءاً من رأس مالها المقدم.

أما إطلاق لفظ المشاركة المنتهية بالتمليك فيشير إلى الشريك الآخر، الذي ستؤول الملكية إليه في نهاية الأمر.

ومن هنا تصبح المشاركة المتناقصة وسيلة هامة من وسائل تمويل المشروعات، حيث يميل إليها الأفراد طالبو التمويل ممن لا يرغبون في استمرار مشاركة البنك لهم.

- صيغ المشاركة المتناقصة:

تتخذ المشاركة المتناقصة ثلاث صيغ رئيسية هي:

الصيغة الأولى: أن يتم الاتفاق بين البنك وعمليه المشارك في الشركة على أن يكون إحلال الشريك محل البنك بعقد مستقل تماماً، يتم بعد إكمال عملية التعاقد الخاص بعملية المشاركة الأصلية، وتعطي هذه الصيغة، الحرية الكاملة لكلا الطرفين، في التصرف ببيع حصته من رأسمال الشركة إلى الطرف الآخر أو إلى الغير.

الصيغة الثانية: أن يتم الاتفاق بين البنك وعميله المشارك على حصول البنك على حصة نسبية من صافي الدخل أو العائد المتحقق فعلاً، مع حق البنك في الحصول على جزء من إجمالي الإيراد المتحقق فعلاً، في إطار مبلغ متفق عليه، ليكون ذلك الجزء مخصصاً لسداد أصل ما قدمه البنك من تمويل.

وبمعنى آخر يتم تقسيم إجمالي الإيراد المتحقق إلى ثلاثة أقسام هي:

- القسم الأول- حصة البنك كعائد للتمويل.

- القسم الثاني- حصة الشريك كعائد لعمله وتمويله.

- القسم الثالث- حصة البنك لسداد أصل مبلغ التمويل المشارك به في رأسمال الشركة.

الصيغة الثالثة: تقوم هذه الصيغة على اتفاق كل من البنك وعميله المشارك على تحديد نصيب لكل منهما، بشكل أسهم محددة القيمة، يمثل مجموعها إجمالي قيمة المشروع أو العملية موضوع المشاركة. ويحصل كل شريك على حصته من الإيراد المتحقق فعلا طالما كانت الشركة قائمة وتعمل.

ويحق للعميل المشارك، إذا ما رأى مناسباً، أو وفقاً لرغبته، أن يشترى بعض الأسهم المملوكة للبنك في نهاية كل فترة أو سنة مالية، بحيث تتناقص أسهم البنك بشكل تدريجي بمقدار ما يشتري العميل المشارك من أسهم البنك، وتزداد حصة العميل المشارك بالتبعية إلى أن يمتلك كامل الأسهم، فتصبح ملكيته كاملة.

5-3-6 مزايا المشاركة:

وهناك عدة مزايا للمشاركة هي كما يلي:

(1) مزايا شرعية:

خلو المشاركة من الربا ومن العيوب الشرعية الأخرى.

(2) مزايا اقتصادية:

إن نظام المشاركة يساهم في حشد الموارد الاقتصادية وتأسيس المشروعات الإنتاجية التي تساعد في نمو وتطوير الاقتصاد الوطني مما يعني معالجة الأمراض الاقتصادية (الركود، التضخم، سوء توزيع الثروة، هدر الموارد الاقتصادية).

(3) مزايا تجارية:

* العائد المرتفع (عائد مالي + عائد تجاري)
* توزيع مخاطر المشروع بين مجموعة من المستثمرين الذين يمثلهم المصرف والأطراف الأخرى المشاركة في المشروع، مما يشجع على الاستثمار في المشاريع المختلفة.
* توفير الجهود بسبب توزيع المسئوليات بين الشركاء.
* من وجهة نظر العميل فإن نظام المشاركة عادة لا يحتاج لتقديم رهن عقاري أو ضمانات وبالتالي فإن الجدوى الاقتصادية للمشروع وميزاته هي وحدها التي تؤهله للتمويل من المصرف.

(4) مزايا اجتماعية:

* ارتفاع فرص تشغيل العمال والفنيين.
* انتشار ظاهرة التكافل.
* عدالة توزيع العائد وزيادة عدد الملاك.

6-3-6 الخطوات العملية لتنفيذ المشاركة

يوجد عدة خطوات هي كما يلي:

أ- الخطوات العملية للمشاركة الدائمة

الاشتراك في رأس المال:

* البنك: يقدم جزءاً من رأس المال المطلوب بصفته مشاركاً ويفوض العميل (الشريك) بإدارة المشروع.

* الشريك: يقدم جزءاً من رأس المال المطلوب للمشروع، ويكون أميناً على ما في يده من أموال البنك.

نتائج المشروع:

* يتم العمل في المشروع من أجل تنمية المال، وقد يحقق المشروع نتائج إيجابية أو سلبية.

توزيع الثروة الناتجة من المشروع:

• في حالة حدوث خسارة، فإنها تقسم على قدر حصة كل شريك في رأس المال.

• في حالة تحقق أرباح، فإنها توزع بين الطرفين (البنك والشريك) بحسب الاتفاق.

ب- الخطوات العملية للمشاركة المتناقصة

1) الاشتراك في رأس المال:

* البنك: يقدم جزءاً من رأس المال المطلوب للمشروع بصفته مشاركاً ويتفق مع العميل (الشريك) على طريقة معينة لبيع حصته في رأس المال تدريجياً.

* الشريك: يقدم جزءاً من رأس المال المطلوب للمشروع، ويكون أميناً على ما في يده من أموال البنك.

2) نتائج المشروع:

* يتم العمل في المشروع من أجل تنمية المال، وقد يحقق المشروع نتائج إيجابية أو سلبية.

3) توزيع نتائج المشروع:

- في حالة تحقق أرباح، فإنها توزع بين الطرفين (البنك والشريك) حسب الاتفاق.

- في حالة حدوث خسارة، فإنها تقسم على قدر حصة كل شريك.

4) بيع البنك حصته في رأس المال:

* البنك: يعبر عن استعداده- حسب الاتفاق- لبيع جزء معين من حصته في رأس المال.

* الشريك: يدفع ثمن الجزء المبيع من حصة البنك بالقيمة السوقية أو ما يتفق عليـه في حينه، وتنتقل إليه ملكية ذلك الجزء.

ملاحظة: تتواصل هذه العملية إلى أن تنتهي مساهمة البنك في المشروع، وذلك بالتحويـل -على فترات- لكامل ملكية محل المشاركة إلى العميل الشريك. فيكون البنك قـد استرجع مساهمته إضافة إلى ما حققه من أرباح خلال فترة مشاركته.

6-3-7 تقييم استخدام المشاركة في المصارف الإسلامية:

يعتبر نظام المشاركة بالإضافة لنظام البيع لأجل بهامش ربح (بيع المرابحـة للآمـر بالشراء) هما النموذجان الرئيسيان للتمويل الإسلامي.

وقد أشارت معظم البحوث النظرية التي أجراهـا الاقتصـاديون الإسلاميون إلى ترجيح كفة المشاركة على كفة هامش الربح.

ولهذا استخدمت البنوك الإسلامية نظـام التمويل بالمشاركة كقاعـدة أساسية للتمويل المصرفي الجديد الذي دعت إليه، وجاءت لتكريسه في الواقع، ولكنها سرعـان مـا وجدت أنها غير قادرة على استعماله بفاعلية للأسباب التالية:

1) أن نظام التمويـل بالمشاركة غير قـادر عـلى تلبيـة كـل حاجـات ومتطلبـات الحيـاة الاقتصادية من أموال.

2) أن نظام المشاركة لا يحقق الأرباح المتوقعة.

3) مشاكل الإدارة: وتدور حول الصعوبات التي تواجهها البنوك في الإشراف عـلى المشاريع التي تمولها بالمشاركة ومتابعة تنفيذها، خاصة حينما يكون مكـان المشروع بعيـداً عـن موقع البنك.

4) مشاكل المشاركين: وهي الأكثر خطورة غالباً لعدم توفر الكفاءة المهنية المفروضة لديهم، وتحايلهم على البنوك، من حيث امتناعهم عن الإعلان عن الأوضاع الفعلية للمشروعات، أو الإعلان عنها بشكل غير صحيح أو التصريح بخسائر وهمية، وذلك بهدف الاحتفاظ بأعلى نسبة ممكنه من الأرباح من جهة، وتحميل البنك الخسارة التي تجبر من نصيبه في رأس المال من جهة أخرى.

وأهم أدوات التحايل المستعملة من طرفهم هي عدم مسك حسابات أصلاً أو مسكها بشكل غير منضبط، وأيضاً الغش في كل ما تفترض طبيعته عمليات التقويم كالبضائع والأصول، ودفع رواتب مرتفعة للمسؤولين، وهذه الأداة الأخيرة يهدفون منها كذلك التهرب من أداء الضرائب على الأرباح.

5) عدم رغبة أصحاب المشاريع الناجحة أساساً في الدخول في مشاركات مع البنوك، نظراً لنجاح مشروعاتهم وعزوفهم عن دخول الغير معهم فيها، وهنا إذا لم تستطيع (البنوك الإسلامية) التعامل معهم على غير نظام المشاركة فإنهم يتوجهون للبنوك التقليدية التي تبقي علاقاتهم بها في حدود الدائنية والمديونية.

6) ارتفاع تكاليف التشغيل والإدارة: خصوصاً إذا احتاج تنفيذ المشروع إلى درجة عالية من الخبرة الفنية أو المؤهلات العلمية خصوصاً في المشاريع ذات الطبيعة الخاصة والتي تقوم أعمالها على اختصاصات متنوعة، وتحتاج عملية المراقبة لتسيير أعمالها والضبط لمصاريفها وإيراداتها، إلى متابعة مستمرة من أجهزة متخصصة.

7) صعوبة تسييل التمويل في عمليات المشاركة: حيث أن عقود المشاركة هي من العقود الدائمة غالباً، لذا، بمجرد إتمام العقود، يصبح من الصعب إنهاؤها قبل إتمام المشاريع المرتبطة بها ولو دلت النتائج الأولية على عدم نجاح المشروع.

8) التضارب القائم بين قيم الأطراف المتعاقدة قد يسبب مشكلات عند تنفيذ المشروعات ومتابعتها: وهكذا يكون على البنوك عند تقديمها للتمويل لعملائها أن تضع في اعتبارها هذه العوامل، بالإضافة إلى جدوى المشروعات محل البحث.

وبكلمات أخرى، قد يتقدم طرف بمشروع جيد من الناحية الفنية، ولكن قد يكون هناك صراع بين القيم الثقافية والسلوكية بين الطرفين، وفي مثل هذه الحالات يكون من الأفضل عدم اعتبار المشروع مناسباً للتمويل بأسلوب المشاركة بالرغم من جدواه.

9) الرغبة في الخصوصية: كما أن الرغبة في الخصوصية هي ظاهرة طبيعية معترف بها، والخصوصية قد يحتاج إليها لإبقاء سرية العمليات الفعلية للمشروع، لحماية قواعد المزايا المقارنة للمشروع أو لتجنب قواعد حكومية معينة.... الخ، وما لم تكن الأطراف المتعاقدة مستعدة للمشاركة في هذه الخصوصية، فسيكون من الصعب تطبيق المشاركة.

10) تسيير العمل المؤسسي للمشروع: ولهذا ما لم توجد علاقة سلوكية متطابقة، ستصبح عقود المشاركة مصدراً لعدم الارتياح للممولين ولمستخدمي التمويل، لوجود عوامل مؤسسية مثل استكمال الشكليات القانونية أو المحاسبية في العمليات اليومية للمشروع وغيرها، مما يستدعي أخذ رأي وتوقيع ممثلي أطراف المشاركة على العمليات اليومية للمشروع.

فكما رأينا، إن واقع حال حجم التعامل لدى البنوك الإسلامية في نظامي المضاربة والمشاركة لا يشجعان كثيراً على التفاؤل بهذا الخصوص.

فالبنوك الإسلامية كغيرها من المؤسسات المالية تهدف، بالإضافة لتقديم الخدمات الاجتماعية والاقتصادية للمجتمع الإسلامي، إلى تحقيق الربح الذي يسعى إليه المستثمرون في هذه البنوك إضافة إلى ما تسعى إليه البنوك نفسها، حيث أن مقياس نجاحها لا يمكن تقديره في عالم الواقع والمال والأعمال ولدى المستثمرين المتعاملين معها إلا بتحقيق الربح، وأن يكون هذا الربح في نفس الوقت أيضاً بمستوى الأرباح التي تحققها المؤسسات المالية التي تتعامل بالفائدة أو قريباً منه على أقل تقدير.

وحيث أن البنوك الإسلامية وجدت مخاطر وصعوبات عملية في تطبيق نظام التمويل بالمشاركة، إضافةً لقلة المردود المالي الناتج عن المشاريع الممولة لأسباب متعددة، كزيادة التكلفة أو عدم أمانة المشاركين، وغيرها من الأسباب التي سبق بيانها، فقد أحجمت عن تكرار تجاربها في هذا الميدان، بل والتقليل منها، كما ظهر ذلك من أرقام تعاملها في هذا الأسلوب التمويلي.

وما لم يطرأ على هذا النظام من تغييرات فعلية، فإن حجم التعامل به خلال العقود الأخيرة، سيعطي مؤشراً واضحاً على مساره مستقبلاً.

ومن المناسب الإشارة هنا إلى أن النظام المستحدث المسمى بالمشاركة المتناقصة قد لقي قبولاً أكثر من المشاركة الدائمة لسهولة التطبيق، ومحدودية مدة المشاركة منذ بداية المشروع، وعن طريق تقليل نسبة مشاركة البنك تدريجياً عن طريق بيع حصة البنك في المشروع على دفعات متتالية.

4-6 الفرق بين المشاركة والمضاربة:

لا بد من توضيح الفرق الجوهري ما بين المشاركة والمضاربة في الآتي:

1- في المشاركة: يتم فيها خلط رؤوس أموال الشركاء مع بعضها البعض، إما في المضاربة فلا اختلاط للأموال مع بعضها لأنه لا يوجد فيها إلا رأس مال واحد يقابله جهد وعمل المضارب.

2- إذا حصلت خسارة في المشاركة فإنها تكون حسب حصة كل منهما في رأس المال، بينما في المضاربة يتحمل رب المال الخسارة وحدة، مقابل خسارة جهد وعمل المضارب.

3- إن العمل في المشاركة من حق كل شريك، عمل فيها أم لم يعمل، وإن كان لا يدخل العمل إلا بموافقة الشريك الآخر، أما في المضاربة فإن العمل فيها من حق المضارب فقط ولا حق لرب المال فيه.

4- لا يحق لرب المال التدخل في شؤون المضارب في المضاربة، بينما يحق للشريك المساهم بجزء من رأس المال أن يتدخل في شؤون الشريك الآخر.

5- إن التعرف في الشركة يكون كاملاً لكل شريك، بالأصالة عن نفسه، وبالنيابة عن غيره، أما في المضاربة فالتعرف الكلي يكون فيها للعامل المضارب فقط.

أسئلة للمناقشة

السؤال الأول: ما المقصود بالمضاربة؟

السؤال الثاني: اشرح باختصار ما هي أنواع المضاربات.

السؤال الثالث: عدد شروط المضاربة.

السؤال الرابع: بيّن الخطوات العملية للمضاربة.

السؤال الخامس: أذكر أنواع الشركات في الإسلام.

السؤال السادس: ما هي شروط توزيع الربح/ الخسارة في المشاركة؟

السؤال السابع: اشرح صيغ المشاركة المتناقصة (المنتهية بالتمليك) المختلفة.

السؤال الثامن: أذكر مزايا المشاركة.

السؤال التاسع: بين الخطوات العملية للمشاركة المتناقصة.

السؤال العاشر: وضّح الفرق بين المشاركة والمضاربة.

السؤال الحادي عشر: وضّح مفهوم المشاركة وضوابطها الشرعية، وأنواعها.

أسئلة موضوعية

1- إذا حصلت الخسارة في المضاربة يتم توزيعها كما يلي:
أ- يتحمل رب المال كامل الخسارة.
ب- يتحمل العامل المضارب كامل الخسارة.
ج- يتحمل كل من رب المال والمضارب العامل كل نصيبه من الخسارة.
د- لا يتحمل العامل المضارب أي خسارة مالية.

2- أي العبارات التالية صحيحة فيما يتعلق بتوزيع الأرباح/الخسارة؟
العبارة الأولى: يتم توزيع الأرباح في المشاركات حسب الاتفاق.
العبارة الثانية: يتم توزيع الخسارة في المشاركة حسب نسب المشاركات في رأس المال.
أ- العبارة الأولى صحيحة والثانية خطأ.
ب- العبارة الثانية صحيحة والأولى خطأ.
ج- العبارتان صحيحتان.
د- العبارتان غير صحيحتين.

3- يتم توزيع الإيرادات في المشاركة المتنهية بالتمليك (المتناقصة) إلى ما يلي:
أ- حصة المصرف كعائد للتمويل.
ب- حصة للشريك كعائد لعمله وتمويله.
ج- حصة المصرف لسداد أصل مبلغ التمويل المشارك في رأس مال الشركة.
د- جميع ما ذكر صحيح.

4- أي من الآتية ليست من العوامل التي أدت إلى عدم فاعلية استخدام المشاركة في المصارف الإسلامية؟
أ- عدم توفر الكفاءة المهنية في المشاركين.
ب- يحقق نظام المشاركة الأرباح المتوقعة منه.
ج- الرغبة في الخصوصية.
د- صعوبة تسييل التمويل في عمليات المشاركة.

5- أي العبارات التالية صحيحة فيما يتعلق بخلط رأس المال فيما يلي؟

أ- يتم خلط رأس المال في المشاركة.

ب- لا يتم خلط رأس المال في المشاركة.

ج- يتم خلط رأس المال في المضاربة.

د- لا يتم خلط رأس المال في المضاربة.

الفصل السابع

أدوات التمويل الإسلامي

(المرابحة والإجارة)

3-3-7 أهمية المرابحة

6-7 الإجارة

1-6-7 شروط الإجارة

الفصل السابع
أدوات التمويل الإسلامي
(المرابحة والإجارة)

7-1 البيوع

تعريف البيع:

لغة: مقابلة شيء بشيء

اصطلاحاً: مبادلة مال بمال على سبيل التراضي.

بيان مشروعيته:

البيع جائز بأدلة من القرآن والسنة والإجماع:

ورد في القرآن الكريم: " .. **وأحل الله البيع وحرم الربا..**" بعض من الآية (275) من سورة البقرة.

وقال تعالى "**يا أيها الذين آمنوا لا تأكلوا أموالكم بينكم بالباطل إلا أن تكون تجارة عن تراض منكم...**". الآية (28) من سورة النساء

وقال تعالى " **ليس عليكم جناح أن تبتغوا فضلاً من ربكم**" الآية (198) من سورة البقرة

السنة: سئل النبي صلى الله عليه وسلم أي الكسب أطيب؟ فقال "عمل الرجل بيده وكل بيع مبرور" وقوله صلى الله عليه وسلم: التاجر الصدوق مع النبيين والصديقين والشهداء".

الإجماع: أجمع المسلمون على جواز البيع، ولم يقل أحد من العلماء بعدم جوازه، لأنه يدفع الحاجات ويحقق المصالح، ولأن الأصل في المعاملات الإباحة. إلا ما ورد نص بتحريمه كنهي الرسول صلى الله عليه وسلم عن بيع المعدوم وعن بيع الذهب بالذهب... الخ.

2-7 تقسيمات البيوع:

هناك أربعة أنواع مهمة من البيوع الإسلامية وهي كما يلي:

(1) **المقايضة:** وهو مبادلة المال بالمال من غير الأثمان، ويتم بوساطة بيع السلع بعضها ببعض مثل بيع كيلو من القمح بخمسة من الشعير.

(2) **بيع الصرف:** وهو بيع النقد بالنقد من غير جنسة مثل بيع الدينار بدولار ونصف بشرط أن يتم التسليم في مجلس العقد "مبادلة العملات".

(3) **بيع السلم:** وهو بيع الدين بالعين أو بيع شيء مؤجل بثمن معجل ويسمى السلف. ولأهميته سنفرد له مبحثاً مستقلاً فيما بعد.

(4) **البيع المطلق:** وهو بيع السلعة بنقد عاجل أو آجل وهو فرعان:

أ: بيع المساومة: وهو بيع السلعة بثمن متفق عليه، أي البيع بدون ذكر ثمنها الأول الذي اشتراها به البائع.

ب: بيع الأمانة: وهو البيع الذي يقوم على إعلام المشتري بحقيقة تكلفة السلعة حيث يبنى عليها عرض الشراء، أي التي يحدد فيها الثمن بمثل رأس المال أو أزيد أو أنقص.

وبيع الأمانة ثلاثة أقسام هي:

- **بيع التوليه:** وهو بيع السلعة بمثل الثمن الأول الذي اشتراها البائع به، والذي يتم دون ربح أو خسارة للبائع.
- **بيع الوضيعة:** هو البيع الذي يضع فيه البائع شيئاً من تكلفة السلعة أي يتولاها المشتري بأقل مما كلفته للبائع، فيتم فيه بيع السلعة بأقل من ثمنها الأول، فيخسر فيه البائع.
- **بيع المرابحة:** وهو بيع السلعة بمثل ثمنها الأول الذي اشتراها به البائع مع زيادة ربح معلوم متفق عليه بمبلغ مقطوع أو نسبة من الثمن الأول.

يتخذ بيع المرابحة أحد الشكلين التاليين:

أ- **المرابحة البسيطة:** تكون بين طرفين أحدهما لديه السلعة ويرغب في بيعها للآخر بثمن آجل أكثر من الثمن العاجل، مثل البيوع التي يقوم بها التجار في العادة فهم يشترون السلع ويحتفظون بها حتى يأتي من يرغب بشرائها فيبيعونه إياها بربح في العادة.

ب- **المرابحة المركبة** (المرابحة للآمر بالشراء (المرابحة المصرفية):

وتكون بين أطراف ثلاثة:

الطرف الأول: الآمر بالشراء وهو المشتري الثاني الذي يرغب في شراء السلعة.

الطرف الثاني: المأمور بالشراء وهو المشتري الأول (البنك الإسلامي).

الطرف الثالث: البائع الأول- وهو مالك السلعة الذي يريد بيعها.

ويلاحظ أن هذا الشكل من بيع المرابحة ينطوي على:

وعد بالشراء - بيع المرابحة نفسه.

وهو الشكل الذي تجريه المصارف الإسلامية على النحو الذي يجري تفصيله في الصفحات التالية.

3-7 بيع المرابحة للآمر بالشراء

يقوم بيع المرابحة للآمر بالشراء (وهو ما اصطلح عليه بالمرابحة المصرفية) على أساس شراء البنك للسلعة حسب المواصفات التي يطلبها العميل الآمر بالشراء ثم بيعه له مرابحة، أي بثمنها الأول مع التكلفة المعتبرة شرعاً بالإضافة إلى هامش ربح متفق عليه سلفاً بين الطرفين.

التأصيل الشرعي لبيع المرابحة:

ورد هذا الشكل من البيع في كتاب (الأُم) للإمام الشافعي حيث قال الإمام: " إذا أرى الرجلُ الرجلَ السلعةَ فقال: اشترِ هذه وأُربحُك فيها كذا، فاشتراها الرجلُ فالشراءُ جائز ".

وبناءً على هذا، قرر المؤتمر الثاني للمصرف الإسلامي، والذي حضره عدد من كبار علماء الشريعة وكبار المشتغلين في ميدان الاقتصاد الإسلامي، أن المواعدة على بيع المرابحة للآمر بالشراء بعد تملك السلعة المشتراة، وحيازتها ثم بيعها لمن أمر بشرائها بالربح المذكور في الموعد السابق، هو أمر جائز شرعاً، طالما كانت تقع على المصرف الإسلامي مسؤولية الهلاك قبل التسليم، وتبعة الرد فيما يستوجب الرد بعيب خفي.

وأما بالنسبة للوعد، وكونه ملزمٌ للآمر بالشراء، أو للمصرف أو لكليهما، فقد قرر المؤتمر أن الأخذ بالإلزام هو الأحفظ لمصلحة التعامل واستقرار المعاملات. وأن الأخذ بالإلزام أمر مقبول شرعاً. وأن كل مصرف مخير في الأخذ بما يراه في مسألة القول بالإلزام، حسب ما تراه هيئة الرقابة الشرعية لديه.

وبناء على هذا، فقد قررت معظم المصارف الإسلامية الأخذ بمبدأ إلزامية الوعد.

7-3-1 شروط صحة بيع المرابحة:

(1) أن يكون رأس المال معلوماً: لأن المرابحة بيع بالثمن الأول والتكاليف المعتبرة مع زيادة ربح مُسمًّى، ومعرفة الثمن شرط لازم في عقود المرابحة لأن الجهالة به تفضي إلى فساد عقد البيع.

(2) أن يكون العقد الأول صحيحا: وذلك ضروري لتحقيق شرط ملكية البنك للسلعة قبل بيعها. ومثال على عدم صحة العقد الأول بيع ما ليس بمال أصلاً، أو بيع غير المقدور على تسليمه (بيع الطير في الهواء أو السمك في الماء).

(3) أن يكون العقد الأول خالياً من الربا: إذ أن بيع المرابحة هو بيع مرتب على الثمن الأول مع زيادة، والزيادة مع اتحاد الجنس رباً لا ربح.

(4) بيان العيب الذي حدث بالمبيع بعد شرائه من البائع الأصلي.

(5) بيان الأجل: لأن السلعة بيعت بثمن مؤجل وهو عادة يكون أعلى من الثمن الأصلي.

7-3-2 الخطوات العملية لتنفيذ عمليات المرابحة للآمر بالشراء:

(1) طلب الشراء:

يتقدم العميل بطلب كتابي للبنك برغبته الحصول على سلعة معينة محددة المواصفات والأسعار والكميات ومواعيد الاستلام، ويكون الطلب مشفوعاً بالمستندات اللازمة والفواتير المبدئية... الخ.

(2) البنك:

دراسة طلب العميل لتفادي مخاطر التمويل (سواء كانت مخاطر التسويق أو غيرها) ويحدد الشروط والضمانات للموافقة.

(3) توقيع عقد الوعد بالشراء:

في حالة موافقة البنك على تنفيذ عملية المرابحة يطلب من المشتري (العميل) توقيع "عقد الوعد بشراء السلعة من البنك مرابحة".

* المشتري: يعد بشراء السلعة من البنك مرابحة بتكلفتها زائداً الربح المتفق عليه.

(4) شراء السلعة ودفع قيمتها للبائع الأصلي بالإضافة إلى جميع المصروفات الأخرى حتى وصول البضاعة.

(5) استلام وتسليم البضاعة:

يقوم البنك باستلام البضاعة المتفق عليها من البائع (المورد) وذلك حتى يتحقق شرط ملكية للسلعة، وبعدها يطلب من العميل توقيع عقد بيع المرابحة وإجراء عملية التسلم والتسليم حسب المواصفات المتفق عليها، وفي حال مخالفتها للمواصفات يتحمل البنك كامل المسؤولية.

المرابحة الدولية في السلع والمعادن:

تعمد معظم المصارف الإسلامية إلى تكثيف استخداماتها للأموال على شكل بيع المرابحة، وخاصة في الخارج، فيما يسمى بالمرابحات الدولية حيث يقوم المصرف الإسلامي، عن طريق السماسرة في الأسواق المالية الدولية، بشراء وبيع السلع، من وإلى شركات أجنبية. وهو عمل لا يخالف أحكام الشريعة الإسلامية، كما أنه يخدم أغراض السيولة والتدفق النقدي، إلا أنه يحرم البلدان الإسلامية من جزء كبير من السيولة، ويعيق تداول الأموال، وعمليات خلق الدخول اللازمة لدوران عجلة التنمية الاقتصادية. هذا بالإضافة إلى تعرض الأموال المستثمرة بهذه الطريقة إلى جميع أنواع المخاطر المصرفية المعروفة، مما يستدعي ضرورة قيام البنوك بدراسة أوضاع السوق الدولية لتحديد ما يسمى مخاطر البلدان أو المخاطر السياسية، ودراسة تطورات ميزانيات البنوك لمعرفة المخاطر التي قد تتعرض لها تلك البنوك، ودراسة عرض النقود والموازين التجارية وموازين المدفوعات للدول المختلفة لمعرفة مدى مخاطر تقلبات أسعار صرف عملاتها.

وبطبيعة الحال يعمل المصرف الإسلامي على برمجة توقيت استحقاق هذه الإيداعات بما يتناسب وحجم الحسابات الجارية وتواريخ استحقاق الودائع الكبيرة فيه، أو بحيث يكون لديه استحقاقات يومية تكفي لتغطية نسبة معينة من المطلوبات السائلة، وكما أسلفنا فإن كفاءة الإدارة تقاس بمدى نجاحها في تحقيق هذه الموازنة.

إننا، وإن كنا نلمس بعض المبررات للمصارف الإسلامية، للتركيز على هذا الشكل من استخدامات أموالها، مثل ضرورة استثمار فوائض الأموال المتاحة لديها بسرعة، لتتمكن من الصمود أمام التحديات الهائلة التي تعترض مسيرتها، ولأسباب تختص بضعف البنية الأساسية في الدول الإسلامية، وعوامل عدم الاستقرار السياسي وعوامل "عدم التأكد" التي تسود مشروعات الاستثمار فيها، وضرورة التريث والتمحيص قبل الدخول في استثمارات ذات مخاطر شديدة، كي لا تهدر الأموال، ويضر بمصالح المساهمين والمستثمرين الذين ائتمنوا المصارف الإسلامية على حسن تثمير أموالها. إننا، وإن كنا نلمس هذه المبررات، لنتمنى على المصارف الإسلامية، منفردة ومجتمعه، سرعة البحث في أوجه استخدامات أخرى تتفق ومصالح العالم الإسلامي، الذي يعاني من الثالوث غير المقدس للتخلف ألا وهو الفقر والجهل والمرض.

7-3-3 أهمية المرابحة:

من الجدير بالذكر أن المرابحة من أكثر أساليب التمويل شيوعاً بين المصارف الإسلامية ويقدر ما بين (70% - 80%) من إجمالي التمويل الذي تقدمه المصارف الإسلامية، يتم عن طريق المرابحة. ولقد استطاعت المصارف الإسلامية عن طريق المرابحة منافسة عمليات الإقراض لدى البنوك التقليدية وذلك للأسباب التالية:

1. سهولة تطبيق عمليات المرابحة للآمر بالشراء، بعكس بقية أنواع التمويل الإسلامية مثل المشاركة والمضاربة حيث تحتاج إلى عمليات أكثر تعقيداً ووضوحاً.
2. سهولة مراقبة تنفيذ العملية من قبل أجهزة البنك من حيث الرقابة الداخلية أو الشرعية.
3. إمكانية تحديد مستوى ومقدار عوائد التمويل منذ بداية دراسة عملية المرابحة.

4. تشمل تطبيقات بيع المرابحة للآمر بالشراء نطاقاً واسعاً يغطي معظم السلع معمرة أو غير معمرة أو استهلاكية.

ففي مجال استهلاك الأفراد: يتم تمويلهم بمختلف السلع الاستهلاكية المتوافرة في السوق كالسيارات والأثاث والكهربائيات وغيرها.

وفي مجال التجارة: يتم تمويل التجار بمختلف احتياجاتهم كالأقمشة ومواد البناء والمواد الغذائية.

وفي مجال الصناعة: يتم تمويل الصناعيين بما يحتاجونه من مواد خام أو معدات أو مصانع.

وفي مجال المقاولات: يتم تمويل المتعهدين والمقاولين بالآليات والمعدات والمواد المستعملة في الإنشاءات للمباني والطرق والمصانع وغيرها.

وفي مجال التكنولوجيا الحديثة: يشمل التمويل نطاق الكمبيوترات.

وفي مجال الزراعة: يشمل التمويل تلبية حاجة المزارعين من سماد وبذور وجرارات زراعية وبيوت بلاستيكية ومعدات التغليف والتعبئة.

وفي مجال التعليم: يتم تمويل الجامعات والمعاهد بما تحتاجه من أبنية وأجهزة وقاعات وخلافه.

وفي مجال الصحة والمستشفيات: يتم تمويل المستشفيات بالمعدات الطبية اللازمة، كما يتم تمويل مصانع الأدوية بالأجهزة والمعدات والمواد الخام اللازمة لعملية إنتاج الأدوية.

وفي النتيجة يشمل التمويل كل سلعة لا يخالف التعامل بها الشريعة أو القانون، سواء تم شراؤها من خلال السوق المحلي أو الاستيراد من الخارج.

5. يتمكن البنك، قبل تقديم التمويل بالمرابحة للآمر بالشراء، من دراسة وضع العميل وإمكانياته المالية ونشاطه ووضعه في السوق وأدبياته ومقدرته على الوفاء بالتزاماته في حال منحة التمويل اللازم.

وهذا يؤدي إلى طلب البنك الحصول على ضمانات شخصية أو عينية أو رهونات لحفظ حق البنك، إذا فشل العميل بالوفاء بالتزاماته تجاه البنك في الاستحقاق، وقد يتم الرهن على السلعة موضوع التمويل.

6. يتمكن البنك من التأكد من جدية العميل في هذا النوع من التمويل عن طريق اشتراط دفع عربون يمثل نسبة معينة من قيمة السلعة ، ويستخدم هذا

العربون (وقد يسمى تأميناً) لتسديد الأضرار والمصروفات التـي قـد تكبـدها البنك عند شراء السلعة، واستنكاف العميل عن شرائها حسب المواعدة المقدمة من قبله.

7. يتمكن البنك من التأكد من جدية العميل في هذا النوع من التمويل عـن طريـق تقديم التمويل الجزئي للعملية، وذلك باشتراط أن يساهم العميل بجزء من قيمـة السلعة (الثالث أو الربع) ويمول البنك الباقي.

ويستخدم هذا التمويـل الجزئـي عنـدما تكـون قيمـة السـلعة كبـيرة مقارنـة مـع إمكانيات العميل، كطلب التمويل لشراء سيارة بالنسبة للأفراد، أو عندما يتم طلب تمويـل وحدات سكنية. حيث يكون التمويل طويل الأجل والمبـالغ كبـيرة، فلابـد مـن التأكـد مـن جدية طالب التمويل عن طريق مساهمته بقسم من قيمـة التمويـل المطلـوب كـالربع أو الثلث أو نسبة أعلى منذ البداية وقبل الموافقة على طلبه.

ومن وجهة نظر عميل البنك الإسلامي فإن التعامل بأسلوب المرابحة للآمر بالشراء يوفر له ما يلي:

1. معرفة مقدار تكلفة السلعة عليه منذ شرائها حيث يتم احتساب قيمة السلعة وربحها منـذ بدايـة العمليـة، وبشـكل نهـائي، بعكـس التمويـل بنظـام الفائـدة لـدى البنـوك التقليدية حيث يستمر احتساب الفوائد حتى السداد التام.

2. تحديد أقساط السداد بما يتلاءم مع التدفقات النقدية للعميل.

3. معرفة العميل منذ البداية بأنه لن يدفع مبالغ إضافية جديدة غير ما تم الاتفاق عليه، في حالة تأخره عن التسديد لأسباب معقولة.

وهذا ما يشجع كثيراً من عملاء البنوك الإسلامية القبول بهذا الأسلوب، مـع تعمـد قلة منهم تأخير التسديد في الاستحقاق أو المماطلة في التسديد نفسه.

فهذه الميزة وإن كانت لمصـلحة العميـل، فإنهـا قـد تنقلـب في حـال المماطلـة إلى مشكلة لدى البنك الإسلامي.

4. في حالة بيع المرابحة بوساطة الاعتمادات المستندية يكون البنك مسؤولاً عن أي تلف أو عيب في البضاعة أو السلعة لحين بيعها وتسليمها للعميل الآمر بالشراء.

كل ما تقدم ذكره من عوامـل جعـل تمويـل المرابحـة أكـثر أدوات التمويـل ملاءمة للبنوك الإسلامية في عملياتها وساعدها في منافسة البنوك التقليدية في

ميادين التمويل المختلفة ولشرائح المجتمع كافة. كما شجع كثيراً من العملاء للتوجه للبنوك الإسلامية للاستفادة من هذا الأسلوب بالتمويل، معها لما توفره لهم من ميزات قد لا تتوفر عند التعامل مع البنوك التقليدية.

7-3-4 الشبهات المثارة حول بيع المرابحة والرد عليها:

يثير كثير من المشككين بعض الشبهات الشرعية حول صحة بيع المرابحة كما تجريه البنوك الإسلامية، ومن هذه الشبهات ما يلي:

(1) أن بيع المرابحة هو بيع البنك لما لا يملك:

وهو ما يسمى ببيع المعدوم وهو بيع نهى عنه رسول الله صلى الله عليه وسلم، والرد على هذا القول أن بيع المرابحة للآمر بالشراء ليس كذلك لأن المصرف لا يبيع شيئاً بمجرد اتصال العميل به، وإنما يتلقى أمراً بشراء سلعة ذات مواصفات محددة بدقة، وبناء على هذا الأمر يقوم المصرف بالشراء ثم يعرض السلعة على الآمر بالشراء فإذا كانت مطابقة للمواصفات تم عقد البيع. وعليه فإن البنك لا يبيع حتى يملك السلعة ويدفع أو يتعهد بدفع ثمنها للبائع الأصلي.

(2) أن بيع المرابحة معاملة لم يقل أحد بحلها:

رد الدكتور العلامة يوسف القرضاوي على هذا الاعتراض بقوله "ليس من اللازم محاولة علماء العصر رد كل معاملة جديدة إلى صورة من صور المعاملات القديمة لتخرج عليها وتأخذ حكمها، لأن الأصل في المعاملات عامه، وفي البيع خاصة، هو الحل، وما جاء خارجاً على الأصل لا يسأل عنه طالما أنه لا يحل حراماً ولا يحرم حلالاً".

(3) أن بيع المرابحة ينطوي على ربح ما لم يضمن:

وهو ليس كذلك، لأن المصرف وقد اشترى البضاعة وأصبح ممتلكا لها يتحمل تبعة الهلاك قبل التسليم وتبعة مخالفة المواصفات وبالشروط المتفق عليها، ويتحمل تبعة الرد فيما يستوجب الرد بعيب خفي، أما بعد التسليم فلا ضمان على البنك.

(4) أن بيع المرابحة هو الوجه الآخر لسعر الفائدة الربوية:

ولإيضاح الفرق نضرب المثال التالي:

لو أن تاجران أرادا استيراد بضاعة معينة من الخارج، فقام أحدهما بالاتفاق مع مصرف إسلامي، على أن يشتري البضاعة من المصنع، بمائة ألف على أن يربحه فيها عشرة آلاف عند استلام التاجر للبضاعة سليمة من المصرف، وقام الآخر بفتح اعتماد مستندي من بنك تقليدي، لاستيراد البضاعة بمئة ألف مضافاً إليها الفوائد التي يحتسبها البنك على التاجر نظير قيام البنك بتسديد مديونية التاجر للمصدر، فكيف نقول أن الصورة الأولى بيع والثانية ربا؟؟.

والجواب على هذا يكون بتوضيح النتائج المترتبة على كلا العقدين، ففي العملية الأولى يقوم المصرف الإسلامي بالشراء لحسابه، ثم يبيع البضاعة للتاجر، وبالتالي تقع على المصرف تبعة الرد بالعيب الخفي، إذا ظهر في البضاعة عيب أو مخالفة للمواصفات، وتبعة مخاطر هلاك البضاعة أو تأخيرها.

أما العملية الثانية فإن البنك التقليدي غير مسؤول عن هلاك البضاعة أو تأخيرها، أو مخالفتها للمواصفات المطلوبة، لأن البنك التقليدي يبدأ بتسجيل الدين وفوائده على التاجر بمجرد استلام إشعار من البنك المراسل في الخارج بأن البضاعة قد شحنت وأنه سدد قيمتها للجهات للمستفيدة، ولا شأن للبنك المحلي (ولا البنك المراسل) بالبضاعة بعد ذلك، سوى تزويد المتعامل بمستندات الشحن ليتمكن من تخليص البضائع من منفذ الوصول.

وبمعنى آخر يقوم المصرف الإسلامي بالمتاجرة شراء لحسابه، ثم بيعاً كبضاعة حقيقية، أما البنك التقليدي فهو يبيع نقوداً مقابل مستندات!! وقد سمعنا وسمع العالم كله بقضايا احتيال كبرى في الاستيراد، فكثيراً ما استورد المستوردون رملاً أو نشارة خشب، على أنه زخارف أو بضائع نفيسة، ولم تتحمل البنوك التقليدية فاتحة الاعتمادات المستندية أي مسئولية أمام متعامليها نتيجة لذلك. وكثيراً ما يحدث أن تفلس البواخر التي تحمل البضاعة، ولا تتحمل تلك البنوك أي مسئولية نتيجة لذلك، لأنها ببساطة لم تشتر ولم تستورد، وإنما أقرضت، أما المصارف الإسلامية، فإنها تتحمل المسؤولية، لأنها لم تقرض، وإنما اشترت لحسابها من أجل إعادة البيع.

ولابد لنا أن نشير هنا بإيجاز إلى واقعة فعلية حدثت في قطر عام 1404هـ أوردها الدكتور يوسف القرضاوي في كتابة القيم (بيع المرابحة للآمر بالشراء كما تجريه المصارف الإسلامية) تبين عملياً، وبوضوح شديد، الفرق بين تبعة بيع المرابحة في المصرف الإسلامي وتبعة الاستيراد عن طريق فتح الاعتمادات المستندية في البنوك التقليدية.

والحادثة تتلخص في "أن باخرة تتبع شركة كبيرة للملاحة كانت تحمل بضاعة لعدد من الشركات والتجار في الخليج، وكان لمصرف قطر الإسلامي بضاعة على هذه الباخرة اشتراها، ليبيعها بطريق المرابحة لأحد متعامليه (مفروشات الخليج)، وتصادف أن الشركة مالكة الباخرة أعلنت إفلاسها، فحجز على الباخرة وهي في ميناء بور سعيد، فما كان من المصرف إلا أن تحمل المسئولية كاملة، وقام بمخاطبة الجهات ذات العلاقة، للعمل على حفظ البضاعة بعد تفريغها من الباخرة المحجوز عليها، ونقلها إلى باخرة أخرى لتوصيلها إلى الدوحة، والمتعامل لا علاقة له بهذه الإجراءات ولا حتى بالتكاليف الإضافية، لأن البضاعة ملك للمصرف حتى يسلمها للمتعامل في ميناء الوصول المتفق عليه".

" وكان لنفس المتعامل (مفروشات الخليج) بضاعة على نفس الباخرة، اشتراها عن طريق فتح اعتماد مستندي لدى (تشارترد بنك بالدوحة) فطلب المتعامل من البنك أن يحذو حذو المصرف، إلا أن البنك رفض، ورفضه يبرره القانون، لأن البضاعة ليست ملكاً للبنك وإنما هي للعميل، وأن دور البنك لم يكن سوى دور المقرض، فقام المتعامل باتخاذ الإجراءات المتعلقة بشحن باقي البضاعة ودفع التكاليف الإضافية من حسابه الخاص".

وكان من شأن هذه الحادثة- رغم خسارة مصرف قطر الإسلامي فيها- أن مكنت المصرف من شرح مفاهيم بيع المرابحة بصورة عملية بمثل حي، بيّن أن الفرق بين المصرف الإسلامي والبنك التقليدي هو فرق في الأسماء وفي المضامين أيضاً.

4-7 بيع المساومة مع خيار الشرط

المساومة: أشارت كتب الفقه (قديمها وحديثها) إلى بيع المساومة على أنه البيع بالثمن الذي يتفق عليه المتعاقدان دون النظر إلى الثمن الأول الذي اشتريت به السلعة.

خيار الشرط: أما أسلوب بيع المخايرة (خيار الشرط)، فقد أرشد إليه الإمام محمد بن الحسن الشيباني، باعتباره أسلوباً يحقق التروي وتدبير العواقب لصاحب الخيار، سواء كان للمشتري (ليرى هل يصلح له المبيع أو لا يصلح) أو للبائع (ليرى هل يناسبه الثمن أم لا).

ولعل الغاية من هذا الأسلوب بالنسبة للمصارف الإسلامية هي حفظ (خط الرجعة) فيما إذا لم يف الواعد، وهو شراء السلعة التي سيتملكها المصرف الإسلامي بناء على هذا الوعد، ولا أثر لذلك على مشروعية البيع.

وقد أصدرت الندوة الفقهية الأولى التي أقامها بيت التمويل الكويتي فتاوى وتوصيات هامة بشأن خيار الشرط وتطبيقه في معاملات المصارف الإسلامية أهمها:

(1) أن خيار الشرط حق يثبت باشتراط المتعاقدين، لهما أو لأحدهما أو لغيرهما، يخول من يشترط له إمضاء العقد أو فسخه خلال مدة معينة.

(2) يمكن اشتراط المخايرة في جميع العقود اللازمة القابلة للفسخ مما لا يشترط القبض لصحته (كالبيع والإجارة)، ولا يسوغ اشتراطه في الصرف والسلم.

(3) ينتقل ملك المبيع إلى المشتري (المصرف) بموجب العقد إذا كان الخيار له وحده.

(4) يتوقف نماء المبيع في مدة الخيار على إمضاء البيع أو فسخه (فإذا أمضى كان النماء للمشتري، وإن فسخ كان النماء للبائع).

(5) إذا كان للمشتري (المصرف) وحده فإن تصرفاته من بيع وإجارة تصرفات صحيحة ناقلة للملك مسقطة للخيار، ولو لم يسبق ذلك التصرف قبض للسلعة، ما لم تكن قوتاً.

(6) يسقط الخيار ويصبح العقد باتاً بمجرد انقضاء مدة الخيار إذا لم يصدر من المشتري (المصرف) ما يدل على فسخ العقد أو التصرف في السلعة.

(7) يضمن المشتري (المصرف) المبيع إذا قبضه (استلمه) وتلف مدة الخيار.

(8) يمكن تطبيق إحدى الصورتين لخيار الشرط للمشتري:

الصورة الأولى: بناء على رغبة ووعد بالشراء:

وتكون خطواتها كالتالي:

- يتلقى المصرف رغبة من المتعامل مع وعد بالشراء.

- يشتري المصرف السلعة الموعود بشرائها مع اشتراط الخيار له (حق الفسخ) خلال مدة معلومة ((تكفي عادة للتوثق من تصميم الواعد على الشراء وصدور إرادته بذلك).
- يطالب المصرف الواعد بتنفيذ وعده بالشراء، فإذا اشترى السلعة باعه المصرف إياها، وبمجرد موافقته على البيع يسقط حق الخيار.

الصورة الثانية: المبادرة لتوفير سلع مرغوبة في السوق:

وتكون خطواتها كالتالي:

- يشتري المصرف سلعة من السوق مع اشتراطه الخيار (حق الفسخ) خلال مدة معلومة (تكفي عادة للتوثق من وجود راغبين يبرم معهم عقوداً على تلك الصفقة).
- يحق للمشتري (المصرف) أن يبرم عقوداً على تلك الصفقة مع الراغبين في شرائها. وبمجرد إتمام العقد يسقط الخيار.

7-4-1 التطبيق العملي لبيع المساومة (مع خيار الشرط)

تنطوي عملية بيع المساومة (مع خيار الشرط) على ثلاث مراحل كالتالي:

(1) الشراء مع خيار الشرط للمشتري (المصرف):

بناء على وعد من المتعامل يقوم المصرف بشراء ما يطلبه المتعامل من طرف ثالث (سواء كان محدداً بذاته أو لم يكن) بثمن لا دخل للآمر بالشراء في تحديده، وبموجب عقد شراء يحتفظ فيه المصرف له بخيار الشرط (حق الفسخ) في غضون فترة زمنية محددة تكفي عادة للتأكد من تنفيذ وعد الآمر بالشراء، وفي هذا يكون المصرف قد حاز السلعة وملك حق التصرف فيها.

(2) البيع مساومة:

بعد تملك المصرف للسلعة بثمن، تعرض السلعة على الآمر بالشراء بثمن يحدده المصرف وبربح لا يعلمه المتعامل. يكون للآمر بالشراء الحق في قبول السلعة أو رفضها بعد تملك المصرف لها. فإذا قبل المتعامل السلعة يقوم بتسديدها للمصرف نقداً أو بالأقساط المتفق عليها (وهو ما يسمى بيع المساومة).

(3) انتهاء عقد الشراء مع خيار الشرط أو سقوط الخيار:

إذا تم بيع المساومة على النحو الوارد في المرحلة السابقة أصبح عقد الشراء نافذاً وسقط خيار الشرط. وإذا رفض المتعامل السلعة أعيدت للبائع وألغي بذلك عقد الشراء وأصبح كأنه لم يكن.

والجدير بالتنويه أن المصرف، وإن كان لا يبالي بمصير وعد الآمر بالشراء، فإن من الضرورة بمكان الإبقاء على جدية الوعد، تفادياً للدخول في صفقات لا تتم فتلغى مما يضر بسمعة المصرف.

2-4-7 مزايا تطبيق بيع المساومة (مع خيار الشرط):

إن لتطبيق هذا الأسلوب من البيوع مزايا عديدة أهمها:

(1) امتلاك المصرف لزمام المبادرة في تلبية رغبات المشترين ودخوله كطرف أصيل في السوق مما يحقق له ربحاً تجارياً إضافة إلى الربح المالي.

(2) وضوح عنصر الحيازة الفعلية عن طريق توقيع عقد الشراء مع خيار الشرط مما يمكنه من القدرة على البيع والتصرف.

(3) تفادي المخاطر الناجمة عن عدم وفاء الآمر بالشراء لوعده بالشراء.

(4) تفادي العديد من الشبهات التي تثار حول بيع المرابحة.

5-7 البيع الآجل (بالتقسيط)

تعريفه:

البيع الآجل هو البيع الذي يتم فيه تسليم المبيع في الحال، ويؤجل وفاء الثمن أو تسديده كله أو بعضه، إلى آجال معلومة في المستقبل.

تأصيله الشرعي:

القرآن: " **وأحل الله البيع....**" من الآية (275) من سورة البقرة.

فشمل ما بيع بثمن حال وما بيع بثمن مؤجل.

" يا أيها الذين آمنوا إذا تداينتم بدين إلى أجل مسمّى فاكتبوه" من الآية (282) من سورة البقرة.

ومعنى التداين أي التبايع بالأجل.

السنة: عن عائشة رضي الله عنها أنها قالت: (أن رسول الله صلى الله عليه وسلم اشترى من يهودي طعاماً بنسيئة، ورهنه درعاً من حديد).

ومثله ما أخرجه مسلم عن عائشة قالت: توفي رسول الله صلى الله عليه وسلم ودرعه مرهونة عند يهودي بثلاثين صاعاً من شعير).

الإجماع: أجمع المسلمون على جواز بيع الأجل (البيع بالتقسيط) إذا كان الأجل معلوماً.

وقرار مجمع الفقه الإسلامي رقم (6/2/53) عام 1990م/ الدورة السادسة/ جاء فيه: (تجوز الزيادة في الثمن الحالّ، كما يجوز ذكر ثمن المبيع نقداً وثمنه بالأقساط لمدد معلومة، ولا يصحّ البيع إلا إذا جزم العاقدان بالنقد أو التأجيل، فإن وقع التردد بين النقد والتأجيل بأنه لم يحصل الاتفاق الجازم على ثمن واحد محدد شرعاً، فهو غير جائز شرعاً).

من فوائد البيع لأجل:

يحقق كلاً من البائع والشاري عدة فوائد، منها:

1- يستطيع المشتري الحصول على السلعة، والاستمتاع باستهلاكها أو استعمالها، قبل أن يمكنه دخله أو ثروته من ذلك، وهو بدلاً من أن يدّخر ثم يشتري بالنقد، فإنه يشتري بالتقسيط، فيتعجّل السلعة، ويسدّد ثمنها أقساطاً.

2- والبائع يزيد في مبيعاته، ويعدّد من أساليبه التسويقية، فيبيع نقداً وتقسيطاً، ويستفيد في حال التقسيط من زيادة الثمن لأجل التقسيط.

1-5-7 شروط البيع لأجل:

هناك عدة شروط، أهمها:

1- ألا تكون السلعة المباعة وثمنها من الأصناف الربوية التي لا يجوز بيع بعضها ببعض بالأجل، أي وجوب اختلاف المال الذي تتم مبادلته عاجلاً عن المال الآجل.

2- في حالة اختلاف ثمن البيع الآجل عن ثمن البيع الفوري وحسب فترة السداد، فإن هذا يوجب الاتفاق على الثمن ومدة السداد وطريقته في العقد ابتداءً.

3- لا يحق للبائع في بيع الأجل، المطالبة بالسداد قبل التاريخ المحدد له في العقد.

4- اشتراط تسليم السلعة المباعة في بيع الأجل فوراً وحال التعاقد، لأن الثمن هو المؤجل في البيع هذا.

5- لا يجوز للبائع أن يشتري ما باعه بأجل، بثمن نقدي أقل، لأن هذا الفرق بين ثمن بيع السلعة للمشتري، وثمن شرائها منه والذي هو أقل، يعتبر ربا محرم شرعاً، ويصبح الهدف من البيع والشراء هو الوصول إلى إقراض واقتراض ربوي، وليس البيع والشراء حقيقة.

6- لا يجوز للمشتري أن يشتري السلعة بثمن مؤجل، ثم يبيعها بثمن معجّل أقل، للحصول على النقود، لأن هذا لا يمثّل بيعاً وشراءً حقيقياً، وإنما الحصول على نقد مقابل الفرق بين ثمن الشراء وثمن البيع، والذي يُعتبر ربا محرم شرعاً.

فروقات.... والتباسات!!

هناك حالات يوجد بينها فروقات، وحالات أخرى يوجد بينها التباسات، لذا وجب الإشارة إلى ذلك، من باب التحذير من الوقوع في تلك الأخطاء، منها مثلاً:

1- بين بيع التقسيط وبعض البيوع الأخرى: كما رأينا في بيع التقسيط المباح والذي لا ربا فيه، هناك بيع آخر هو بيع العينة، كأن يبيع زيد سلعة بعشرة دنانير إلى أجل، ثم يشتريها من المشتري ذاته بخمسة نقداً، فهذا قرض ربوي حرام، مصداق ذلك ما أخرج الإمام أحمد أن النبي صلى الله عليه وسلم قال: " إذا ضن الناس بالدينار والدرهم، وتبايعوا بالعينة، واتبعوا أذناب البقر، وتركوا الجهاد في سبيل الله، أنزل الله بهم البلاء، فلا يرفعه حتى يراجعوا إلى دينهم".

وأما بين بيع التقسيط وبيع التورّق، فالتورق هو أن يشتري شخص سلعة بثمن مؤجل أو مقسط، لبيعها لآخر فهو حيلة للتوصل إلى النقود، ورحم الله عمر بن عبد العزيز عندما قال: (التورق أخيّة الربا) أي: أصل الربا!.

وأما بين بيع التقسيط وبيع الوفاء، يتردّد بين كونه بيعاً أو رهناً، وهو جائز عند الحنفية فقط، وذلك لأن الشخص قد يحتاج إلى النقود فيلجأ إلى بيع الوفاء، وهو أن يبيع المحتاج إلى النقود عقاراً على أنه متى وفّ الثمن استرّد العقار وأما بين بيع التقسيط وخصم الكمبيالة، فإن الثاني هو (السند الإذني لأمر البائع) وسبب تحريمها هو بيع النقود بالنقود لأجل، مصداق ذلك ما ورد في الحديث المتفق عليه: " لا تبيعوا الذهب إلا مثلاً بمثل، ولا تُشفّوا - أي: لا تفضلوا - بعضها على بعض، ولا تبيعوا غائباً بناجز " أي: لا تبيعوا مؤجلاً بحال.

2- بين بيع التقسيط والربا: البيع: هو مقابلة المال بالمال تمليكاً وتملكاً، والربا يجري في البيع والقرض، وهو الزيادة في أشياء مخصوصة، ويقسم إلى ربا النسيئة، وهو الزيادة في أحد البلدين من غير عوض في مقابلة التأجيل، أي تأخير الدفع، وإلى ربا الفضل: وهو الزيادة المشروطة لأحد المتعاقدين في المعاوضة.

ويظهر من ذلك أن البيع العادي القائم على مبدأ التراضي وحرية التعاقد التي لا تصادم النظام العام في الشريعة ولا مقتضى العقد، لا مانع فيه شرعاً من التراضي على الثمن معجلاً أو مؤجلاً، وإن وجد تفاوت بين المعجل والمؤجل، أما الربا فهو محصور في البيوع في دائرة معينة، لا يجاوزها، والقرض غير البيع.

7-5-2 الأهمية الاقتصادية للبيع الآجل

تحتل عمليات بيع الآجل أهمية كبيرة في الوقت الحاضر، وذلك نتيجة التنوع والتعدد وبشكل سريع في الاحتياجات، وبالذات الاستهلاكية منها، نتيجة التعدد الكبير والتنوع الواسع في المنتجات، وبسبب تزايد الوعي وتنامي الميول الاستهلاكية تحت ضغوط محاكاة وتقليد الآخرين في استهلاكهم.

وبالتالي، يحقق البيع الآجل مصلحة التجار في تصريف السلع لديهم، وهذا قد يرفع قيمة أرباحهم بالنتيجة، إضافة إلى زيادة مبيعاتهم اعتماداً على البيع الآجل، كما ويؤدي إلى توسيع إنتاج المنتجين اعتماداً على زيادة تصريف السلع المنتجة من قبلهم عن طريق بيعها بأجل، كما ويحقق حاجة المستهلكين من ناحية، ويحقق مصلحة التجار والمنتجين من ناحية أخرى، وبذلك يسهم في توسيع النشاطات الاقتصادية في المجتمع بدءاً بالإنتاج ومروراً بالتوزيع والتبادل وانتهاءً بالاستهلاك، وهذا ما يقود إلى الإسلام في تطوير الاقتصاد وتنميته.

6-7 الإجارة

تعريف الإجارة:

الإجارة لغة: أجر بأجر، وهي ما أعطيت من أجر في عمل.

والإجارة في الاصطلاح: تمليك أو بيع منفعة بعوض معلوم.

تأصيلها الشرعي:

الكتاب: " قالت إحداهما يا أبت استأجره إن خير من استأجرت القوي الأمين"

الآية (26) من سورة القصص

" لو شئت لاتخذت عليه أجراً " الآية (77) من سورة الكهف

" فإن أرضعن لكم فآتوهن أجورهن " الآية (6) من سورة الطلاق

السنة: " من استأجر أجيراً فليعطه أجره ".

" أعطوا الأجير أجره قبل أن يجف عرقه"

الإجماع: أجمعت الأمة على العمل بالإجارة منذ عصر الصحابة إلى الآن ولم ينقل عن الفقهاء عدم جوازه.

1-6-7 شروط الإجارة:

يشترط في المنفعة المعقود على تأجيرها ما يلي:

(1) أن تكون المنفعة مباحة شرعاً.

(2) أن تكون معلومة عند التعاقد لتحقيق انتفاء الجهالة المفضية إلى نزاع.

(3) أن تكون المنفعة مقدوره التسليم، فلا تقع الإجارة على عين مرهونة أو عين لا يستطاع تسليمها.

(4) أن لا تكون المنفعة معيبة بشكل يخل بالانتفاع أو يمنعه.

الأحكام التبعية التي يلتزم بها طرفا العقد:

أ: التزامات المؤجر:

- تسليم العين المؤجرة وتمكين المستأجر من الانتفاع بها، ويشمل التسليم توابع العين المؤجرة التي لا يتحقق الانتفاع المطلوب إلاّ بها حسب العرف.
- ضمان المؤجر لخلو العين المؤجرة من العيوب التي تكون سبباً في نقص المنافع محل العقد، ولو تم اكتشاف العيب بعد توقيع العقد وقبل استيفاء المنفعة. وهنا يكون للمستأجر الخيار بين فسخ العقد وبين إمضائه.

ب: التزامات المستأجر:

- استعمال العين حسب الشروط والمحافظة عليها، وليس له الحق في الانتفاع بأكثر من القدر المتفق عليه.
- أداء الأجرة.
- على المستأجر إصلاح ما تلف من العين بسبب استعماله، ولا خلاف أن العين المستأجرة أمانة في يد المستأجر، فلو هلكت دون اعتداء منه أو تقصير فلا ضمان عليه.

2-6-7 الإجارة المطبقة في المصارف الإسلامية:

أولاً: الإجارة التشغيلية وتتمثل في شراء المصرف للأُصول القابلة للتأجير وتأجيرها لجهات أُخرى لتشغيلها أو الانتفاع بها في مدة محددة وبإيجار يتفق عليه، ويستخدم هذا الأُسلوب في الأُصول ذات القيم المرتفعة التي قد يعجز المستأجر عن اقتنائها، أو يلزم وقت طويل لإنتاجها مثل السفن والطائرات والمعدات الثقيلة، والأجهزة الطبية وكذلك وسائط النقل مثل تأجير السيارات الصغيرة والحافلات أو الشاحنات أو معدات البناء والإنشاء، وتأجير العقارات المملوكة للمصارف أو قد تشترك مع الغير منذ البداية في إنشاء الأبنية بغرض تأجيرها تأجيراً تشغيلياً غير مرتبط بخيار التمليك.

ثانياً: الإجارة التمليكيه أو الإجارة المنتهية بالتمليك وهي الصيغة السائدة في المصارف الإسلامية وتتمثل في عقد إيجار مع وعد بالبيع بمبلغ رمزي في نهاية مدة الإيجار، وذلك بعد سداد جميع أقساط الإيجا ر المتفق عليها . والواقع

أن المصرف هنا يقوم بشراء أصول معينة يحددها المستأجر الذي يلتزم باستئجارها لسنوات معينة ثم تؤول له ملكية الأُصول بالكامل، ونقل الملكية من المؤجر إلى المستأجر. عند نهاية المدة. قد يكون هذا من خلال عدة حالات:

الحالة الأولى: أن يقترن عقد الإيجار بهبة (أو بوعد بالهبة) للعين المؤجرة للمستأجر عند نهاية مدة الإيجار.

الحالة الثانية: أن يقترن عقد الإيجار بعقد بيع معلق على شرط دفع الأقساط (الأجرة).

الحالة الثالثة: أن يقترن عقد الإيجار بوعد بيع العين المؤجرة للمستأجر عند نهاية مدة الإيجار.

الحالة الرابعة: أن يتضمن عقد الإيجار وعداً للمستأجر بأنه مخير في نهاية مدة الإيجار بين الأمور التالية:

أ- أن يشتري السلعة بسعر السوق عند نهاية عقد الإيجار.

ب- أو أن يجدّد عقد الإيجار.

ج- أن يرد السلعة إلى مالكها (المؤجر).

3-6-7 مزايا التمويل بالإجارة المنتهية بالتمليك:

(1) توفر هذه الصيغة للمستأجر مقدرة على الانتفاع بأصول لا يستطيع شراءها أو اقتناءها نظراً لضخامة رأس المال المستثمر فيها.

(2) تزيد هذه الصيغة للمصرف الإسلامي إضافة إلى الربحية المنشودة المقدرة على توفير السيولة الناجمة عن التدفق النقدي الداخل بصورة مستمرة ومنتظمة.

(3) ينظر إلى هذه الصيغة على أنها من أنجح صيغ الاستثمار في المصارف الإسلامية من حيث محافظتها على الموارد الاقتصادية. لأنها تدعو المستأجر إلى المحافظة على الأُصول على اعتبار أنها ستؤول إليه، وبالتالي فإنه يتعهدها بالصيانة والحماية طوال فترة الاستئجار، مما يوفر على الاقتصاد الوطني عبء استهلاك هذه الأُصول والتي تكون في معظمها مستوردة بأعلى التكاليف.

(4) يتمتع المؤجر (المصرف الإسلامي) بمزايا ضريبية عن طريق خصم قسط الامتلاك من قيمة الأصل الذي تم تأجيره لتحديد صافي الربح الخاضع للضريبة.

7-6-4 الخطوات العملية لتنفيذ للإجارة التشغيلية:

1) عقد شراء المعدات:

- **البنك**: يقوم البنك بشراء المعدّات انطلاقاً من دراسته وتقييمه للسوق، ويدفع الثمن حالاً أو مؤجلاً للبائع.
- **البائع**: يوافق على البيع ويسلم المعدّات المبيعة للبنك.

2) عقد الإجارة الأولى:

- **البنك**: يبحث البنك عن مستأجر ويسلم إليه المعدّات على سبيل الإجارة بعوض عن المنفعة.
- **المستأجر**: يدفع الأجرة المتفق عليها في الآجال المحددة ثم يعيد المعدات إلى البنك في نهاية مدة الإجارة.

3) عقد الإجارة التالية:

- **البنك**: بعد استعادته للمعدات، يبحث البنك عن جهة أخرى ترغب في استخدام المعدات ليؤجرها إياها لمدة جديدة معلومة.
- **المستأجر الجديد**: يدفع الأجرة المتفق عليها في الآجال المحددة ثم يعيد المعدات إلى البنك في نهاية مدة الإجارة.

7-6-5 الخطوات العملية لتنفيذ الإجارة التمليكية

1) عقد شراء الموجودات:

- **البنك**: بناء على رغبة العميل لعقد إجارة منتهية بالتمليك، يقوم البنك بشراء العين من البائع وتملكها ويدفع الثمن المطلوب.

- **البائع**: يوافق على البيع ويوقع الفاتورة ويتفق مع البنك على مكان التسليم.

2) تسليم وتسلّم السلعة:

- **البائع**: يسلّم العين المباعة إلى البنك مباشرة أو إلى أي جهة أو مكان يتفق عليه في العقد.

- **البنك**: يوكل البنك عميله لتسلم المَبيع ويطلب منه إشعاره بوصول المَبيع مطابقاً للمواصفات المطلوبة.

3) عقد الإجارة:

- **البنك**: يؤجر البنك العين لعميله بصفته مستأجراً ويعده بتمليكه العين إذا وفى بجميع الأقساط الإيجارية (وعد بالهبة أو وعد بالبيع بسعر رمزي أو حقيقي).

- **المستأجر**: يدفع أقساط الإيجار في الآجال المحددة المتفق عليها.

4) تمليك العين:

- **البنك**: عند انتهاء مدة الإجارة ووفاء المستأجر بجميع الأقساط المستحقة، يتنازل البنك عن ملكيته للعين لصالح المستأجر على سبيل الهبة أو البيع حسب الوعد.

- **المستأجر**: تنتقل ملكية المبيع إليه.

أسئلة للمناقشة

السؤال الأول: أ- ما المقصود بالبيوع؟

ب- اشرح تقسيمات البيوع.

السؤال الثاني: وضحّ مفهوم بيع المرابحة للآمر بالشراء مع بيان شروط صحة بيع المرابحة.

السؤال الثالث: عدد الخطوات العملية لتنفيذ عمليات المرابحة للآمر بالشراء.

السؤال الرابع: اشرح باختصار موضوع المرابحة الدولية في السلع والمعادن.

السؤال الخامس: وضّح الشبهات المثارة حول بيع المرابحة والرد عليها.

السؤال السادس: اشرح كل ما تعرفه عن بيع المساومة مع خيار الشرط وخاصة الفتاوى والتوصيات الهامة من خلال الندوة الفقهية التي أقامها بيت التمويل الكويتي في الكويت

السؤال السابع: أ- ما المقصود ببيع السلع؟

ب- وضح شروطه وضوابطه.

السؤال الثامن: أ- ما هي الخطوات العملية لتنفيذ بيع السلع.

ب- ما هي أهم مخاطره ومزاياه؟

السؤال التاسع: وضّح مفهوم المشاركة وضوابطها الشرعية، وأنواعها.

السؤال العاشر: ما المقصود بالإجارة؟ مع بيان تأصيلها الشرعي وشروطها.

السؤال الحادي عشر: أ- إشرح مزايا التمويل بالإجارة المنتهية بالتمليك.

ب- ومخاطر الإجارة؟.

أسئلة موضوعية

1- أي من أدوات الاستثمار الإسلامية الآتية ليس أساسها المشاركة في الأرباح والخسائر؟
أ- المضاربة.
ب- المرابحة.
جـ- المشاركة.
د- (أ +جـ) فقط.

2- أي من الآتية ليست من بيوع الأمانة؟
أ- بيع السلم.
ب- بيع المرابحة.
جـ- بيع التولية.
د- بيع الوضيعة.

3- أي العبارات التالية صحيحة فيما يتعلق بالمرابحة:
العبارة الأولى: أن بيع المرابحة هو بيع المصرف لما يملك.
العبارة الثانية: أن بيع المرابحة هو الوجه الآخر لسعر الفائدة الربوية.
أ- العبارة الأولى صحيحة والثانية خطأ.
ب- العبارة الثانية صحيحة والأولى خطأ.
ج- العبارتان صحيحتان.
د- العبارتان غير صحيحتين.

4- أي العبارات التالية صحيحة فيما يتعلق بأنواع الإجارة المطبقة في المصارف الإسلامية:
العبارة الأولى: الإجارة المنتهية بالتمليك.
العبارة الثانية: الإجارة التشغيلية.
أ- العبارة الأولى صحيحة والثانية خطأ.
ب- العبارة الثانية صحيحة والأولى خطأ.
ج- العبارتان صحيحتان.
د- العبارتان غير صحيحتين.

5- تعتبر الآتية من شروط البيع الآجل (البيع بالتقسيط)

أ- استلام البضاعة المباعة فوراً عند التعاقد.

ب- تسديد ثمن البضاعة عند التعاقد.

ج- تسديد ثمن البضاعة قبل التاريخ المحدد.

د- تأخير استلام البضاعة المباعة بعد تسديد الثمن.

الفصل الثامن
أدوات التمويل الإسلامية
(السلم والاستصناع والقروض الحسنة)

1-8 السلّم

2-8 الاستصناع
- 1-2-8 شروط الاستصناع
- 2-2-8 مزايا الاستصناع
- 4-2-8 الاستصناع الموازي

3-8 الفرق بين السلم والاستصناع
- 4-8 القروض الحسنة.
- 3-4-8 أهمية القرض الحسن.

الفصل الثامن

أدوات التمويل الإسلامية

(السلم والاستصناع والقروض الحسنة)

8-1 السلَّم

تعريفه:

لغة: استعجال رأس المال وتقديمه (سلفا).

اصطلاحا: بيع آجل بعاجل، أي هو بيع يؤجل فيه تسليم المبيع ويعجل فيه تسليم الثمن وهو بيع شيء موصوف في الذمة.

تأصيله الشرعي:

الكتاب: ورد في القرآن الكريم **"يا أيها الذين آمنوا إذا تداينتم بدين إلى أجل مسمى فأكتبوه.."** (سورة البقرة الاية -282).

السنة: فقد روي ابن عباس رضي الله عنهما عن النبي صلى الله عليه وسلم: أنه قدم المدينة والناس يسلفون في التمر السنتين والثلاث فقال عليه الصلاة والسلام "من أسلف فليسلف في كيل معلوم ووزن معلوم إلى أجل معلوم".

(حديث شريف)

الاجماع: "كان الصحابة رضوان الله عليهم يتعاملون بالسلم على عهد النبي صلى الله عليه وسلم، وأبي بكر وعمر رضي الله عنهما ولم ينكر ذلك أحد".

"استثناء بيع السلم من قاعدة عدم جواز بيع المعدوم لما فيه من تحقيق مصلحة اقتصادية وتيسير على الناس".

8-1-1 أركان السلّم:

1- **المسلّم**: **(بكسر اللام)** هو مشتري السلعة ويسمى ربّ السلّم أو صاحب المال.

2- **المسلّم إليه**: أي بائع السلعة الذي يقبض ثمنها في الحال مع وعد بتسليمها آجلاً.

3- **المسلَّم (بفتح اللام)** هو رأس مال السلم أي ثمن شراء السلعة.

4- **المسلم فيه**: أي السلعة (المبيع) ذات المواصفات المحددة.

8-1-2 شروط السلم وضوابطه الشرعية:

أ- شروط متعلقة بالمبيع (المسلّم فيه):

1- أن يكون دينا موصوفا في الذمة، ولا يصلح السلم إذا جعل المسلم فيه شيئا معينا.

2- أن يكون معلوم الجنس (قمح، ذرة، زيت، ثمار الاشجار... الخ).

3- أن يكون معلوم النوع (قمح بلدي، قمح أمريكي... الخ).

4- أن يكون معلوم القدر (الوزن، الكيل، العدد...الخ).

5- أن يكون معلوم الصفة (سليم، رديء... الخ) تفاديا للجهالة المفضية إلى نزاع.

6- أن لا يكون نقودا لأنها لا تصلح أن تكون مبيعا (أو مسلما فيه).

7- أن يكون مؤجل التسليم إلى أجل معلوما كالشهر ونحوه فإن أسلم حالا أو على آجل قريب كاليوم لم يصح السلم.

8- أن يكون مقدور التسليم عند حلول الأجل. فلا يجوز فيما يندر كالسلم في العنب والرطب في غير وقته.

9- أن يعرف مكان التسليم.

10- خلو أي من البديلين من علة الربا. فلا يجوز إسلام بر في بر ولا تمر في تمر.

11- أن يكون العقد باتا، أي ليس فيه خيار شرط للعاقدين أو أحدهما.

(ب) شروط رأس مال السلم (الثمن):

1- تعجيل رأس مال السلم وتسليمه للبائع فعلا في مجلس العقد قبل أن يفترق العاقدان، وهذا ما ذهب إليه جمهور الفقهاء. بينما نجد ان المالكية أجازوا تأخيره إلى ثلاثة أيام ولو كان ذلك بشرط.

2- بيان جنس رأس المال (دينار، درهم، جنيه... الخ).

3- بيان قدر رأس المال (مليون، نصف مليون... الخ).

ومجمل القول في شروط السلم أن يكون المسلم فيه (المبيع) مما يمكن ضبط صفته ومعرفة قدره وبيان نوعه، تطبيقا للقاعدة الشرعية التي مفادها أن كل ما لا يمكن ضبط صفته ومعرفة قدره لا يصح السلم فيه، لأنه قد يفضي إلى النزاع.

3-1-8 مزايا السلّم

هناك عدة مزايا للسلم منها:

(1) مزايا شرعية:

أ- خلوه من العيوب الشرعية من ربا وغدر وإذعان... الخ.

ب- استثناء معاملة السلم من قاعدة بيع ما ليس عند الإنسان (بيع المعدوم)، وفاء لحاجات الناس الملحة.

(2) مزايا اقتصادية:

أ- توفير السيولة مقدما للمنتجين من مزارعين وحرفيين وتجار، مما يمكنهم من الإنتاج.

ب- حل مشكلة الدولة بسبب تعثر ديون القطاع الزراعي.

ج- ربحية المقدرة عالية من جهة، ومضمونة لحد ما من جهة أخرى.

(3) مزايا سياسية:

* تحقيق الأمن الغذائي.

* تحرير القرار السياسي والاقتصادي للدولة، وتحقيق المبدأ الاقتصادي العظيم.

"نأكل مما نزرع، ونلبس مما نصنع".

وقد أقر مؤتمر المصرف الإسلامي في دبي عام 79 هذا النوع من البيوع إذا كان المصرف يتقيد بالشروط التي ذكرها الفقهاء ومراعاة ذلك في عقود السلم كافة، ولا يشترط أن تكون البضاعة المشتراة من إنتاج البائع، كما هو الحال في المصارف الإسلامية، فإنها تستورد البضائع من بلدان أخرى ولا تقوم بإنتاجها. والفرق بين السلم وبيع المرابحة أن بيع السلم يتم الثمن حالا، أما بيع المرابحة فهناك وعد بالشراء، وفي كلتا الحالتين يكون المشتري من المنتج الأساسي هو المصرف الإسلامي لا المتعامل.

تطبيق بيع السلم في المصارف الإسلامية: يمكن أن يكون عقد السلم طريقا للتمويل يغني عن القرض بفائدة، فمن عنده سلعة مشروعة ينتجها، يمكنه أن يبيع كمية منها، تسلم في المستقبل، ويحصل على ثمنها حالا. ولذلك يكون عقد السلم من الوسائل التي يستخدمها المصرف الإسلامي في الحصول على السلع موضوع تجارته، كما يستخدمه أيضا في بيع ما تنتجه شركاته ومؤسساته. ولقد تبين من الواقع العملي أن العديد من المصارف الإسلامية تطبق هذه الصيغة في تمويل العديد من الشركات الصناعية. ويمكن استخدام بيع السلم في الإنشاءات العقارية عن طريق بيع الوحدات قبل إنشائها وتسليمها بعد الانتهاء منها.

وبذلك يكون المصرف الإسلامي قد منح إئتمانا تجاريا لبائع السلع بالسلم. ويتحقق الربح للمصرف الإسلامي في عقد السلم من عملية إعادة بيع السلم بقيمة تفوق القيمة المسلمة للبائع الأول.

8-1-4 السلم الموازي:

اقترح بعض الفقهاء قيام المصرف بإعادة البيع مبكراً بعقد سلم آخر وذلك بعد توقيع العقد الأول. فيبيع المصرف البضاعة محل التسليم الآجل لطرف ثالث بسعر يزيد على سعر شرائها سلماً من البائع الأول متعهداً بتسليمها في تاريخ معين أيضا يحدد بعد تاريخ العقد الأول. وهذا ما يسمى بعقد السلم الموازي، وتعرف هذه العملية بالتحوط. وبناء عليه يمكن تعريف السلم الموازي على أنه بيع المصرف إلى الطرف الثالث بضاعة من نفس الجنس والمواصفات وليس البضاعة المسلم فيها، من الطرف الثاني مؤجلاً وتسليم الثمن مقدما أي بطريقة السلم فيكون دور المصرف هنا دور المسلم إليه، فإذا تسلم المصرف البضاعة سلمها إلى الطرف الثالث في الوقت المتفق عليه أداء لمن في ذمته، وإن لم يتسلمها من الطرف الثاني وفرها للطرف الثاني من السوق، للطرف الثالث.

أظهرت دراسة لأحد الباحثين قلة التطبيقات لبيع السّلم لدى غالبية المصارف الإسلامية كما ظهر من ميزانيات هذه المصارف.

5-1-8 تطبيقات معاصرة على السلّم:

ولإيضاح مدى التنوع في تمويل بيع السلّم، والإمكانيات التي يتيحها هذا النوع من التمويل سنستعرض بعض الأمثلة العملية المعاصرة المميزة التي وجهت للهيئات الشرعية لإصدار الفتوى بها ونسقها أحد الباحثين: (1)

1- تقدم بنك بسؤال عن جواز تحديد ثمن المسلم فيه بسعر سوق معين أو سعر ذات السوق ناقصا 10% أو بسعر السوق بتاريخ التسليم.

وجاء في الفتاوى الشرعية للاقتصاد لمجموعة دلة البركة الفتوى رقم (1): (أن الأصل في بيع السلّم تحديد الثمن، فإذا حدد الثمن سواء كان بسعر السوق أو أقل أو اكثر شريطة أن يكون سعر الحال، فيجوز، أما إذا اشترط على سعر مستقبلي فلا يجوز، لأنه تعليق للسعر على أمر مستقبلي مجهول)، وهذا هو الحق، فالقاعدة أن (ضم المعلوم إلى المجهول يصير الكل مجهولا)، (وجهالة الثمن موجبة لبطلان البيع).

2- تعاقد رجل مع مصدر قطع غيار من يوغسلافيا بعقد سلم أثناء الحرب والحصار المضروب على يوغسلافيا، وحيث أن القدرة على تسليم المبيع شرط لانعقاد عقد السلم وصحته، فلا يصح التعاقد، لأن (اليقين لا يزول بالشك)، وحيث إن الحرب قائمة وانتهاؤها أمر مشكوك فيه، فلا يجوز.

3- تعاقد تأجر على شراء منتجات اختراع جديد ولم يحصل على ترخيص الانتاج بالرغم من ان المنتج جرب وقطع مراحل التجربة وفقا للأنظمة السارية ولم يبق إلا الترخيص الرسمي كإجراء شكلي.

فالعقد جائز لأنه على شيء موجود وجرب، ومسألة تسجيله مسألة إجرائية وهي في حكم اليقين، واحتمال عدم الترخيص أمر مشكوك فيه، فالعقد جائز لأن (اليقين لا يزول بالشك)، وتقاس المسألة على بدو صلاح الثمرة في سلم المزروعات.

4- تعاقد رجل مع مورد معدات بعقد سلم لتوريد عشر آلات لضخ المياه على ان يتم دفع الثمن عند توريد المعدات، ولأن العبرة في العقود للمقاصد والمعاني لا

للألفاظ والمباني، فهذا لا يعتبر بيع سلم لأن السّلم يشترط فيه تعجيل الثمن وتأجيل المبيع، وإنما هي مواعدة بالبيع والشراء.

5- يوجد مصنع ياباني لسحب وتشكيل قضبان الحديد يحتاج إلى تمويل لشراء كتل الحديد اللازمة، ويحصل عادة على التمويل اللازم من البنك بالفائدة لأجل يمتد حتى تاريخ تسويق منتجاته، ففي مثل هذه الحال يقوم البنك الإسلامي بعرض التمويل اللازم على أساس عقد السّلم، فيأخذ مقابل التمويل المنتجات المصنعة من قضبان الحديد، وتبرمج مواعيد وأمكنة التسليم، ويتفق مثلا أن يكون التسليم فوق ميناء التصدير أو فوق ميناء الاستيراد، وفيما بين تاريخ إبرام العقد وتاريخ التسليم يمكن للبنك الإسلامي أن يجري عقدا أو عقود سلم مع مستثمرين آخرين يكون البنك فيها في موقف المسلم إليه (البائع)، حيث يلتزم بتوريد قضبان حديد مماثلة لقضبان الحديد التي أبرم عقد السّلم عليها من المصنع، وذلك بشروط مماثلة لعقده مع المصنع أو بشروط معدلة، كما يمكن للبنك بدلا من ذلك أن ينتظر حتى تسليم القضبان فيبيعها للموردين في البلد المستورد أو لتجار التجزئة بثمن حال أو مؤجل، وعلى العكس من الصورة السابقة يمكن أن يسبق زمنيا عقد السّلم الذي يبرمه البنك مع المستثمرين ويكون فيه مسلماً إليه ملتزماً بقضبان الحديد، عقد السّلم الذي أبرمه البنك مع المصنع الياباني، وكان البنك فيه في موقف المسلم (المشتري)، ويمكن للبنك التوغل لمرحلة سابقة بأن يقوم بإبرام عقد سلم مع مصنع للصلب، ينتج كتل الحديد ويحتاج لتمويل شراء خام الحديد، حيث يقوم البنك بالتمويل النقدي في مقابل الحصول على كمية مناسبة من كتل الحديد، يتم بيعها لمصنع القضبان، وتنطبق على هذه الحالة القاعدة الفقهية أن: (الأمور بمقاصدها) وأن (الأصل في العقود الصحة).

8-1-6 الخطوات العملية لبيع السلم

يوجد عدة خطوات عملية لبيع السلم وهي كما يلي:

1) عقد بيع السلم:

- المصرف: يدفع الثمن في مجلس العقد ليستفيد به البائع ويغطي به حاجاته المالية المختلفة.

- البائع: يلتزم بالوفاء بالسلعة في الأجل المحدد.

2) تسليم وتسلم السلعة في الأجل المحدد:

المصرف: هناك حالات متعددة أمام البنك، ويمكن اختيار إحداها:

أ) يتسلم المصرف السلعة في الأجل المحدد ويتولى تصريفها بمعرفته ببيع حال أو مؤجل.

ب) يوكل المصرف البائع ببيع السلعة نيابة عنه نظير أجر متفق عليه (أو بدون أجر).

ج) توجيه البائع لتسليم السلعة إلى طرف ثالث (المشتري) بمقتضى وعد مسبق منه بشرائها أي عند وجود طلب مؤكد بالشراء.

3) عقد البيع:

- **المصرف:** يوافق على بيع السلعة حال أو بالأجل بثمن أعلى من ثمن شرائها سلما.

- **المشتري:** يوافق على الشراء ويدفع الثمن حسب الاتفاق.

2-8 الاستصناع

تعريفه:

لغة: الاستصناع - على وزن استفعال - طلب الصنعة، أي دعا إلى صنعه.

ويقال: اصطنع فلانا بابا، إذا سأل رجلاً أن يصنع له باباً.

اصطلاحا: هو الطلب الذي يتم من أجل القيام بصنعة محددة الجنس والصفات سواء تم ذلك بصورة مباشرة أو غير مباشرة على أن تكون الموارد من عند الصانع، مقابل مبلغ معين عند التسليم أو عند أجل معين، ويقبل الصانع بذلك.

ويتضح من هذا أن المبيع أو الشيء المطلوب صنعه في الذمة.

ولذا فهو يشبه السلم إلا أن الأخير لا يشترط فيه العمل ويجوز فيه تأجيل دفع الثمن كما يشبه الإجارة بأن العمل أو الصنعة مشروطة، ولكنه يختلف عن الإجارة في أن مادة الصنع تكون من عند الصانع.

تأصيله الشرعي:

القرآن

من الأدلة على مشروعيته قوله تعالى: (**قالوا يا ذا القرنين إن يأجوج ومأجوج مفسدون في الأرض فهل نجعل لك خرجا على ان تجعل بيننا وبينهم سدا قال ما مكني فيه ربي خير فأعينوني بقوة أجعل بينكم وبينهم ردما**) (سورة الكهف الآية 94-95)

فهم قد طلبوا منه أن يضع لهم السدّ مقابل أجر عظيم يعطونه إياه.

السنة

حديث صنع منبر النبي صلى الله عليه وسلم، حين قال لامرأة من الأنصار (مُري غلامك النجار يصنع لي أعواداً أجلس عليهن إذا قامت الناس).

آلية الاستصناع في المصارف الإسلامية:

يتمثل أسلوب الاستصناع في قيام المصرف بتمويل مشروع معين تمويلا كاملا عن طريق التعاقد مع المستصنع (طالب الصنعة) على تسليمه المشروع كاملا، بمبلغ محدد وبمواصفات محددة وفي تاريخ معين، ومن ثم يقوم المصرف بالتعاقد مع مقاول أو أكثر لتنفيذ المشروع حسب المواصفات المحددة.

ويمثل الفرق بين ما يدفعه المصرف للمقاول وبين ما يسجله على حساب المستصنع، الربح الذي يؤول للمصرف.

8-2-1 شروط الاستصناع:

هناك عدة شروط للاستصناع يمكن بيانها كما يلي:

(1) أن يكون جرى التعامل في مثل الشيء المستصنع فيه بالاستصناع. بمعنى أنه لا يجوز الاستصناع في سلعة لم يجر العرف باستصناعها. كالقمح والشعير والفواكه الطازجة حيث يتم بيعها سلما لا استصناعا والفواكه واللحوم الطازجة وغيرها.

(2) بيان جنس المصنوع من السلع الطبيعية (عربة أو طائرة أو منزل)، ونوعه (عربة تويوتا، أو طائرة بوينغ. أو منزل لذوي الدخل المحدود)، وصفاته المطلوبة وبيان مقدار ما هو مطلوب منه.

(3) بيان الأجل المحدد للاستصناع، وذلك تفاديا للجهالة المفضية إلى النزاع.

(4) أن يكون الثمن معلوما علما نافيا للجهالة، ويجوز دفعه معجلا أو مؤجلا مقسطا.

ولا يشترط الاستصناع ما يلي:

أ- لا يجب في عقد الاستصناع تعجيل الثمن، بل يجوز تعجيله، ويجوز تأخيره إلى وقت القبض أو بعده، ويجوز تقسيطه، وهو في ذلك على خلاف عقد السلم.

ب- لا يشترط بعد التعاقد أن يكون ما يأتي به الصانع مما صنعه ولو كان ما جاء به مصنوعا عنده من قبل لكفى، إذا اشتمل على المواصفات المشروطة، بل لا يلزم أن يكون ما يأتي به من صناعته هو: فلو جاء بشيء صنعه غيره وكان مشتملا على الأوصاف المطلوبة لكفى.

اشكال عقد الاستصناع:

هناك عدة أشكال للاستصناع، أهمها:

1- الاستصناع الذي يتم بموجبه قيام من يطلب منه الاستصناع بصنع السلعة محل العقد وتحمّل المستلزمات والعمل المطلوب لتصنيعها.

2- الاستصناع الموازي: وهو الذي يقوم بموجبه من يطلب منه الاستصناع بالطلب من طرف ثالث القيام بهذه المهمة، ويوقع معه عقد استصناع جديد بذات المواصفات المطلوبة، ويتقاسم الطرف الثاني، وهو الذي طلب منه الاستصناع أولا، والطرف الثالث الذي طلب منه الاستصناع ثانيا، من قبل الطرف الثاني، الأرباح التي تتحقق نتيجة عملية الاستصناع هذه، وبالتالي، فإن الاستصناع في هذه الحالة يكون غير مباشر ومتعدداً في أطرافه.

3- الاستصناع بأقساط (بدفعات)، مثال ذلك بناء مجمع صناعي، أو عمارة سكنية، بحيث يتطلب موارد مالية كبيرة، وعندئذ يمكن أن يتم الاستصناع وفق دفعات مالية متعاقبة، مثلا دراسة جدوى المشروع، ومرحلة إقامة الابنية، ومرحلة استيراد الآلات، مع مراعاة التناسب بين الدفعات مع تكاليف المرحلة.

4- يمكن القيام بعملية الاستصناع عن طريق قيام مشروعات تكون مهمتها استصناع شيء معين، كأن يكون بناء مصانع، أو أبنية، وغير ذلك، وتطرح سنوات استصناع مخصصة لتمويل عملية الاستصناع ضمن المواصفات المحددة للعملية، ومن ثم تسليمها لطالب الاستصناع.

8-2-2 مزايا الاستصناع:

يوجد عدة مزايا للاستصناع يمكن إيجازها بما يلي:

(1) عمليات الاستصناع، تحريك لعجلة الاقتصاد الوطني لأنها تنطوي على مشروعات حقيقية تولد الدخول وتزيد من الطلب الفاعل.

(2) الاستصناع يخدم مصالح المستصنع الذي غالبا ما يكون لديه خبرة أو فن غير كافيين في تقييم أعمال المقاولات، أو ينقصه المال الحاضر لتمويل المشروع، أو الأمور الثلاثة مجتمعة.

(3) يسهم الاستصناع في تحقيق أهداف البنك الإسلامي في توظيف أمواله لخدمة المجتمع وكذلك الحصول على تدفق نقدي منتظم.

(4) يوفر عقد الاستصناع للمصانع ربحا يتحقق من بيع السلعة المتفق على صنعها فيزيد من دخله الحقيقي ويزيد تبعا لذلك رأسماله فتزداد ثروته.

(5) دعم لجهود التنمية الصناعية في الدول الإسلامية وزيادة قدرتها الصناعية حيث يمكن تمويل إنتاج السلع الرأسمالية المتعددة كالسفن، المولدات الكهربائية، وأجهزة الاتصالات وحفارات النفط ووسائل النقل...الخ.

3-2-8 التطبيق العملي للاستصناع لدى المصارف الإسلامية:

لقد شاع استخدام عقد الاستصناع على نطاق واسع لدى المصارف الإسلامية في منطقة الخليج خاصة في مجال الإسكان.

يمكن للمصارف الإسلامية استخدام أسلوب الاستصناع بطريقتين:

الأولى: أن تدخل بعقد استصناع بصفتها بائعة (صانع)، وأن تعقد عقد استصناع (مقاولة من الباطن) بصفتها مشترية (مستصنع) من جهة أخرى لتصنع لها ما التزمت به في العقد الأول. على أن تجعل موعد التسليم في العقد الأول بعد موعد التسليم في العقد الثاني، وفي العقدين يمكن أن يكون الثمن معجلا أو مقسطا.

الثانية: يمكن للمصارف الإسلامية أن تشتري منتجات وفقا لعقود استصناع تكون هي فيها المستصنع، ثم تقوم ببيعها بيعا عاديا بثمن معجل أو مؤجل أو مقسط.

وحيث أن عقد الاستصناع جائز فيما يصنع صنعا، أو بالاصطلاح التقليدي فيما تدخله الصنعة، فإنه يشمل المجالات التالية وغيرها.

* الصناعات الزراعية القائمة على المنتجات الزراعية كالتعليب والتجفيف وعمل العصائر، فهذه من الممكن أن تدخل ضمن عقود الاستصناع، ولكن المنتوجات الزراعية التي لا تدخلها صنعه الإنسان كإنتاج الحبوب والثمار والخضروات والفواكه ونحوها لا يجوز بيعها إلا سلما.

* استصناع الدور والشقق السكنية وفق مواصفات محددة، وبيعها ولو على الخريطة (السكتش)، إذا تم تحديد وتوضيح جميع المواصفات في العقد منعا للجهالة والغرر المفضيات للنزاع.

- استصناع المباني الجاهزة وبيعها.

- استصناع البيوت المتنقلة.

- سائر الصناعات كالأسلحة والنسيج والمأكولات.

8-2-4 الاستصناع الموازي:

في هذا النوع من الاستصناع، لا يباشر المصرف بذاته عملية القيام بتنفيذ الشيء المستصنع، وإنما يباشره بواسطة غيره، فيعمد إلى إحالة عملية التنفيذ على جهة مختصة، وتكون هذه الجهة المختصة مسؤولة عن حسن التنفيذ أمام المصرف، كما أن المصرف يكون مسؤولا أمام العميل عن حسن التنفيذ.

8-2-5 الخطوات العملية لتنفيذ عقد الاستصناع والاستصناع الموازي:

(1) استلام الطلب من المستصنع (العميل) متضمنا نوع ومواصفات المستصنع فيه (السلعة) والوثائق اللازمة له كالمخططات والرسوم الهندسية (مثلا).

(2) دراسة الجدوى الاقتصادية للمشروع إضافة إلى الدراسة المالية لتقدير المصروفات والإيرادات.

(3) في حال موافقة المصرف على التمويل يستوفي من المستصنع العربون والضمانات الكافية والكمبيالات ووثيقة التأمين، ثم يوقع العقد بين الطرفين ويلتزم المصرف بتصنيع السلعة المعينة وتسليمها في أجل محدد يتفق عليه.

(4) يبرم المصرف عقد استصناع موازٍ مع أحد الصناع (المقاولين) لاستصناع السلعة التي التزم بها في عقد الاستصناع الأول.

(5) يستوفي من الصانع (المقاول) خطاب ضمان مصرفي بحسن التنفيذ.

(6) يحجز المصرف نسبة مئوية معينة من الدفعات للصانع (المقاول) لضمان حسن التنفيذ ونسبة أخرى للصيانة لمدة محددة.

(7) تسليم وتسلم السلعة:

الصانع يسلم المستصنع إلى المصرف مباشرة أو إلى أي شخص أو جهة في أي مكان محدد في العقد، ومن ثم يقوم المصرف بتسليم المستصنع إلى العميل بنفسه مباشرة أو عن طريق أية جهة يفوضها بالتسليم.

3-8 الفرق بين السلم والاستصناع

إذا قارنا بين كل من السلم والاستصناع نجد بينهما نوعا من الشبه فكل منهما يتأجل فيه الحصول على السلعة، فهي عين موصوفة في الذمة في كل منهما. وهذا التشابه لا يخفي حقيقة اختلاف كل منهما فمن الفروق بينهما:

1- أن السلم يدخل في جميع السلع التي يمكن أن تستوعب أوصافها، أما الاستصناع فهو خاص بالمواد التي تحتاج إلى تصنيع، فلا يجري في الانتاج الزراعي.

2- لا خلاف بين العلماء في وجود تعجيل الثمن في السلم بخلاف الاستصناع.

3- لا خلاف بين العلماء في اعتبار عقد السلم لازما، بخلاف الاستصناع.

4- عقد الاستصناع وارد على العين والعمل، وهذا بخلاف عقد السلم فهو وارد على العين الموصوفة في الذمة، ولذلك يشترط الفقهاء وجود هذه السلعة في الأسواق بحيث إذا عجز البائع عن توفير السلعة بنفسها، اشتراها من غيره ووفرها للمشتري.

5- أنه يشترط في عقد السلم أن يكون المسلم فيه موجودا من حين العقد إلى حين التسليم لا ينقطع، ومعنى عدم الانقطاع أن يكون موجودا في السوق.

8-4 القروض الحسنة

مقدمة:

يعتبر القرض الحسن من أدوات التمويل الإسلامية التي يتم بوساطتها تنفيذ رسالة المصرف الإسلامي الاجتماعية، وتستمد القروض الحسنة تسميتها من قول الله سبحانه وتعالى:

"من ذا الذي يقرض الله قرضا حسنا فيضاعفه له وله أجر كريم"

(سورة الحديد الآية 11)

8-4-1 مفهوم القرض الحسن:

يقوم القرض الحسن على إتاحة المصرف الإسلامي مبلغا محدداً لفرد من الأفراد، أو لأحد عملائه حيث يضمن سداد القرض الحسن، دون تحميل هذا الفرد أو العميل أية أعباء أو عمولات، أو مطالبته بفوائد وعائد استثمار هذا المبلغ، أو مطالبته بأي زيادة من أي نوع، بل يكفي المصرف فقط أن يسترد أصل القرض أي الأموال التي أقرضها لهذا العميل أو لهذا الفرد.

ومن ثم فإن القرض الحسن يكون عادة في أضيق نطاق، حيث يصعب على المصرف الإسلامي التوسع فيه، وعادة تقوم المصارف الإسلامية بتكوين رصيد معين يخصص مبلغه كصندوق مستقل لتمويل منح القروض الحسنة وفي الحدود التي لا تضر بمصالح المصرف ولا بمصالح مودعيه.

8-4-2 محاور القرض الحسن:

نلاحظ ان للقرض الحسن الذي يمنحه المصرف محورين أساسيين هما:

1- التنفيس عن المسلمين في كربهم:

أي مواجهة الأزمات التي قد يتعرض لها المسلمون سواء أكانت أزمات ذات طابع اقتصادي، أو ذات طابع اجتماعي له أبعاد اقتصادية، وخير مثال على هذه الأزمات أعباء الزواج، والتعليم، وحالات الوفاة، وغيرها من الأزمات الأخرى التي قد تحدث للأفراد.

2- التيسير على المعسرين:

وهو من أهم محاور القروض الحسنة، إن لم يكن أهمها على الإطلاق، وجدير بالذكر أن المصارف الإسلامية كثيراً ما تواجه أثناء نشاطها بحالات من

إعسار العملاء، ومن ثم فإنها قد ترى تمويل بعض أنشطة العملاء بقروض حسنة لإقالتهم من عثرتهم، أو لتيسير وتخفيف عسرهم وترويج نشاطهم الاقتصادي حتى يتمكنوا من ممارسة هذا النشاط، واستعادة قدرتهم على سداد التزاماتهم.

3-4-8 أهمية القرض الحسن:

1- القرض الحسن في حقيقتة مهمة اجتماعية اقتصادية وإنسانية في وقت واحد، تقوم بتدقيقها المصارف الإسلامية، وهي تنفرد بتقديم هذه الخدمة عن عداها من البنوك التقليدية الربوية، ويتم تقديم هذه الخدمة إلى الأفراد الطبيعيين أو المعنويين مثل الشركات والجمعيات الاجتماعية لاعانتها على تقديم خدماتها، أو على مواجهة صعوبة طارئة والتغلب على ضائقة تمويلية تعترض نشاطهم ولا تمكنهم ظروف النشاط من توليد فائض يكفي لسداد التزماتهم تجاه بعض المتعاملين معهم، ولا يتوافر لديهم سيولة تمكنهم من شراء مستلزمات انتاجهم واستعادة نشاطهم من جديد وبذلك يحتفظ المجتمع بطاقته الإنتاجية، وكميات السلع والخدمات التي يستهلكها ويحتاج إليها الأفراد.

2- القرض الحسن مهمة إنسانية تباشرها المصارف الإسلامية لتحقيق وإعلاء قيم التكافل الاجتماعي بين أفراد المجتمع، وبالشكل الذي يعمق من معنى ومضمون التعاون الإيجابي والمشاركة الفاعلة بين هؤلاء الأفراد.

3- يؤدي القرض الحسن خدمة لقضية استمرارية المصارف الإسلامية في دعم نشاطها وتوسيع واستمرار هذا النشاط، حيث يمكنها عن طريق احتياطات ومخصصات وأموال صناديق القروض الحسنة التي تكونها لديها، أن تتمكن من الاحتفاظ بعملائها الحاليين وجذب عملاء جدد إلى أسرة المصرف، حيث من الصعب على أي عميل من العملاء أن ينقل نشاطه من المصرف الذي وقف إلى جانبه أثناء عثرته، أو إعساره، بل يتمسك العميل بهذا البنك ويشجع غيره من العملاء على التعامل معه، بل إن هذا في حد ذاته سيكون دافعا لغيره من العملاء على التعامل مع المصرف الإسلامي باعتباره الشريك الذي يعول عليه في السراء والضراء.

أسئلة للمناقشة

السؤال الأول: وضّح المقصود من

أ- السلّم

ب- السلّم الموازي.

السؤال الثاني: بيّن أركان السلّم.

السؤال الثالث: اشرح شروط السلّم.

السؤال الرابع: ما المقصود من

أ- الاستصناع؟

ب- الاستصناع الموازي؟

السؤال الخامس: اشرح الفرق بين السلّم والاستصناع.

السؤال السادس: اذكر مزايا السلّم.

السؤال السابع: اشرح الخطوات العملية للسلّم.

السؤال الثامن: اشرح الخطوات العملية للاستصناع.

السؤال التاسع: اذكر شروط الاستصناع.

السؤال العاشر: عدد مزايا الاستصناع مع الشرح باختصار.

السؤال الحادي عشر: اشرح أهمية القرض الحسن.

أسئلة موضوعية

1- أي العبارات التالية صحيحة فيما يتعلق ببيع السلّم؟

أ- يعجل في بيع السلم الثمن.

ب- يؤجل في بيع السلم الثمن.

ج- يعجل في بيع السلم تسليم السلعة.

د- (أ + ج) فقط .

2- أي العبارات التالية صحيحة فيما يتعلق بالاستصناع.

أ- يعجل في الاستصناع تسليم الثمن.

ب- يؤجل في الاستصناع تسليم الثمن.

ج- يؤجل في الاستصناع تسليم السلعة.

د- جميع ما ذكر صحيح.

3- أي العبارات الآتية صحيحة.

العبارة الاولى: يجوز الاستصناع في الفواكه والحبوب كالقمح.

العبارة الثانية: يجوز السلم في الفواكه والحبوب كالقمح.

أ- العبارة الأولى صحيحة والثانية خطأ.

ب- العبارة الأولى خطأ والثانية صحيحة.

ج- العبارتان صحيحتان.

د- العبارتان غير صحيحتين.

4- أي من الآتية ليست من شروط الاستصناع.

أ- بيان جنس المصنوع.

ب- بيان الأجل المحدد للاستصناع.

ج- يشترط أن يكون ما يأتي به الصانع مما صنعه.

د- أن يكون الثمن معلوما.

5- أي العبارات الآتية صحيحة.

العبارة الأولى: يتشابه عقد السلم والاستصناع في تأجيل السلعة.

العبارة الثانية: لا توجد فروق بين عقد السلم والاستصناع.

أ- العبارة الأولى صحيحة والعبارة الثانية خطأ.

ب- العبارة الأولى خطأ والعبارة الثانية صحيحة.

ج- العبارتان صحيحتان.

د- العبارتان غير صحيحتين.

الفصل التاسع
الخدمات المصرفية الإسلامية

الفصل التاسع
الخدمات المصرفية الإسلامية

سنتناول في هذا الفصل عدداً من الخدمات المصرفية الإسلامية منها:

1-9 الاعتمادات المستندية

تعتبر الاعتمادات المستندية مـن أهـم الخدمات المصرفية التي تقدمها البنوك الإسلامية لعملائها المتعاملين في الأسواق الدولية استيرادا وتصديرا، تأكيدا وضمانا لحقوق الأطراف المشتركة في هذه العمليات. فمن المعلوم أن المصدّر يتطلع إلى مـن يضمن لـه سداد قيمة البضاعة المصدرة إلى الزبائن في الخارج أو الداخل. كما أن المستورد يبحث عـن الاطمئنان إلى أن البضاعة التي تم شحنها إليه هي بالفعل مطابقة للمواصفات التي نـص عليها عقد التوريد. وبذلك تحول مركز الثقة مـن المتعـاملين إلى المصـارف التجاريـة التـي أصبحت تلعب دور الوسيط بين المصدّرين والمستوردين. فتزايد دورهـا في تنميـة وتنشيـط التجارة الدولية.

تعريف الاعتماد المستندي:

هو عبارة عن تعهـد خطّـي يحتوي عـلى شروط معينة صـادر عـن البنـك فاتـح الاعتماد إلى البنك المراسل (المبلّغ) في بلد المصدّر (المستفيد) يتعهد بموجبه بناء على طلب المستورد (طالب فتح الاعتماد) بأن يدفع إلى أو لأمر المصدّر (المستفيد) أو يقبل سـحوبات (كمبيالات) مسحوبة من المستفيد، أو يفوض بنكا آخر ليقـوم بالـدفع نيابـة عنـه مقابـل مستندات مطابقة لشروط فتح الاعتماد.

أطراف الاعتماد:

طالب فتح الاعتماد (المستورد أو المشتري) والبنك مصدر الاعتماد (فاتح الاعتماد)، والمصدّر (المستفيد)، والبنك المبلّغ، والبنـك المـداول للمسـتندات (حـرّ التـداول، مقيـد)، والبنك المعزّز (نفس البنك المبلّغ، أو بنـك آخـر خـلاف البنـك المبلّغ)، والبنـك المغطّـي أو الدافع.

مشروعية الاعتمادات المستندية:

هذه المعاملة من المعاملات الحديثة، وقد أجاز الفقهاء المعاصرون هـذه المعاملـة حيث خرجها الفقهاء على أساس عقد الوكالة إذا كـان الاعـتماد المعاملـة مغطـى بالكامـل 100%. لأن هذا النوع من الاعتمادات لا ينطوي على أي نوع من التمويل من قبـل البنـك فاتح الاعتماد.

أما إذا كان الاعتماد مغطـى جزئيـا أقـل مـن 100%، يكـون البنـك كفـيلا بـالجزء المتبقي من قيمة الاعتماد ووكيلا بالجزء المغطى من الاعتماد، حيث يكون دور البنك وكيلا عن العميل فاتح الاعتماد وضامنا له تجاه المستفيد.

أنواع الاعتمادات المستندية:

يمكن تقسيم الاعتمادات المستندية إلى عدة أنواع من أهمها ما يلي:

أ- الاعتماد المستندي القابل للإلغاء أو النقض Revocable L/C :

وهو الاعتماد الذي يحق المستورد أن يلغـي الاعـتماد في أي وقـت سـابق لشـحن البضاعة، وكذلك البنك فاتح الاعتماد أن يلغيه في أي وقت يشاء إذا أخل عمليه (المستورد) بالتزامه في سداد قيمة التأمين المطلوب منه دفعه في موعده، وبالطبع لا يقبل المصدر مثل هذا النوع من الاعتمادات إلا إذا كان واثقا من سمعة المسـتورد الطيبـة، وملاءتـه ومتانـة مركزه المالي. وهو نوع غير دارج كثيرا في الحياة العملية.

2- الاعتماد المستندي غير القابل للإلغاء أو النقض Irrevocable L/C :

وهو الاعتماد الذي لا يستطيع البنك إلغاءه أو الرجوع عنه أو زيادته او تخفيضه إلا بموافقـة المصـدر (المسـتفيد) أو بعـد انتهـاء فـترة الضـمان المنصـوص عليهـا عنـد فـتح الاعتماد. كذلك لا يستطيع المصدّر أو المستورد الغاءه، إلاّ إذا اتفق الطرفان على غير ذلـك. وهكذا يحظى هذا النوع بقبول الأطراف المعنية لارتفاع درجة الضمان به.

3- الاعتماد المستندي القابل للتحويل Transferable L/C :

وهنا يحق للمستفيد أن يحول الاعتماد إلى مستفيد آخر أو أكثر، ويقبل فيهـا البنك المراسل بناء على طلب البنك فاتح الاعتماد المستندات المقدمة من مستفيد آخر غير المستفيد الأصلي الذي ورد اسمه في الاعتماد . وتكون إرادة المتعاقدين

هي الفيصل في تحديد ما إذا كان للمصدّر أن يحول الاعتماد لصالح آخـر أم لا، ويسري ذلك على أي نوع من أنواع الاعتمادات.

4- الاعتماد المستندي الدوار Revolving L/C :

وهنا يتجدد الاعتماد تلقائيا سواء من حيث المبلغ أو المدة.

5- الاعتماد المستندي المقابل لاعتمادات أخرى Back-to-Back L/C :

وهو الاعتماد الذي يفتحه المستفيد (المصدّر) بضـمان اعـتمادات أخرى مفتوحـة لصالحه.

6- الاعتماد المستندي المعزّز وغير القابل للإلغاء Confirmed L/C :

ويقدم ضمانا أكثر من سابقه إذ يشتمل بالإضافة إلى عـدم القابليـة للإلغـاء عـلى تعهدين بالوفاء، الأول مـن البنـك فـاتح الاعتماد، والثانـي مـن البنـك المراسـل والمبلغ لـه الاعتماد، الأمر الذي يؤدي إلى زيادة ثقة المصدّر بالمستورد.

7- الاعتماد المستندي غير المعزز Unconfirmed L/C :

ويكون دور البنك المراسل مبلّغ الاعتماد دور الوسيط فقـط بتبليغ الاعـتماد إلى المستفيد دون التعهد تجاهه بدفع الالتزام.

الاعتمادات المستندية لدى المصارف الإسلامية:

يتم التعامـل في الاعـتمادات المسـتندية لـدى البنـوك الإسلاميـة بطريقتين، الأولى عندما يكون الاعتماد مفتوحا لمصلحة العميل وممولاً مـن قبلـه، والطريقـة الثانيـة عندما يكون فتح الاعتماد المستندي خطوة من خطوات بيع المرابحة للأمر بالشراء.

أولا: فتح الاعتماد المستندي للعميل وبتمويل منه: هناك من العملاء لدى البنوك الإسلاميـة، الذين يقومون بالاستيراد من الخارج ويمولون مشترياتهم بأنفسهم دون اللجوء لتمويل البنك. ولكن وحيث أن الاعتماد المستندي عقد مـن نـوع خـاص تطـور ونشأ ضمن الأعراف التجارية والمصرفية الدولية، ضمانا لحقوق البائع والمشتري وأحكامـه منظمة باتفاقيات وترتيبـات دوليـة تشرف عليهـا غرفـة التجـارة الدوليـة، وتنظمها القوانين التجارية المحلية، والبنك طرف أساسي في هذا العقد، لـه حقوق وتترتب عليه التزامات، كما هو الحال بالنسبة للبائع والمشتري أي المصدروالمستورد،وحيث لا يمكن تنفيذ مثل

هذه العقود في واقع الحال إلا بوساطة البنوك، فإن التجار وأصحاب الأعمال الذين يتعاملون مع البنوك الإسلامية يلجأون إلى بنوكهم للحصول على هذه الخدمة المصرفية الهامة التي تقدمها البنوك لعملائها، والتي تكون أحيانا من أعمال التمويل، فيتقدم هؤلاء بطلب لفتح اعتماد مستندي، وتتم الإجراءات حسب الأصول المصرفية المتبعة لدى البنوك التجارية العادية.

وبعض العملاء لدى البنوك الإسلامية لديهم سقوف تسهيلات مصرفية في الاعتمادات المستندية يوفرها البنك لهم، بعد دراسات ائتمانية مصرفية تقوم بها دوائر الائتمان في فروع البنك، فيوقع العميل على ما يسمى الشروط العامة في الاعتمادات المستندية يلتزم بها تجاه البنك بالإضافة إلى توقيع كفالة عامة للبنك لمجمل التسهيلات المصرفية المقدمة له من البنك، إن وجدت.

ومن الناحية الشرعية، يجوز للبنك الإسلامي أن يقوم بفتح الاعتمادات المستندية ويحصل على أجرة أو عمولة مقابل تعهده نيابة عن العميل المستورد بسداد ثمن البضاعة للمصدر ومطالبة الأخير بمستندات الشحن وإيصالها إلى المستورد (المشتري) ليتأكد أن المستندات مطابقة لشروط الاعتماد، أي أن البضاعة مطابقة لشروط الاعتماد، وأجرة البنك واسترداده لما قام به من مصاريف فعلية أو ما يأخذه من عمولة، وهذا جائز من منظور أنه وكالة أو حوالة أو ضمان (مع اختلاف المذاهب).

وهنا يتطابق ما يجري العمل به لدى البنوك الإسلامية والتجارية على حد سواء. والخلاف مع البنوك التقليدية يكون:

أ- حينما يكون الاعتماد غير مغطى بالكامل، فيحصل البنك المراسل على فائدة عن المبلغ غير المغطى من قيمة الاعتماد وهذه فائدة ربوية، أو أن يحصل على فوائد على المبالغ المستحقة طيلة الفترة التي تسبق تحصيلها، وهو ربا محرم، يجب على البنوك الإسلامية تجنبها.

ب- كما أن البنك الإسلامي – على عكس ما عليه العمل في بعض البنوك التقليدية – لا يدفع أية فوائد عن التامينات النقدية التي قد يقبضها عند فتح الاعتماد، كما أنه لا يتقاضى أية فوائد عن فرق قيمة الاعتماد المدفوعة من قبله، إذا ما حدث تأخير في تسديد قيمة المستندات من قبل العميل فاتح الاعتماد، والبنك الإسلامي يعد ما يقدمه للعميل في حالة تأخره عن تسديد قيمة المستندات من قبيل القرض الحسن، أو من قبيل الإقراض المتبادل، إذا كانت هناك تأمينات نقدية مدفوعة مسبقا.

ثانيا: الاعتمادات التي تمول كليا أو جزئيا من قبل البنك:

ويأخذ التمويل عدة صور أهمها:

أ- التمويل على أساس بيع المرابحة للآمر بالشراء:

وهي الصيغة المعروفة والتي يجري العمل بها في معظم البنوك الإسلامية.

حيث اتجهت غالبية هذه البنوك إلى ممارسة بيع المرابحة بالأجل، وحتى لا تشتري البضاعة وتكدسها لديها فلا تجد لها مشتريا، ركزت على شراء البضاعة لمن يطلبها، وسميت هذه العملية بيع المرابحة للآمر بالشراء.

ومن ضمن تطبيقاتها، فتح الاعتمادات المستندية كخطوة من خطوات التمويل بالمرابحة للعميل المستورد، حيث يوقع العميل عند فتح الاعتماد المستندي، طلبا أو أمرا بالشراء يوضح فيه مواصفات البضاعة وثمنها ووعدا منه بشرائها، ثم عند ورود البضاعة، يحرر عقد البيع بشروطه. وقد اختلف الفقهاء على إلزامية وعد العميل بالشراء، فبعضهم قال بإلزاميته، وبعضهم قال أنه ملزم ديانة لا قضاء، ولكن في ظل القوانين الوضعية فهو ملزم قانونا.

إلا أن البنوك الإسلامية، بكل الأحوال، تلتزم تجاه المستفيد من الاعتماد والبنوك المراسلة لها في الخارج، وفقا للأصول والأعراف الموحدة للاعتمادات المستندية الصادرة عن غرفة التجارة الدولية، والتمويل قد يكون كليا أو جزئيا.

ب- التمويل على أساس المضاربة:

وفي هذه الحالة فإن الربح يكون حسبما هو متفق عليه بين البنك والعميل المضارب فاتح الاعتماد، وفي حالة الخسارة فإن الذي يتحملها هو البنك الممول باعتباره صاحب رأس المال. وقلما يجري التعامل بهذا النوع.

ج- التمويل على أساس المشاركة:

ويوزع الربح حسبما هو متفق عليه بين البنك والعميل، بنسبة مئوية شائعة بين رأس المال والعمل.

ومن الملاحظ عدم انتشار هذه الصيغة لدى معظم البنوك الإسلامية لعدم وجود بنية بشرية مؤهلة ماليا ومهنيا للتعامل مع هذه المشاريع.

ولا مانع من أن يكون للعميل نسبة من الربح زائدة عن نسبة البنك، باعتبار أن العميل يقدم عمله فضلا عن مساهمته برأس المال. أما في حالة الخسارة، فيتم توزيعها حسب نسبة مساهمة الشريكين برأس المال.

وقلما يجري التعامل بهذا النوع.

والخلاف بين تعامل البنوك الإسلامية والتجارية فيما يتعلق بأعمال الاعتمادات المستندية التي يجري تمويلها من قبل البنوك:

أنه عندما يقوم البنك التجاري بفتح اعتماد مستندي بتمويل من البنك للعميل، فإن البنك عادة ما يربط ذلك بالحساب الجاري مدين فقيد قيمة التأمينات النقدية عند فتح الاعتماد، على الحساب الجاري مدين أو الحساب العادي، للعميل بعد كشفة ويتقاضى فوائد الكشف عليه. وبطبيعة الحال فإن المستندات الممثلة للبضاعة بعد دفع قيمتها من قبل البنك تبقى مرتهنة بحوزة البنك إلى أن يتم تسديد قيمتها، إذا لم يكن هناك اتفاق مسبق على قيدها على حساب العميل وفق صيغة من صيغ التمويل المصرفي، كالقرض أو الحساب الجاري مدين أو الكمبيالات المخصومة.

ويختلف الحال لدى البنك الإسلامي لأن قيامه باستيراد البضائع من الخارج يعتبر خطوه من خطوات التمويل على أساس بيع المرابحة للآمر بالشراء، حيث يقوم البنك بشراء البضائع باسم البنك بموجب اعتماد مستندي صادر عنه، وتبقى هذه البضائع في ملكية البنك لحين بيعها بموجب عقد بيع بالمرابحة للآمر بالشراء، بعد ورود مستنداتها من الخارج، كذلك فإنه، إذا هلكت هذه البضاعة المستوردة أو كان بها عيب خفي أو كان هناك اختلاف فيما بينها وبين شروط الاعتماد، ولم يتم اكتشافه، فإنه تكون بضمان البنك الإسلامي المالك الحقيقي لها.

ولذلك تقوم البنوك الإسلامية بتأمين هذه البضاعة لمصلحتها حتى يتم بيعها بموجب عقد المرابحة للعميل، كما أنها تتحمل مسؤولية العيوب التي تظهر في البضاعة تجاه العميل الآمر بالشراء، إذا كانت مخالفة لما تم الاتفاق عليه بين البنك والعميل، وعليها ان تعود على الشركة المؤمنة للتعويض عنها.

2-9 الحوالات المصرفية:

تعرف الحوالة المصرفية بأنها أمر كتابي يصدره العميل إلى بنكه ليدفع مبلغا معينا من النقود إلى شخص ثان يقيم في بلد آخر. وهذه التعليمات الكتابية غالبا ما تكون على نموذج معين يوضح فيه اسم المستفيد وعنوانه والمبلغ المراد تحويله وكيفية التحويل برقيا أو بريديا أو هاتفيا مع خصم قيمة الحوالة، ومصروفاتها من حسابه الجاري لدى البنك أو دفع قيمتها نقداً، إن لم يكن طالب التحويل أحد المودعين لدى البنك، ثم يقوم البنك بالاتصال بمراسله في البلد الآخر طالبا إليه دفع المبلغ إلى المستفيد من هذه الحوالة.

وتقدم البنوك كافة هذه الخدمة، وهي تحويل العملة من بلد لآخر إلى عملائها مقابل عمولة تحويل، ويمكن أيضا للبنك الإسلامي تقديم هذه الخدمة خاصة وقد سبق للمسلمين الأوائل، في بداية عهد الإسلام، تقديم هذه الخدمة، فقد كان عبدالله بن الزبير يأخذ من قوم دراهم بمكة ثم يكتب لهم بها إلى أخيه مصعب في العراق فيأخذها منه، ثم أصبحت هذه العملية جزءا من مهنة الصيارفة، ومن ثم مهنة البنوك الحديثة.

وتكون الحوالة صادرة، وهي التي يصدرها الفرع بطلب من شخص معين إلى بنك أو فرع آخر ليدفع ذلك البنك أو الفرع ملغاً معيناً إلى مستفيد معين.

أما الحوالة الواردة فهي الأمر الوارد إلى الفرع من بنك أو فرع آخر لدفع مبلغ معين لمستفيد معين.

وتنقسم الحوالات إلى: حوالات داخلية وهي التي يتم فيها نقل النقود من مكان إلى آخر في نفس الدولة، بناء على طلب العميل، وحوالات خارجية وهي التي يتم فيها نقل النقود من دولة إلى أخرى، وبعملات مختلفة.

إن ما يميز بين الحوالات الداخلية والحوالات الخارجية هو:

1- أن البنك الدافع في الحوالات الخارجية يكون في دولة أخرى وإن كان فرعا للبنك مصدر الحوالة.

2- غالبا ما تكون قيمة الحوالة بعملة الدولة التي يوجد فيها البنك الدافع ويسمى البنك المرسل.

مشروعيتها:

الحوالة المصرفية في تخريجها الشرعي عبارة عن عملية تحويل يقوم بها المصرف باعتباره وكيلا عن الأطراف المعنية، والوكالة عقد جائز شرعا، بأجر كان أو بدون اجر، وما يأخذه المصرف من عمولة على هذه العملية بمثابة الأجر، وهو جائز من الناحية الشرعية.

أما الربح الذي يجنيه المصرف من فرق السعر بين العملتين في التحويل الخارجي (أي بين العملة المحلية والأجنبية بيعا أو شراء) فجائز شرعا ما دام شرط التقايض حاصلا فعلا لأن كل عملية تعد نوعا قائما بذاته. والرسول صلى الله عليه وسلم يقول (فإذا اختلفت هذه الأصناف فبيعوا كيف شئتم إذا كانت يدا بيد).

الحوالات المصرفية تتم بوسائل متعددة منها:

1- **الحوالة البريدية Mail Transfer:** حيث يتقدم العميل أو طالب الحوالة بكتاب خطي إلى البنك يطلب فيه تحويل مبلغ من النقود إلى شخص أخر (المستفيد). يذكر اسمه وعنوانه الكامل ورقم حسابه إن وجد لدى البنك الدافع Paying Bank الذي قد يكون البنك نفسه أو أحد فروعه أو فرع بنك آخر.

وقد يتم تقديم طلب إصدار الحوالة عن طريق تعبئة نموذج خاص معد سلفا لدى أقسام الحوالات في البنوك التجارية وغيرها.

وبناء على طلب العميل يصدر البنك أمراً خطيا أو إشعاراً إلى البنك الدافع طالبا فيه دفع مبلغ الحوالة للمستفيد وقيد القيمة على حساب البنك مصدر الحوالة لديه، أو لدى البنك المغطي Covering Bank في حالة عدم وجود حساب وحسب الأعراف المصرفية.

2- **الحوالة الهاتفية Telephone Transpfer :** وعادة ما تكون بين فروع البنك نفسه أو بين البنك وبنك آخر توجد بينه وبين فرع البنك المحول ترتيبات خاصة للمكالمات الهاتفية مع استعمال رقم سري للإثبات ولها صفة الاستعجال.

3- **الحوالات البرقية Telegraphic or Cable Transfer :** ويتم إصدار الحوالات بالبرقيات بعد وضع رقم سري وتوقيعها من المسؤولين في البنك

مع وجود تاريخ للإصدار حيث يستعمل مع الرقم السري للإثبات وهذا النوع من الحوالات قل استعماله، وحلت محله طرق جديدة.

4- **الحوالات عن طريق التلكس أو الكمبيوتر:** وهذه الوسيلة هي الأحدث، والحوالة تتم باستخدام التلكس أو الكمبيوتر وباستعمال الأرقام السرية المتفق عليها بين البنكين وبعد التأكد من صحة الأرقام السرية يتم الدفع للمستفيد.

5- **الشيكات المصرفية Banker's Drafts** : هنا يصدر فرع البنك شيكا مصرفيا مسحوبا من قبل الفرع على الإدارة العامة للبنك أو أحد الفروع الرئيسية، بناء على طلب من أحد عملائه، لتقديم هذا الشيك المصرفي إلى إحدى الجهات التي تتطلب أن يكون الدفع بموجب شيك مصرفي أو مصدق مضمون الدفع، ويأتي هذا النوع من الشيكات بعد النقود كأداة وفاء، ومن فوائده أنه يجنب العميل مخاطر حمل مبالغ نقدية كبيرة خصوصا عند دفع ثمن بيت أو سيارة أو سلعة ذات قيمة كبيرة.

ويتم إصدار الحوالات الخارجية بنفس الوسائل التي يتم بها إصدار الحوالات الداخلية أو بطريقة أل Swift . وهي الأحدث والأسرع في العالم حاليا.

"والسويفت" عبارة عن شبكة إتصالات دولية، تم تشكيلها من قبل 1500 بنك من خمسين دولة لتسريع وصول الحوالات الدولية والرسائل الإلكترونية فيما بين المشتركين في النظام، ويتم ذلك باستعمال أنظمة الكمبيوتر بين هذه البنوك، ويتم التحويل والتراسل عبر الشبكة مع استعمال الأرقام السرية التي يجري حلها لدى الطرف الأخر أي البنك الدافع (المراسل) أو البنك المستقبل.

وغالبا ما يكون لدى كل بنك محلي بنكا مراسلا في الدول الكبرى من البنوك المعروفة هناك يسمى البنك المراسل Correspondent Bank ويحتفظ البنك المحلي بمبالغ مالية في حساباته بالعملة الأجنبية لدى البنوك المراسلة لتغطية قيمة ما يصدره البنك المحلي من حوالات أو يستورده بموجب اعتمادات من الخارج.

3-9 الأوراق التجارية:

تستخدم الأوراق التجارية (الكمبيالة، سند السحب، الشيك) بصفة عامة في الأعمال التجارية كسند يثبت فيه المدين تعهدا للدائن بدفع مبلغ معين إما بنفسه أو عن طريق شخص آخر في تاريخ معين. وتستخدم الأوراق التجارية أداة للوفاء بالديون مقابل الغير بحيث يمكن تحويل المديونية من شخص لآخر. وجرى العرف على أن أكثر هذه الأوراق تداولا هي الكمبيالة.

تعرف الكمبيالة (السند الاذني) بأنها محرر مكتوب وفق شروط مذكورة في القانون وتتضمن تعهد محرّرها بدفع مبلغ معين بمجرد الاطلاع أو في تاريخ معين قابل للتعيين لأمر شخص آخر هو المستفيد أو حامل السند.

أما سند السحب (البوليصة) فهو محرر مكتوب وفق شرائط مذكورة في القانون ويتضمن أمرا صادرا من شخص هو الساحب إلى شخص آخر هو المسحوب عليه بأن يدفع لأمر شخص ثالث هو المستفيد أو حامل السند مبلغا معينا بمجرد الإطلاع أو في موعد معين أو قابل للتعيين.

السند الشائع في الأردن هو سند الأمر أو السند الإذني الذي أطلق عليه لفظ كمبيالة، بينما يندر استعمال سند السحب في الحياة العملية، ولهذا ولتشابه الأحكام القانونية لكل من السندين فإننا سنستخدم لفظ الكمبيالة ليشير إلى كل منهما معا.

الشيك هو محرر مكتوب وفق شرائط مذكورة في القانون ويتضمن أمرا صادرا من شخص هو الساحب إلى شخص آخر يكون معروفا وهو المسحوب عليه بأن يدفع لأمر شخص ثالث أو لأمره أو لحامل الشيك - وهو المستفيد - مبلغا من المال لمجرد الاطلاع على الشيك.

الخدمات المصرفية المتعلقة بالأوراق التجارية هي:

1- تحصيل الأوراق التجارية: وهذه الخدمة من الناحية الشرعية جائزة ويتقاضى المصرف الإسلامي عنها عمولة أو أجراً وتكييفها الشرعي وكالة.

أ- عمليات تحصيل الشيكات:

يستلم عملاء البنك شيكات من زبائنهم مسحوبة على بنوك مختلفة، وذلك تسديدا لالتزامهم من أثمان مشتريات ومدفوعات أخرى تجاه عملائهم. فيلجأ هؤلاء

العملاء إلى إيداع هذه الشيكات في البنك الذي يتعاملون معه، ويقوم البنك بالنيابة عنهم بتحصيل قيم هذه الشيكات من البنوك الأخرى المسحوبة عليها، وذلك بوساطة غرفة المقاصة وتسجيل قيمتها في حسابات العملاء لديه، كما تقوم البنوك المسحوبة عليها هذه الشيكات بخصم قيمتها من حسابات العملاء الساحبين.

وتساعد هذه الخدمة في تسوية المعاملات وتوفير الجهد والوقت اللازمين لعمليات السحب والإيداع، وهنا يمكن للبنك الإسلامي القيام بهذه الخدمة بنفس الطريقة التي تقوم بها البنوك التجارية. واستخدام الشيكات قديم في الإسلام، ويرجع إلى منتصف القرن الرابع الهجري أي قبل حوالي ألف عام، في حين لم تعرف أوروبا استخدام الشيكات إلا في بداية القرن الثالث عشر الميلادي. والدليل على استخدام المسلمين للشيكات أن سيف الدولة الحمداني كان واليا على حلب في منتصف القرن الرابع الهجري، وزار بغداد وتنكر في دور حانات اللهو فخدموه دون أن يعرفوه، فلما هم بالإنصراف كتب لهم رقعة ففتحوها وكانت موجهة إلى أحد الصيارفة في بغداد، بألف دينار فعرضوها على الصراف، الذي دفع لهم بالمبلغ في الحال. وهذا دليل على أن سيف الدولة كانت له وديعة لدى هذا الصراف ولديه نموذج لتوقيعه، وهما من متطلبات الشيك.

وتعتبر هذه العملية مرحلة متقدمة من العمل المصرفي، تتطلب الثقة والاطمئنان، ويمكننا أن نستنتج أنها قد تنطوي على عملية ائتمان إذا لم يكن هناك رصيد لدى الصراف، وقام هذا بدفع الشيك وكشف حساب سيف الدولة لديه بالمبلغ، وهي تشبه عمليه السحب على المكشوف، وعلى أية حالة فإن البنك الإسلامي الحالي يمارس عمليات تحصيل الشيكات والتي تكون عادة مسحوبة على الحسابات الجارية، تماما مثلما يحدث في البنك التجاري، مع تجنب تحصيل فوائد في حالة السحب على المكشوب.

ب- تحصيل الكمبيالات

يقوم البنك نيابة عن حامل الكمبيالة بتحصيل قيمة الكمبيالات من المدينين، ويتقاضى البنك لقاء هذه العمليات عمولات وأجور بريد، ومضمون عملية التحصيل أن يطلب العميل من البنك تحصيل حقوقه في الأوراق التجارية، ويقوم بتظهير الأوراق تظهيرا توكيليا، ويقوم البنك بمطالبة المدين في الورقة المطلوب تحصيل قيمتها لحساب العميل. والتخريج الشرعي لهذه العملية أنها وكالة بأجر حيث أنّ العميل يوكل البنك في تحصيل دينه مقابل أجرة جائزة شرعا ، وإذا لم ينص على الأجر في الوكالة يُعمل بالعرف الدارج، والبنك كوكيل بأجر يستحق الأجرة سواء حصل قيمة الدين أم لم يحصلها، وبالتالي يكون تحصيل الأوراق التجارية في البنك

الإسلامي جائزاً شرعا ويأخذ حكم الوكالة بأجر. ويجيز الفقهاء للمصرف أن يتقاضى العمولات عن تلك الخدمة بحيث تكون على شكل مبلغ مقطوع، ويحدد القيمة لكل كمبيالة، وبدون أن يرتبط المبلغ المقطوع بقيمة الكمبيالة أو مدتها.

2- قبول الأوراق التجارية كضمان:

تقبل المصارف الإسلامية الأوراق التجارية المسحوبة على التجار، كتأمين أو ضمان للوفاء بمديونية بعض المتعاملين بها وتأكيداً لجدية هؤلاء المتعاملين على الوفاء بالتزاماتهم المالية تجاه المصرف الإسلامي بموجب العقود المبرمة معهم. كما تقوم المصارف الإسلامية بضمان عملائها للوفاء بقيمة كمبيالات تجارية وقعوها لأمر تجار معروفين، بعد حصولهم على آلات أو معدات أو مواد أو مستلزمات إنتاج ضرورية لعملية المتاجرة، أو المضاربة، أو المشاركة.

لا يوجد مانع شرعا من قبول الأوراق التجارية كضمان في بعض العمليات الاستثمارية إذا تم التأكد من صحة الأوراق التجارية المقدمة كضمان.

3- حفظ الأوراق التجارية:

وهذه الخدمة من الناحية الشرعية جائزة ويؤخذ عليها أجر مقابل الخدمة.

4- خصم الأوراق التجارية:

ويتم خصم الكمبيالات بأن يدفع البنك قيمة الورقة التجارية قبل موعد استحقاقها، وذلك بعد خصم مبلغ معين يمثل فائدة من القيمة المذكورة بالورقة، عن المدة الواقعة من تاريخ الخصم وموعد الاستحقاق، وذلك بالإضافة إلى عمولة ومصاريف تحصيل يأخذها البنك.

والتخريج الشرعي لهذه العملية أنها قرض ربوي، فالعميل اقترض من البنك مبلغا من المال على أن يدفع أكثر منه وهو قيمة الورقة، والفائدة التي يأخذها البنك التقليدي نظير الإقراض تختلف تبعا لقيمة الورقة التجارية وموعد الاستحقاق، ولهذا فإن خصم الأوراق التجارية الذي تقوم به البنوك التقليدية قرض ربوي محرم، ولذلك لا يجوز للبنك الإسلامي أن يتعامل بهذه المعاملة، ولا يستطيع البنك الإسلامي أن يقوم بهذه العملية إلا على سبيل القرض الحسن دون أن يأخذ زيادة على ما يدفعه. وجاء في قرار الفقه الإسلامي (المؤتمر السابع / جدة 9 – 1992/5/14) أن خصم الأوراق التجارية غير جائز شرعا لأنه مسؤول عن دين النسيئة المحرّم.

4-9 شراء وبيع العملات الأجنبية في المصارف الإسلامية

تستقطب البنوك الإسلامية ودائع العملاء بالعملات الأجنبية أسوة بما لدى البنوك التجارية فتقوم بفتح الحسابات بهذه العملات بأنواعها الجارية وتحت الطلب والتوفير والودائع لأجل وتحت إشعار وهي من الوظائف الرئيسية لهذه البنوك.

كما تقوم هذه البنوك بتقديم خدمات مصرفية ناشئة عن وظيفة قبول الودائع حيث تقوم بعمليات مصرفية هدفها تنظيم وإدارة واستثمار هذه الموجودات بالإضافة إلى بيع وشراء العملات الأجنبية نقدا (الصرف) وبيع وشراء العملات الاجنبية الفورية Spot في سوق الصرف الأجنبي، وتقوم بإصدار الحوالات بالعملات الأجنبية، واستقبال الحوالات الواردة وصرفها، وإصدار الشيكات المصرفية بالعملات الأجنبية للعملاء، واستقبال ما يرد من شيكات مصرفية وشرائها مقابل العملة المحلية، والاحتفاظ بحسابات بالعملات الأجنبية لدى المصارف المراسلة في الخارج، وإدارتها وتغذيتها والسحب منها، وذلك لتسوية الأرصدة الناتجة عن قيمة الحوالات والشيكات المصرفية الصادرة عنها أو الواردة إليها، أو الناتجة عن مسحوبات بطاقات الائتمان الدولية. وكذلك لتسوية الأرصدة الناتجة عن عمليات التجارة الدولية من استيراد وتصدير وأثمان الخدمات التي تتم عن طريقها.

ويتضح مما سبق بيانه أن البنوك الإسلامية تقوم بنفس العمليات المصرفية التي تقوم بها البنوك التجارية التقليدية في هذا المجال، وتقدم نفس الخدمات لعملائها إلا ما قيدت العمل به أحكام الشريعة الإسلامية الغراء.

وسنتناول هذه العمليات المصرفية والخدمات لدى المصارف الإسلامية فيما يلي:

أولا: شراء وبيع العملات الأجنبية نقدا (الصرف) وتعني هذه العملية (بيع وشراء العملات الأجنبية والصكوك المقومة بعملات أجنبية سواء كان ذلك بسعر صرف ثابت او متغير.

ويجب أن يكون التعامل بالعملات الاجنبية في البيع والشراء على أساس السعر الحاضر دون السعر الأجل. حيث يشترط في الصرف، التماثل والتقابض في المجلس عند اتحاد الجنس والتقابض في المجلس عند اختلافه. واشتراط التأخير في عقود الصرف لا يجوز

إن بيع وشراء العملات الأجنبية مناجزة يشترط لجوازه التقابض لأنه لا يجوز. إن بيع شيء من الربويات اختلف جنسها أو اتحد إلاّ مع التقابض ، وذلك

لحديث عبادة بن الصامت عن رسول الله صلى الله عليه وسلم أنه قال: "الذهب بالذهب، والفضة بالفضة، والبر بالبر، والشعير بالشعير، والتمر بالتمر، والملح بالملح، مثلا بمثل سواء بسواء، يدا بيد. فإذا اختلفت هذه الأصناف فبيعوا كيف شئتم إذا كان يداً بيد".

وتتم عملية الصرف مناجزة إما عن طريق صندوق البنك بتسليم العميل ما لديه من عملة أجنبية إلى البنك، ليتسلّم منه العملة المطلوبة من الجنس الآخر، أو عن طريق الحساب وهي أن يقوم العميل بتسليم إيصال الإيداع إلى البنك، ويقوم البنك بقيد القيمة المعادلة للعملة الأجنبية وفق سعرالإيداع،أو قيام البنك بشراء عملات أجنبية من سوق أجنبية لبيعها في سوق أجنبية أخرى بهدف الحصول على الربح عن طريق السعر بين السوقين.

وفي جميع هذه الحالات يتحقق شرط التقابض سواء كان فعليا أو حسابيا، لجواز هذه العمليات.

ثانيا: شراء وبيع العملات الأجنبية في سوق الصرف الأجنبي.

تستخدم المصارف الإسلامية سوق الصرف الأجنبي كوسيلة يتم بوساطتها تحويل العملات بين الدول لتمويل وتسديد عمليات التجارة الدولية الناتجة عن الاعتمادات المستندية وبوالص التحصيل لأغراض الاستيراد والتصدير ولتسديد الأرصدة بالعملات الأجنبية الناتجة عن الحوالات الصادرة والواردة بالعملات الأجنبية، ولتسديد الأرصدة الناتجة كذلك عن بيع وشراء الشيكات المصرفية والعملات الأجنبية، ولتسوية الأرصدة الناتجة عن استعمال بطاقات الائتمان الدولية وتسديد رصيد الخدمات الدولية.

ولكن ذلك يعني دخول سوق الصرف الأجنبي فقط، لشراء وبيع العملات الأجنبية لتأمين احتياجات ومتطلبات الحسابات المفتوحة لدى المراسلين ولتغطية قيمة الاعتمادات المستندية وبوالص التحصيل والحوالات والشيكات المصرفية الصادرة عن هذه البنوك، ولتسديد مسحوبات البطاقات الائتمانية الدولية والخدمات الدولية المقدمة، عن طريق الشراء والبيع الفوري أو الآني Spot فقط.

ثالثا: قبول ودائع العملاء بالعملات الأجنبية لدى المصارف الإسلامية:

تقوم البنوك الإسلامية بفتح حسابات بالعملات الأجنبية لعملائها وفيها الحسابات تحت الطلب والتوفير والودائع لأجل وتحت إشعار، وحسابات الائتمان (الجارية وتحت الطلب) بالعملات الأجنبية لدى المصارف الإسلامية، لا يعطى المودع فيها أية مبالغ مقابل إيداعاته في حسابه، كما هي الحال بالنسبة لهذه

الحسابات بالعملة المحلية، على اعتبار أن هذه الحسابات أمانة لدى البنك ولا يجوز له استخدامها في عملياته المصرفية.

أما حسابات الاستثمار المشترك بالعملات الأجنبية: (التوفير ولأجل وتحت إشعار) فتعامل كما تعامل الحسابات بالعملة المحلية، حيث يعهد المودعون للبنك في استثمار هذه الودائع دون ضمان بردّها، فيصير المودع شريكا في الربح والخسارة الناتجة من عملية الاتجار والاستثمار، وتبعاً لذلك فإن البنك الإسلامي لا يدفع عائدا ثابتا على هذه الأموال وذلك بعكس ما يجري لدى البنوك التقليدية، حيث يضمن البنك للمودع القيمة الاسمية لوديعته، بالإضافة لقيمة الفائدة الثابتة المحددة التي يتفق عليها سلفا بين البنك والمودع.

رابعا: إدارة الموجودات وحسابات المصارف بالعملات الأجنبية.

تقوم المصارف الإسلامية بإدارة ما لديها من موجودات ومطلوبات بالعملة الأجنبية وفي سبيل ذلك تقوم المصارف بما يلي:

أ- تنظيم علاقاتها مع البنوك المراسلة: وتتم هذه العملية بنفس الطريقة التي تقوم بها البنوك التجارية وفقا للأعراف المصرفية الدولية، مع فارق أن البنوك الإسلامية لا تتقاضى فوائد على الأرصدة التي تحتفظ بها لدى البنوك المراسلة عادة.

ب- إدارة محفظة البنك الاستثمارية بالعملات الأجنبية: وتتبع البنوك الإسلامية عادة نفس قواعد إدارة الأموال الحريصة والنشطة معا، والتي تتبعها البنوك التجارية بما يسهم بالحفاظ على قيمة الموجودات بالعملات الأجنبية ومن ثم تحقيق ربح مناسب عليها بحيث يراعى تحقيق التوازن المناسب بين عناصر المخاطر والمردود والسيولة، وتوزيع المخاطر من حيث نوع الاستثمار ونوع العملات.

وتستثنى البنوك الإسلامية عند التعامل في أسواق المال الدولية الاستثمار بالأدوات التي ترتبط بالفائدة كالسندات Bonds وشهادات الايداع CDs وغيرها.

وتلجأ البنوك الإسلامية حاليا لاستثمار ما لديها من موجودات بالعملات الاجنبية في أدوات الاستثمار الإسلامية من صناديق استثمار وحسابات الاستثمار المشترك وفق أحكام الشريعة الإسلامية في سوق المال الإسلامي النامية.

5-9 خطابات الضمان

تعريف خطاب الضمان: هو تعهد كتابي ونهائي يصدر من المصرف بناءً على طلب عميله (رجل الأعمال) ويسمى الآمر بقبول دفع مبلغ نقدي معين أو قابل للتعيين بمجرد ما يطلبه المستفيد من المصرف، خلال مدة محددة.

وهناك ثلاثة أطراف في خطاب الضمان:

1- الكفيل (البنك)

2- المكفول وهو العميل طالب الكفالة.

3- المستفيد.

وتختلف طبيعة العلاقة بينهم حسب طبيعة الرابطة القائمة بين كل منهم.

1- فالعلاقة بين العميل طالب الكفالة والمستفيد يحكمها العقد أو الاتفاق الذي تقدم الكفالة تبعا له.

2- والعلاقة بين البنك والعميل طالب الكفالة (وكفلائه إن وجدوا) تحكمها شروط العقد التي تصدر الكفالة بالاستناد إليه.

3- والعلاقة بين البنك والمستفيد يحكمها عقد الكفالة الذي صدرت به الكفالة نصاً.

أشكال خطابات الضمان الابتدائية:

1- خطابات الضمان الابتدائية هي تعهدات موجهة إلى المستفيد من هيئة حكومية أو غيرها لضمان دفع مبلغ من النقود من قيمة العملية التي يتنافس طالب خطاب الضمان للحصول عليها، ويستحق الدفع عند عدم قيام الطالب باتخاذ الترتيبات اللازمة للتعاقد على العملية والبدء في تنفيذها عند رسو العملية عليه، أي أن خطاب الضمان الابتدائي يهدف إلى ضمان جدية عرض كل شخص من المشتركين في المناقصة أو المزايدة.

2- خطابات الضمان النهائية (حسن التنفيذ): فهي تعهدات للجهة الحكومية أو غيرها لضمان دفع مبلغ من النقود يعادل نسبة أكبر من قيمة العملية التي استقرت في عهدة العميل، ويصبح الدفع واجبا عند تخلف العميل عن الوفاء بالتزاماته المنصوص عليها في العقد النهائي للعملية بين العميل والجهة التي صدر خطاب الضمان لصالحها، وبذلك تضمن الجهة صاحبة المشروع عدم

التورط في مضاعفات أو خسائر عند الاتفاق مع أحد المقاولين أو الموردين ورسو العملية عليه إذا تخلف عن الوفاء بالتزاماته. وتضمن حسن التنفيذ والأداء وفقا للمواصفات المطلوبة وفي الوقت المحدد لتنفيذ العقد.

3- خطابات ضمان الدفع: وهي خطابات الضمان التي يطلب إصدارها لصالح الجهات المستفيدة ضماناً لتأدية رسوم أو غرامات قد تتحقق على طالب الكفالة، كما في خطابات الضمان للجمارك أو خطابات الضمان التي تطلبها مصفاة البترول من أصحاب محطات الوقود، ضمانا لدفع قيمة المحروقات التي يتم تزويدهم بها عادة على الحساب.

4- خطابات تسلم البضائع: وهي خطابات ضمان يتقدمها المصرف المستورد للشركات الناقلة للبضائع بحرا، مثل شركات البواخر أو وكلائها، ويتضمن الخطاب تعهد المستورد باستلام مستندات الشحن عند وصولها، وتعهده بالدفع الفوري أو عند الطلب لجميع الالتزامات المالية التي تترتب على تسليم شركة الملاحة للبضاعة المستوردة.

فوائد خطابات الضمان:

تحقق خطابات الضمان للمقاولين وللموردين وغيرهم - سواء كان الخطاب مقدما كتأمين ابتدائي أو نهائي - فوائد كبيرة، إذ بدلا من تقديم هؤلاء التأمينات المطلوبة كمبالغ نقدية من المال وبالتالي تجميد هذه المبالغ، فإنهم يتقدمون إلى المصرف طالبين خطاب ضمان، ويكون هذا الخطاب بمثابة تأمين نقدي لدى الجهة صاحبة المشروع وإذا تخلف المقاول أو المورد - عن الوفاء بالتزاماته - سواء في المرحلة الابتدائية أو النهائية - اضطر المصرف على دفع القيمة المحددة في خطاب الضمان ويرجع في استيفائها على الشخص الذي صدر خطاب الضمان إجابة لطلبه.

وبوجه عام يؤدي المصرف بخطابات الضمان خدمات كبيرة لعملائه وللاقتصاد الوطني ويغلب استعماله في العمليات الإنشائية والمقاولات الكبيرة، وفي المناقصات والمزايدات الحكومية وبالنسبة لمطالب مصالح متعددة كمصلحة الضرائب وغيرها.

تصدر المصارف الإسلامية خطابات الضمان بأنواعها المختلفة على أسس شرعية.

إصدار خطابات الضمان المصرفية: مشروط بأن يكون مرتباً بمشروعية الموضوع الذي يطلب خطاب الضمان لأجله.

إن خطاب الضمان المصرفي إذا كان بدون غطاء نقدي كامل فهو كفالة ويخضع لأحكامها، وإذا قدم له غطاء نقدي كامل لدى البنك فهو وكالة بالنسبة للشخص المكفول، وأما بالنسبة للشخص المكفول له فإن خطاب الضمان حينئذ كفالة.

يجوز للبنك في جميع الأحوال أن يأخذ أجرا على خطاب الضمان بمقدار ما يبذله من جهد وعمل إجرائي دون أن يربط الأجر بنسبة المبلغ الذي يصدر به الضمان.

ويرى كثير من الفقهاء أنه من الأفضل للمصارف الإسلامية ان تصدر خطابات الضمان في إطار صيغ التمويل الإسلامي المجازة شرعا مثل المشاركة والمضاربة والمتاجرة.

6-9 تأجير الخزائن الحديدية:

يقوم البنك بتأجير خزائن حديدة لمن يرغب من العملاء نظير أجر سنوي زهيد، وهي على شكل أدراج يحمل كل منها رقما معينا، وهي على أحجام مختلفة تلائم الاحتياجات المختلفة للعملاء، وهذه الخزائن مجهزة بشكل يمنع خطر السرقة والسطو والحريق.

وتوجد هذه الخزائن في غرف محصنة ومسلحة تسليحا كاملا تحت الأرض في مبنى المصرف. ويوجد لهذه الخزائن مفتاحان أحدهما لدى المصرف والثاني لدى العميل. فيقوم موظف المصرف المختص بفتح القفل الأول ويترك للعميل فتح الثاني، وإدخال وإخراج ما يشاء بسرية تامة، ويحق لصاحب الصندوق الدخول خلال ساعات الدوام الرسمي والاستفادة من هذه الخدمة.

وتوفر هذه الخدمة للعميل ضمان سلامة ممتلكاته الموجودة في الصندوق، وتحقق للمصرف إمكانية اجتذاب عملاء جدد، ويتقاضى المصرف أجرا مقابل تأجير الخزائن الحديدية.

ويترتب على المصرف في هذه الخدمة تجاه العميل ما يلي:

1- أن يتمكن العميل من الدخول إلى الخزانة فيضع أو يخرج منها ما يريد على حريته دون أن ينكشف سره.

2- أن يحافظ المصرف على ما يضعه العميل في أقصى درجات الأمان ويترتب مقابل ذلك على العميل ما يلي:

1- دفع الأجرة: ويحددها عادة العقد ولا يجوز تعديلها أثناء مدة العقد إلا برضى الطرفين، والغالب أن تدفع مقدما عن كل مدة العقد، وهي سنة عادة.

كما يدفع العميل مبلغا آخر كتأمين عن المدة التي يتأخر فيها المستأجر عن دفع الأجرة، فيكون للمصرف أن يخصم منه ما يستحق من أجرة متأخرة، وإذا كان للمستأجر حساب فتحصل الأجرة غالبا بطريق القيد بالحساب.

2- استخدام الخزانة طبقا لشروط العقد : ومن هذه الشروط أن يكون الدخول إليها في أوقات عمل المصرف ، وبعد التوقيع على دفع يثبت

وقت دخول العميل واتباع إجراءات أخرى تفرضها راحـة العمـلاء الآخـرين، وعدم وضع مواد متفجرة أو خطرة.

3- رد الخزانة عند انتهاء العقد: وعلى العميل أن يرد الخزانة سالمة كـما تلقاهـا عند انتهاء العقد وذلك برد مفتاحها إلى المصرف وتفريغها من محتواها.

وهـذه الخدمـة مـن الخـدمات المصرفية الجـائزة وفقـا للشر ـيعة الإسـلامية وتكييفها الشرعي أنها عقد إجازة.

7-9 التعامل بالأوراق المالية:

تشمل الأوراق المالية الأسهم والسندات. والسهم عبارة عن حصة في ملكية إحدى الشركات. أما السند فهو صك مالي يمثل جزءاً من دين على الجهة المصدرة لذلك السند سواء أكانت تلك الجهة شركة معينة أو هيئة أو حكومة. والمعروف أن السهم العادي يحصل حامله على عائد يتغير من سنة لأخرى وقد لا يحصل على أي عائد في حالة خسارة الشركة المصدرة لذلك السهم أو عدم قيامها بتوزيع أي عائد على الرغم من تحقيقها للأرباح، والسهم بذلك يعد استثماراً مشروعاً للبنوك الإسلامية، غير أنه يشترط ألاّ تكون الشركة المصدرة للأسهم، تعمل في نشاط أو سلع محظورة شرعاً كالخمور ولحم الخنزير أو تتعامل بالربا كما هو الحال بالنسبة للمؤسسات المالية التقليدية.

أما السندات التي تعطي لحاملها فائدة ثابتة بغض النظر عن نتائج أعمال الجهة المصدرة فهي غير جائزة من الناحية الشرعية، كاستثمار للبنوك الإسلامية، نظراً لأن التعامل بها يمثل تعاملاً ربوياً محرماً، وتشمل الخدمات التي تقدمها البنوك الإسلامية لعملائها في مجال الأسهم.

1) بيع وشراء الأوراق المالية: تقوم البنوك الإسلامية بالاستثمار في أسهم الشركات القائمة والجديدة. وبذلك تساهم في تقديم التمويل اللازم لهذه الشركات والمنشآت. وفي نفس الوقت تقوم بشراء هذه الأسهم وبيعها لحساب عملائها بناء على تعليماتهم، فتحقق الأرباح من فرق السعر السوقي للأسهم.

2) حفظ الأوراق المالية من الضياع والسرقة والتلف: يحتفظ البنك بالأوراق المالية في خزائن أمينة لديه وذلك إما لحسابه أو لحساب عملائه، وعند قيامه بهذه الخدمة لحساب عملائه يتقاضى عمولة مقابل ذلك، وفي اعتقادنا أن مثل هذه العمولة يجب أن تكون قيمة محددة وليس نسبة مئوية من قيمة الأوراق المالية حتى تتجنب شبهة الربا.

3) تحصيل الأسهم واستلام أرباح الأسهم بالنيابة عن العملاء: يقوم البنك باستلام أرباح أسهم عملائه في الشركات وإيداعها في حساباتهم بناء على تفويض منهم.

4) القيام بتسهيل عمليات الاكتتاب في الأسهم: تلجأ الشركات المصدرة للأسهم للبنك ليقوم نيابة عنها ببيع الأسهم المصدرة لمن يرغب في استثمار أمواله فيها مقابل أجر متفق عليه يدفع للبنك.

8-9 البطاقات المصرفية

تصدر المصارف الإسلامية البطاقات المصرفية، وتعتبر وسيلة للحصول على البضائع والخدمات فوراً والدفع لاحقاً.

ويتم استخدام هذه البطاقات يكون لدى البنوك كمبيوترات متصلة بكمبيوتر مركزي للتعرف على البطاقة وسقفها وهي منتشرة في جميع انحاء العالم.

ويوقع العميل على الفواتير الخاصة بعملية شراء البضاعة أو تقديم الخدمة حيث يتم عند ذلك تسجيل عملية الدفع ويظهر على ورقة البيع معلومات البطاقة واسم البائع وعنوانه ومبلغ البيع ووقته ويتسلم حامل البطاقة نسخة من ورقة البيع، ويرسل البائع النسخ الأخرى من أوراق البيع لمصدر البطاقة للحصول على الدفع.

أنواع البطاقات المصرفية:

أولا: البطاقات الخدمية (غير الائتمانية):

وهي بطاقات تنطوي على تقديم خدمة من البنك مصدر البطاقة إلى عميله في حدود رصيد حسابه الدائن فقط، وعادة ما تكون هذه البطاقات مجانية فلا يدفع العميل عمولة إصدار أو عمولة على السحب النقدي إلا في حالات قليلة سنتحدث عن بعضها لاحقا.

أ- بطاقة الصراف الآلي ATM:

وهذه البطاقة تصدر عن البنك نفسه وتمكن حاملها من السحب النقدي (في حدود رصيده الدائن في البنك فقط) من الصرافات الآلية التابعة للبنوك الأخرى المشتركة في شبكة السحب نفسها داخل البلد الواحد.

يقوم العميل بإدخال البطاقة في المكان المخصص في جهاز الصراف الآلي ثم يدخل رقمه السري فتظهر الخدمات التي يمكنه الحصول عليها وهي:

السحب النقدي، الإيداع النقدي، الاستفسار عن رصيد الحساب، طلب كشف حساب مختصر، طلب دفتر شيكات.

فيختار العميل الخدمة التي يريدها ويحدد ما يريده ثم يضغط على مفتاح القبول فيحصل على الخدمة التي طلبها.

ب- بطاقة الخصم الفوري Debit Card :

وهي بطاقة يصدرها البنك لعميله بالتعاون مع إحدى المنظمات العالمية مثل الفيزا أو الماستر، وتمكن العميل من الحصول على خدمات السحب النقدي ودفع أثمان المشتريات من السلع والخدمات للمحلات التي تقبل البطاقة وفي حدود رصيد العميل الدائن لدى البنك مصدر البطاقة، ومن أشهر هذه البطاقات بطاقة فيزا الكترون Visa Electron ومايسترو Maestro ، يقوم العميل بنفس الخطوات التي سبق ذكرها عند شرح بطاقة ATM وذلك في حال رغبته السحب نقداً، أما عند رغبته في دفع أثمان مشترياته فيتوجه إلى المحلات التي تقبل البطاقة (تظهر على أبوابها علامة الشركة العالمية المختصة) ويشتري ما يريد في حدود رصيد حسابه الدائن لدى البنك مصدر البطاقة عن طريق إعطائها للمحاسب الذي يقوم بدوره بتمرير البطاقة على جهاز خاص متصل بالبنك التاجر وبالمنظمة العالمية وبالبنك المصدر، وفي حال توفر رصيد كافٍ للعميل تخصم فورا من حسابه في البنك المصدر للبطاقة دون خصم أي عمولة عليه. أما التاجر البائع فيدفع عمولة للبنك التاجر – سنعرّفه لاحقا – الذي يتقاسمها بدوره مع البنك المصدر.

ثانيا: البطاقات الائتمانية Credit Cards :

وهي بطاقات تنطوي على منح ائتمان من البنك المصدر للبطاقة لحامل البطاقة، فقد يكون هذا الائتمان شهريا أو دورياً لمدة أكثر من شهر، حيث يستطيع حامل البطاقة الائتمانية أن يسحب نقدا أو يدفع أثمان مشترياته من السلع والخدمات بحدود سقف البطاقة التي منحه إياها البنك المصدر بغض النظر عن رصيد حسابه سواء كان مدينا أو دائناً أو صفرا.

أ- بطاقة الاعتماد (الخصم الشهري) Charge Card :

وفي هذا النوع من البطاقات يُمكن البنك المصدر حامل البطاقة من السحب النقدي أو دفع أثمان المشتريات بغض النظر عن رصيد حسابه وبما لا يتجاوز سقف البطاقة الممنوح له شريطة أن يقوم حامل البطاقة بتسديد كامل ما استغله من سقف البطاقة في نهاية الشهر الذي استخدم فيه البطاقة وبحيث لا تتجاوز فترة الائتمان المجاني بأي حال من الأحوال خمسة وأربعين يوما وإلا فإنه يتم احتساب فوائد تأخير (ربا) إذا تأخر عن الموعد المحدد للتسديد، باستثناء البنوك الإسلامية التي لا تحتسب أي فائدة على التأخير.

ب- بطاقة الائتمان Credit Card :

يشبه هذا النوع من البطاقات النوع السابق (بطاقة الاعتماد) مع اختلاف بسيط وهو السماح لحامل البطاقة بتسديد قيمة ما استغله من سقف البطاقة على فترة زمنية متفق عليها سلفاً تتجاوز الشهرين أو الستة أشهر بحيث يدفع قيمة ما استغله دفعة واحدة أو بموجب أقساط شهرية مقابل دفع فوائد على المبالغ التي استعملها عن المدة المتفق عليها.

مزايا البطاقات الائتمانية:

لا شك أن أطراف البطاقة الائتمانية يحققون مزايا جيدة من تعاملهم بالبطاقات المصرفية. وفيما يلي سنتحدث باختصار عن هذه المزايا:

أولا: بالنسبة للبنك:

تعتبر البطاقة مربحة جدا للبنك إذا استعملها حاملها بشكل جيد حيث تصل نسبة الربح التي يحققها البنك أحياناً من العميل أو التاجر اكثر من 48% من قيمة ما استخدمه العميل، أضف إلى ذلك أنها أقل مخاطرة من التسهيلات الائتمانية في بعض الأحيان، كما تساعد البطاقة على احتفاظ البنك بزبائنه الحاليين واستقطابه زبائن جدد، مما يزيد من استقرار ودائعه.

ثانيا: بالنسبة للتاجر:

إن استقطاب التاجر لحملة البطاقات من خلال قبوله للبطاقة يعني أنه يجعل من زبائن البنك زبائن لديه، مما يزيد من مبيعاته وزبائنه وبالتالي زيادة أرباحه، رغم العمولات التي يتقاضاها البنك التاجر (الوكيل).

ثالثا: بالنسبة للمتعامل مع البنك:

وجود البطاقة مع المتعامل مع البنك يغنيه تقريبا عن مخاطرة حمل النقود – إذا كانت البطاقة مقبولة ومنتشرة – كما يغنيه في كثير من الاحيان عن تصريف العملات من بلد إلى بلد لذلك فالبطاقة تعتبر من الطرق الجيدة في تسوية المدفوعات الدولية يضاف إلى ذلك الائتمان المجاني الذي يحصل عليه حامل البطاقة من البنك مصدر البطاقة حيث تصل هذه الفترة في بعض الأحيان إلى خمسة وأربعين يوما.

الجوانب الشرعية للبطاقات المصرفية:

أولا: بالنسبة للبطاقات الخدمية (بطاقات الخصم الفوري) مثل بطاقة فيزا إليكترون ومايسترو وغيرها من البطاقات التي لا تنطوي على أي نوع من الائتمان فيجوز للبنك الإسلامي الحصول على أجرة مقابل هذه الخدمة للعميل لأنه يقوم بدور الوكيل عن العميل بدفع أثمان مشترياته أو نقل النقود له حيث يكون، ولكن يجب على البنك أن يكون حذراً بشكل عام في إصدار البطاقات سواء للمسلمين أو غيرهم، فلا يجب إصدار بطاقات للأشخاص الذين يغلب الظن على إساءة استخدامهم للبطاقة كاستخدامها في نوادٍ ليلية أو لشراء محرمات، ونلاحظ وجود شرط من شروط إصدار البطاقة يتيح للبنك إلغاءها فورا في حال إساءة استعمالها.

كذلك يجوز أن يحصل البنك على عمولة من البنك التاجر الناجمة عن استخدام البطاقات التي أصدرها البنك والتي تعتبر جزءاً من العمولة التي يستوفيها البنك التاجر من الجهات التي تقبل التعامل بالبطاقة.

ثانيا: بالنسبة لبطاقات الاعتماد (بطاقات الخصم الشهري): وهذه البطاقات تنطوي على ائتمان (دين) تتراوح مدته بين 15-45) يوميا.

أ- يجوز للبنك الإسلامي استيفاء عمولة إصدار ورسم اشتراك سنوي من حملة هذه البطاقات، على اعتبار أنه أجر على الخدمة التي يلتزم بها البنك للعميل، شريطة ألا يكون هناك علاقة بين سقف البطاقة وعمولة الإصدار أو الاشتراك إلا إذا تطلب هذا الأمر بذل جهد ومصروفات أكبر.

ب- يجوز للبنك أيضا أن يأخذ عمولة من البنك التاجر الناجمة عن استخدام البطاقات التي أصدرها.

ج- بالنسبة لعمولة السحب النقدي، فقد أثارت هذه العمولة جدلا بين المعاصرين، فمنهم من أجازها مثل الدكتور عبد الستار أبو غده - عضو هيئة الرقابة الشرعية في البنك الإسلامي الأردني على اعتبار أنها أجر على خدمة تحويل تلك المبالغ النقدية إلى العميل سواء تم هذا التحويل من رصيد إيجابي له أو كان على سبيل القرض الحسن من البنك (كشف حساب)، أي أن العمولة ارتبطت بالخدمة ولم ترتبط بالقرض.

أما المانعون ومنهم الدكتور عمر الأشقر، فقد حرموا عمولة السحب النقدي التي يستوفيها البنك من حملة بطاقات الخصم الشهري (التي تنطوي على قرض للعميل) لأنها زيادة على القرض وهي من الربا.

ثالثا: بالنسبة للبطاقات الائتمانية (بطاقة الخصم المؤجل) أو بطاقات الائتمان المتجدد. لا يجوز للمصرف الإسلامي إصدار بطاقات الائتمان ذات الدين المتجدد الذي يسدده حامل البطاقة على أقساط آجلة بفوائد ربوية.

أسئلة للمناقشة

السؤال الأول: عرّف الاعتماد المستندي، والأطراف ذات العلاقة فيه.

السؤال الثاني: قارن بين فتح الاعتمادات المستندية بين المصارف الإسلامية والبنوك التجارية؟

السؤال الثالث: ما الفرق بين الحوالات الواردة والصادرة الداخلية والخارجية.

السؤال الرابع: عرف خطاب الضمان، والأطراف ذات العلاقة فيه.

السؤال الخامس: عدد أشكال خطابات الضمان التي تصدرها المصارف الإسلامية.

السؤال السادس: اشرح الخدمات المصرفية فيما يتعلق بشراء وبيع العملات الأجنبية في المصارف الإسلامية.

السؤال السابع: اشرح بالتفصيل عن خدمة تأجير الخزائن الحديدية في المصارف الإسلامية.

السؤال الثامن: قارن بين التعامل بالأوراق المالية في المصارف الإسلامية والبنوك التجارية.

أسئلة موضوعية

1- أي العبارات التالية صحيحة فيما يتعلق ببيع وشراء العملات الأجنبية؟

العبارة الأولى – يبيع / يشتري المصرف الإسلامي العملات الأجنبية على أساس السعر الآجل.

العبارة الثانية – يبيع / يشتري المصرف الإسلامي العملات الأجنبية لحسابه الخاص أو لحساب عملائه.

أ- العبارة الأولى صحيحة والثانية خطأ.

ب- العبارة الثانية صحيحة والأولى خطأ.

ج- العبارتان صحيحتان.

د- العبارتان غير صحيحتين.

2- أي من الآتية ليست من الخدمات المصرفية التي تقدمها المصارف الإسلامية؟

أ- تحويل العملة للخارج.

ب- خصم الأوراق التجارية.

ج- إصدار خطابات الضمان.

د- تأجير الخزائن الحديدية.

3- تتعامل المصارف الإسلامية بما يلي:

أ- السندات

ب- الأسهم العادية.

ج- أذونات الخزينة.

د- شهادات الإيداع

4- أول من قام بتحويل العملة في التاريخ الإسلامي هو:

أ- عبدالله بن عمر وأخوه مصعب.

ب- عبدالله بن الزبير.

ج- عثمان بن عفان.

د- عبدالله بن الزبير وأخوه مصعب.

5- أي من الآتية ليست من خطابات الضمان:

أ- خطابات الضمان الابتدائية.

ب- خطابات الضمان النهائية.

ج- خطابات الضمان الثانوية.

د- خطابات تسليم البضائع.

6- أي من الآتية ليست من أنواع بطاقات الائتمان التي تصدرها المصارف الإسلامية.

أ- بطاقة الخصم الفوري.

ب- بطاقة الصراف الآلي.

ج- بطاقة الاعتماد (الخصم الشهري).

د- بطاقة الخصم المؤجل.

7- أي من العبارات التالية صحيحة فيما يتعلق بمشروعية الاعتمادات المستندية؟

العبارة الأولى - يجوز فيها الاعتماد المستندي إذا كان مغطى100% من قبل العميل.

العبارة الثانية - يحـق للمصرف الإسلامي أخـذ عمولـة حينمـا يكـون الاعتماد مغطـى بالكامل وهذا يتطابق مع ما يجري العمل به لدى البنوك التجارية.

أ- العبارة الأولى صحيحة والثانية خطأ.

ب- العبارة الثانية صحيحة والأولى خطأ.

ج- العبارتان صحيحتان.

د- العبارتان غير صحيحتين.

8- أي العبارات التالية صحيحة؟

العبارة الأولى: يعتبر سيف الدولة الحمداني أول من استخدم الشيك مـن المسلمين قبـل الأوروبيين.

العبارة الثانية: لم تعرف أوروبا استخدام الشيكات إلا في بداية القرن الثالث عشر الميلادي.

أ- العبارة الأولى صحيحة

ب- العبارة الثانية صحيحة.

ج- العبارتان صحيحتان.

د- العبارتان غير صحيحتين.

9- الآتية تعتبر من أنواع الاعتمادات المستندية التي تصدرها المصارف الإسلامية باستثناء:

أ‌-   الاعتماد المستندي القابل للتحويل.

ب- الاعتماد المستندي غير القابل للإلغاء.

ج- الاعتماد المستندي الدوار.

د- الاعتماد المستندي العادي.

10- أي العبارات التالية صحيحة

العبارة الأولى: تتشابه الخدمات المصرفية الإسلامية مع الخدمات المصرفية التجارية.

العبارة الثانية: المصارف الإسلامية في اعتمادات المرابحة تكون مسؤوليتها مرتبطة بالمستندات.

أ‌-   العبارة الأولى صحيحة والثانية خطأ.

ب- العبارة الثانية صحيحة والأولى خطأ.

ج- العبارتان صحيحتان.

د- العبارتان غير صحيحتين.

الفصل العاشر
التنظيم الإداري للمصرف الإسلامي

10-1 مفهوم التنظيم الإداري.

10-3 نماذج الهيكل التنظيمي لمصرف إسلامي.

10-4 التنظيم الداخلي لمصرف إسلامي.

10-9 أقسام المصرف الإسلامي.

10-10 الهيكل التنظيمي لفرع المصرف الإسلامي

الفصل العاشر

التنظيم الإداري للمصرف الإسلامي

1-10 مفهوم التنظيم الإداري

يعتمد التنظيم الإداري لأي مشروع على الهدف الذي من أجله أسس المشروع بصفة رئيسية، وعليه لا بد من تحديد الأعمال اللازمة لتحقيق هدف المشروع، ثم تقسيم هذه الأعمال إلى مجموعات تسمى وحدات إدارية، ثم تعبئة هذه الوحدات الإدارية بكفاءات تتلاءم مؤهلاتها وخبراتها مع أعمال هذه الوحدات، وتحديد المسئوليات والسلطات لهؤلاء العاملين، ومن ثم تحديد العلاقات بين الأشخاص العاملين ليتسنى القيام بمجهودات تؤدي إلى تحقيق أهداف المشروع.

إن التنظيم الإداري السليم هو حجر الزاوية لتحقيق الرقابة الفاعلة والتخطيط والتنفيذ الدقيق. ويلزم هنا، التنسيق بين النظام الإداري والنظام الفني. ومن أجل هذا يتم تحديد الخدمات المصرفية الرئيسة ويخصص لكل منها قسم فني مختص مثل: قسم الحسابات الجارية، وقسم خطابات الضمان، وقسم الاعتمادات المستندية، وغيرها. وكلما تعددت العمليات المرتبطة بنوع محدد من الخدمة المصرفية، يخصص قسم فني لها، وكلما قلت هذه العمليات يتم دمج نوعين أو أكثر من الخدمات في قسم واحد. ومن المهم أيضا تجزئة الخدمات الرئيسة إلى خدمات فرعية، بحيث تنشأ وحدات إدارية فرعية تختص بهذه الخدمات. وعلى سبيل المثال، قد يتم تجزئة قسم الحسابات الجارية للعملاء إلى وحدات فرعية تختص واحدة منها بعمليات السحب، وأخرى بالإيداع، وثالثة بالتعرف على مراكز العملاء بسرعة وهكذا...

وبعد تحديد الأقسام والوحدات الإدارية، يتم تحديد الاختصاصات والواجبات المنوطة بالأشخاص القائمين على هذه الأقسام والوحدات، مع تفويض قدر من السلطة يتناسب والمسؤولية الملقاة على عاتق كل منهم. ومع توضيح الاختصاصات والواجبات، يتم بيان تدرج المسؤولية من المستويات الدنيا إلى العليا، حتى تسهل عملية الاتصال والرقابة والمتابعة، بالإضافة إلى محاسبة المسؤولية.

10- 2 العوامل المؤثرة في بناء الهيكل التنظيمي

عند الشروع في إعداد تصور لنموذج هيكل تنظيم لمصرف إسلامي يتضمن قطاعات وإدارات ولجان وفروع وأقسام، ينبغي أخذ جملة من الاعتبارات في الحسبان، نورد أهمها فيما يلي:

1) الإطلاع على الهيكل التنظيمي لأكثر من مصرف إسلامي في دول مختلفة من حيث أوضاعها الاقتصادية والاجتماعية.

2) الاطلاع على الهيكل التنظيمي لأكثر من مصرف تجاري أو مؤسسة مالية في الدولة الواحدة.

3) مراعاة حجم ودرجة تطور المصرف المراد تنظيمه أو إعادة تنظيمه.

4) مراعاة بعض جوانب الواقع الحالي للمصرف المراد إعادة تنظيمه، ومواقع المسؤولين فيه.

5) استطلاع آراء العديد من المسؤولين في واقع البناء التنظيمي في القطاعات والإدارات والأقسام المختلفة، والوقوف على تطلعاتهم لتطوير هذه الوحدات التنظيمية.

6) مراعاة الرؤية المستقبلية لما سيكون عليه المصرف في السنوات القادمة، الأمر الذي يتيح إمكانية التوسع بصورة فاعلة دون إخلال بالهيكل التنظيمي الذي يتم التوصل إليه.

7) تبنّي الاتجاهات الحديثة في علم الإدارة، من حيث تطبيق أهم مبادئ الإدارة والتنظيم، وبصفة خاصة:

• مبدأ التخصص وتقسيم العمل بما يضمن الكفاية وعدم ازدواجية الإجراءات.

• مبدأ تفويض السلطات.

• مبدأ مركزية التخطيط، ولا مركزية التنفيذ والإشراف والمتابعة.

• مبدأ الإدارة بالأهداف لا بالتعليمات والأوامر.

• مبدأ عدم تداخل الصلاحيات والمسؤوليات لتفادي ما يسمى بـ "تنازع السلطة" وما يؤديه ذلك من حدوث خلل في العلاقات الإنسانية في

المستويات الإشرافية المختلفة من جهة، وسهولة التهرب من تبعة الأخطاء من جهة أخرى.

8) مراعاة عدم وضع إدارة التدقيق الداخلي أو إدارة التدقيق الداخلي الشرعي تحت الإشراف المباشر للمدير العام، وإنما يوضع هذان الجهازان الرقابيان تحت الإشراف المباشر لمجلس الإدارة.

9) هناك إدارات أو أجهزة ينبغي وضعها ضمن الصلاحيات المباشرة للمدير العام أو نوابه، وذلك إما لصعوبة انتظامها ضمن القطاعات الرئيسه، أو لحساسية الإدارة أو الجهاز، أو للسببين معا.

10) مراعاة وضع اللجان الدائمة تحت الإشراف المباشر للمدير العام (أو نوابه) بصفته المستوى التنفيذي الأول، علما بأن تشكيل هذه اللجان ضروري لتطبيق مبدأ هام في الإدارة هو العمل الجماعي لأداء المهام التي تتميز بأنها على درجة عالية من الحساسية، أو التخصص أو كليهما.

11) ملاحظة أن بعض الإدارات أو الأقسام المقترحة في الهيكل قد لا تحتاج إلى مسؤولين (أو حتى موظفين) وقت إعداد الهيكل، أي ان الوظائف الواردة في الهيكل لا تعتبر شاغرة بالضرورة إلا عند الحاجة إلى التوسع، أو التركيز على نشاط معين حسب مقتضيات الأمور.

3-10 نماذج الهيكل التنظيمي لمصرف إسلامي

ويبين الشكلان رقم (1) و (2) نموذجين لهيكل تنظيمي لمصرف إسلامي قيد التأسيس ولمصرف إسلامي كبير الحجم بإدارته المختلفة على الترتيب.

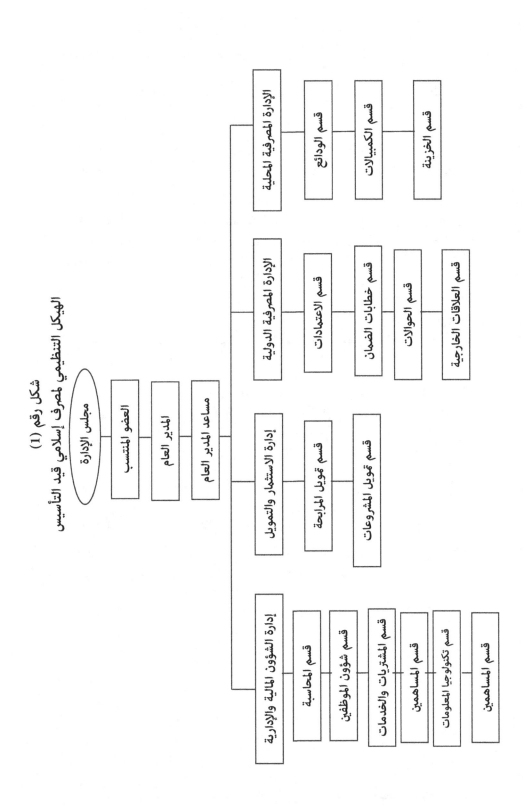

شكل رقم (1)
الهيكل التنظيمي لمصرف إسلامي قيد التأسيس

مجلس الإدارة

- العضو المنتسب
- المدير العام
- مساعد المدير العام

الإدارة المصرفية المحلية
- قسم الودائع
- قسم الكمبيالات
- قسم الخزينة

الإدارة المصرفية الدولية
- قسم الاعتمادات
- قسم خطابات الضمان
- قسم الحوالات
- قسم العلاقات الخارجية

إدارة الاستثمار والتمويل
- قسم تمويل المرابحة
- قسم تمويل المشروعات

إدارة الشؤون المالية والإدارية
- قسم المحاسبة
- قسم شؤون الموظفين
- قسم المشتريات والخدمات
- قسم المساهمين
- قسم تكنولوجيا المعلومات
- قسم المساهمين

ومن مزايا هذا النموذج:

1) أخذ الواقع العملي في الحسبان من حيث البساطة والاحتياجات الحقيقية.

2) إمكانية التوسع قائمة، إذ يمكن إضافة إدارات جديدة أو أقسام جديدة حسب الحاجة.

3) تحقيق مبادئ الاتصال بما يكفل تحقيق الوظائف الإدارية المختلفة (التخطيط، التنسيق، الرقابة).

4) سهولة الربط بين أجزاء النظام، وسهولة استيعاب البرامج الابتكارية وعدم دمجها مع البرامج العادية، وهو ما يطلق عليه مبدأ التوازن، حتى لا تحدث خلخلة في النظام.

5) سهولة عملية اتخاذ القرارات، والتي هي نتيجة تفاعل بين متطلبات المؤسسة من جهة واتجاهات واستعدادات الأفراد من جهة أخرى.

شكل رقم (2)
الهيكل التنظيمي لمصرف إسلامي متطور / الإدارة العامة

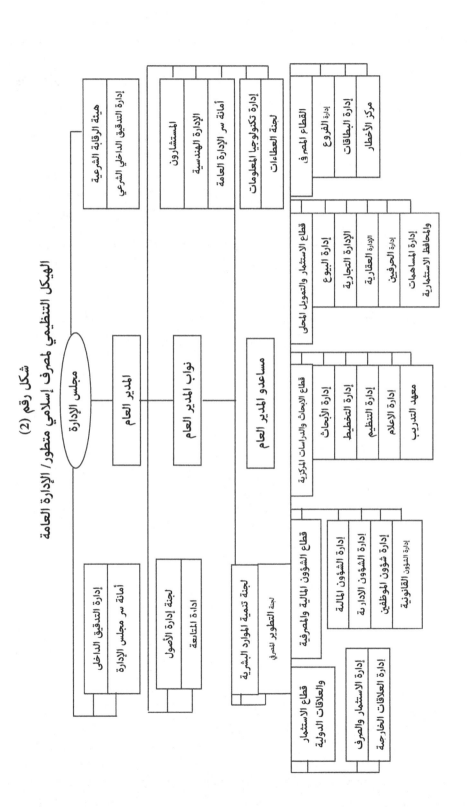

ومن مزايا هذا النموذج:

1) الفصـل بـين وظائـف الإدارة العامـة والفـروع – أي تحقيـق مبـادئ المركزيـة في الوظائف التي لا يجوز تفويضها (التخطيط، والتنظيم، والرقابة) وتحقيـق مبـادئ اللامركزية في الوظائف التي تتسم بالتنفيذ.

2) مبادئ التخصص وتقسيم العمل واضحة في النموذج.

3) أن التوسع في النموذج يتمشى مع الاحتياجات الفعلية.

4) تحقيق مبادئ الاتصال والتوازن وسهولة اتخاذ القرارات.

5) تنميـة وتشجيع مبـدأ العمـل الجماعـي أو "الفريق" Team Work في إنجـاز الأعمال الهامة.

ومما يجدر ذكره أن التنظيم الإداري يختلف من بنك إلى آخر، ومن فرع إلى آخر، تبعاً لاختلاف الحجم، ونوع النشاط، وعدد العاملين، وطريقة العمل. ومن هنا تأتي صعوبة وضع نظام إداري ثابت وموحد تطبقه البنوك كافة. وإن ما تم شرحه وبيانـه سـابقا يعتبـر على سبيل المثال فقط. ولكن مهما اختلفت هذه النظم والأقسام فإنها تؤدي في النهاية إلى تحقيق أهداف البنك وأغراضه.

وإذا ألقينا نظرة على المصارف الإسلامية فإننا نجد أن هياكلها التنظيميـة تختلـف عن الهياكل التنظيمية للمصارف التجارية في أمرين جوهريين:

1- وجود قطاعات جديدة في الهيكل التنظيمي: ناشئة عـن الصـفة الإسلامية لهـذه المصارف. مثال ذلك: هيئة الرقابة الشرعية، وإدارة الزكـاة، (وقـد لا توجـد إدارة للزكاة في بعض البنوك الإسلامية).

2- إدارة الاستثمار هـي: الإدارة ذات الثقل في مجموعـة إدارات المصـرف الإسلامي، حيث يقع عليها الثقل الكبير في استثمار الأموال (أمـوال المـودعين المشاركين في الربح والأموال الذاتية للبنك)، وذلك لتحقيق أرباح وعوائد للمودعين وللبنك.

10-4 التنظيم الداخلي للمصرف الإسلامي

المصرف الإسلامي كغيره من المشروعات يتم تأسيسه على شكل شركة مساهمة ليتناسب مع معظم قوانين البنوك في العالم. لذلك تتشابه الأقسام الرئيسية المكونة للهيكل التنظيمي للبنك الإسلامي مع الشركات الأخرى، فغالبا من نجد فيه جمعية عمومية، ومجلس إدارة، مديراً عاماً... الخ.

10-5 الجمعية العمومية:

تتكون الجمعية العمومية للمصرف من المساهمين فيه، ويحدد قانون الشركات والنظام الأساسي اجتماعاتها، وطريقة الانتخاب والتصويت فيها.

وتتلخص أهم اختصاصاتها فيما يلي:

1- انتخاب أعضاء مجلس الإدارة.

2- الموافقة على الميزانية السنوية، وحساب الأرباح والخسائر وتوزيع الأرباح وسماع تقرير المستشار الشرعي.

3- زيادة أو خفض رأس المال.

4- انتخاب مدققي حسابات المصرف.

5- إجراء أي تعديلات على النظام الأساسي للبنك.

10-6 مجلس الإدارة (الإدارة العليا)

مجلس الإدارة هو السلطة الإدارية العليا في المصرف، ويتكون من سبعة أعضاء على الأقل وأحد عشر على الأكثر، تنتخبهم الجمعية العمومية ويمارس سلطاته بتفويض منها في الحدود التي نص عليها النظام الأساسي.

وتقع على عاتق مجلس الإدارة مسؤولية رسم السياسات العامة للمصرف بطريقة تحقق الأهداف الموضوعة بأفضل السبل وأهم مهام ومسؤوليات مجلس الإدارة وتتمثل في:

1- تعيين المدير العام وتحديد صلاحياته ومسؤولياته وإنهاء خدماته.

2- ممارسة الصلاحيات التي لم يفوضها للمدير العام.

3- فهم المخاطر الرئيسية التي تواجه البنك واعتماد حدود مقبولة لهذه المخاطر والإشراف على الإدارة التنفيذية في البنك لضمان اتخاذ الإجراءات اللازمة لتحديد وقياس وضبط ومراقبة هذه المخاطر.

4- اعتماد الهيكل التنظيمي للبنك وتشكيل لجان المجلس وتفويض السلطات والصلاحيات.

5- اعتماد استراتيجيات البنك وسياساته وموازنته السنوية وميثاق أخلاقيات العمل ومراجعتها بشكل دوري.

6- الاطلاع على تقارير السلطات الرقابية والتدقيق الخارجي والداخلي ومتابعة المخالفات والملاحظات الواردة فيها مع التأكد من قيام الإدارة التنفيذية بتصويبها واتخاذ الإجراءات اللازمة لضمان عدم تكرارها. إضافة إلى أية تقارير أخرى تتعلق بالامتثال وإدارة المخاطر وأمور أخرى ذات علاقة.

7- إقرار البيانات المالية السنوية والنصف سنوية والربعية بعد تصديقها من مدققي الحسابات، والإفصاح عنها للجهات ذات العلاقة.

8- تقييم أداء الإدارة التنفيذية ومدى التزامها بسياسات المجلس ونجاحها في تحقيق النتائج والأهداف المخطط لها ومعالجة الانحرافات.

9- إقرار الأسس العامة للعمل وإصدار اللوائح الداخلية المتعلقة بتنظيم وإدارة البنك وشؤون الموظفين والعاملين فيه، ويدخل في ذلك حق التعاقد مع ذوي الكفاءة من الخبراء والمستشارين وغيرهم للعمل في البنك، وكذلك وضع اللوائح الخاصة بالتعيينات والترقيات والزيادات والمكافآت التشجيعية وسائر الأمور المالية والإدارية لحُسن إدارة البنك.

10- إقرار اللوائح الداخلية المتعلقة بتنظيم العمل وأحكام قبول الودائع الاستثمارية وإصدار سندات المقارضة، وطريقة حساب نسبة المشاركة في الأرباح، وتنظيم إدارة الصناديق المشتركة والأموال المخصصة لغايات معينة.

11- رسم السياسة العامة الواجبة التطبيق بين حين وآخر، في مجالات توظيف الأموال والموارد المالية المتاحة، وتحديد طرق استثمارها، وترتيب توزيع المخاطر والضمانات المقبولة من الوجهة الشرعية.

12- إقرار رسوم الخدمة والعمولات والأجور التي يمكن للبنك أن يتقاضاها عن الأعمال المصرفية وأعمال الإدارة في نشاطاته المختلفة.

13- إقرار التسويات والمصالحات وقبول التحكيم التي توافق إدارة البنك على الدخول فيها.

14- إقرار خطة العمل السنوية الموضوعة لفتح الفروع الجديدة، والتوسع في مجالات الاستثمار المختلفة، وابتكار الأساليب الجديدة لتطوير العمل المصرفي القائم على غير أساس الربا (الفائدة).

15- تعيين واحد أو أكثر من أعضاء المجلس يكون له أو لهم حق التوقيع عن البنك منفردين أو مجتمعين وفقا لما يقرره مجلس الإدارة بهذا الشأن.

16- تعيين المفوضين بالتوقيع عن البنك بوجه عام من موظفيه، وإجازة إعطاء صلاحيات التوقيع للموظفين اللازمين في الإدارة العامة والفروع حسب حاجة العمل ومتطلباته.

إن الهيئة العامة للمساهمين هي أعلى سلطة إدارية في البنك بوصفه شركة مساهمة، وتقوم الهيئة العامة للمساهمين بانتخاب مجلس إدارة يتولى الإشراف على المصرف بجميع فروعه ونشاطاته ورسم سياساته المختلفة وتعيين مدير عام له يشكل مع نوابه ومساعديه ومستشاريه وجهازه التنفيذي الأعلى الإدارة العامة للمصرف.

7-10 مهام المدير العام

وظيفة المدير العام أعلى وظيفة تنفيذية في المصرف ويؤدي أعماله وفقا لقرارات مجلس الإدارة، ويقوم بتوجيه العاملين في إدارات المصرف وفروعه المختلفة، وله سلطة إصدار القرارات النهائية لهم، كما يقوم بمراقبة أعمالهم للتأكد من سلامة تنفيذ السياسات المرسومة بوساطة مجلس الإدارة.

وأهم واجبات ومسؤوليات المدير العام تتمثل في:

1- الإشراف على جميع إدارات المصرف والتنسيق بينها ومتابعة نشاطها، وتنفيذ القرارات المعتمدة بوساطة مجلس الإدارة.

2- دراسة المشاكل العملية التي تعترض المصرف والعمل على حلها.

3- الإشراف على إعداد الحسابات الختامية وعرضها على مجلس الإدارة.

4- إصدار القرارات الإدارية المتعلقة بالعاملين في البنك والعمليات الاستثمارية.

ويشكل المدير العام ونوابه ومستشاروه وجهازه التنفيذي الأعلى، الإدارة العامة للمصرف، التي تشرف بدورها على أعماله وأقسامه الإدارية والفنية كافة.

ويتبع المدير العام دوائر الإدارة العامة التالية:

8-10 دوائر الإدارة العامة

1) **شؤون المساهمين:** وتتولى ما يتعلق بشؤون المساهمين من إصدار شهادات، وتوزيع أرباح، ونقل ملكية أسهم، وإجراء عملية الرهن والحجز على الأسهم ومتابعتها، وتنظيم عقد الاجتماع السنوي للهيئة العامة.

2) **الشؤون القانونية:** وتختص بتحرير الإشعارات والإخطارات وجميع أنواع المراسلات القانونية، فضلا عن دراسة مواقف المصرف القانونية إذا كان طرفا في إحدى المنازعات التي تترتب على ممارسة هذا النوع من النشاط مما يرتب التزامات ومسؤوليات معينة من قبل المصرف تجاه الغير كما هو الحال في التزاماته ومسؤولياته عن إصدار خطابات ضمان أو اعتمادات مستندية.

3) **التدقيق الداخلي:** وتتبع لجنة التدقيق المنبثقة عن مجلس الإدارة، وتختص بمراجعة العمليات مستنديا ومحاسبيا للتأكيد من صحة وسلامة التنفيذ ودقة الخطوات، سواء من الناحية الإدارية أو الفنية وتطابق ذلك مع التعليمات المرسومة.

4) **الرقابة المالية:** وتتبع المدير مباشرة، وتختص بتلقي الكشوف التلخيصية لكل نوع من أنواع الخدمات المصرفية ، وإجراء القيود اليومية المركزية،

كما تختص بتحديد نتائج أعمال المصرف من ربح أو خسارة عن فترة مالية معينة، والمركز المالي في نهاية هذه الفترة، يضاف إلى ما سبق القيام بأعمال المحاسبة للإدارة العامة للمصرف من رواتب ومصروفات وخلافه.

5) **الديوان:** وتقوم بأعمال الطباعة، وحفظ المراسلات، واستلام البريد الوارد وتوزيعه على الدوائر المختلفة، وإرسال البريد الصادر.

6) **المايكروفيش (التصوير):** وتقوم بتصوير جميع المستندات الخاصة بالإدارة العامة يوميا، وكذلك الأعمال الشهرية والسجلات والقوائم المهمة في المصرف.

7) **شؤون الموظفين:** وتختص بأمور العاملين – التعيين والترقية والإجازات والتدريب والتأهيل – بالإضافة إلى المشاريع الجماعية كالتأمين الصحي، ومشاريع الإسكان، وصندوق التوفير، الخ.

8) **العلاقات الخارجية:** وتختص بالإشراف على نشاط المصرف الخارجي فتختار مراسلي البنك وتتفق معهم على شروط العمل، وتحتفظ بتواقيع ممثلي البنوك المراسلة، كما تعمل على تزويدهم بالمعلومات التي يطلبونها.

9) **الدراسات والأبحاث والمتابعة:** وتقوم برسم السياسة الائتمانية بما يضمن للمصرف أكبر عائد ممكن من الربح مع توفير أكبر قدر ممكن من الأمان، وإصدار النشرات المالية والاقتصادية والإحصائية عن النشاط المصرفي والوضع الاقتصادي في البلد ككل، ومتابعة التشريعات المالية والنقدية والمصرفية بقصد تطبيقها من جهة، وبيان أثرها على المصرف من جهة أخرى، ويكون ذلك من خلال قسم الدراسات والبحوث الاقتصادية وقسم الإحصاءات وقسم مركز المعلومات.

10) **التسويق والعلاقات العامة:** ومهمتها تعميق الصلة بين المصرف وعملائه والجهات الإعلامية المختلفة ليظهر المصرف كمؤسسة مالية تقدم الخدمات العامة وليس كمؤسسة فردية تهدف إلى الربح فقط، والمساهمة في نشر ـ الوعي المصرفي الإسلامي من خلال قسم العلاقات الإعلامية وقسم إصدار النشرة الإعلامية.

11) **شؤون الفروع:** ومهمتها تولي كل ما يتعلق بالفروع من مراسلات: كالكشوفات الشهرية، والتعاميم الصادرة عن البنك المركزي، وغيرها.

12) **التسهيلات الائتمانية**: ومهمتها دراسة طلبات الائتمان الواردة من الفروع لإبداء الرأي وإصدار الموافقة على منح التسهيلات المطلوبة أو تعديلها أو رفضها، بالإضافة إلى متابعة هذه التسهيلات.

13) **الاستثمار**: وتتولى الاستثمارات الخاصة بالبنك سواء في الصكوك أو الأسهم أو المشاريع المختلفة أو العقارات.

14) **الحاسب الآلي**: وتتولى الإشراف على عمل الكمبيوتر في الإدارة العامة والفروع من تحليل وبرمجة وتشغيل، وكل ما يتعلق بهذا المجال من تطبيق وتطوير، والتأكد من إجراءات الأمن والرقابة على الأجهزة والبرمجيات وإدارة قواعد البيانات، والإشراف على أجهزة وشبكات الاتصال، وذلك من خلال مركز الحاسب وقسم الأنظمة والبرمجة وقسم الخدمات الفنية وقسم تنسيق العمليات المصرفية الآلية.

15) **المشتريات واللوازم**: وتتولى تأمين احتياجات المصرف من المشتريات المختلفة واللوازم الضرورية لتسيير عمله.

ومن الجدير بالذكر أن عدد الأقسام والدوائر الإدارية والفنية سواء في الفرع أو الإدارة العامة يعتمد على حجم العمل وتنوع النشاط، وليس بالضرورة وجود جميع الأقسام والدوائر سابقة الذكر في كل مصرف إسلامي، فالأمر متوقف على الأوضاع الخاصة بكل منها على حدى.

16) **الهندسية**: وتختص بتقديم المشورة الهندسية والفنية، وإعداد التصاميم الخاصة بالمشاريع، والإشراف عليها ومتابعتها، وصيانة العقارات المملوكة للمصرف، وذلك من خلال قسم المشاريع المختص بدراسة المواقع، وإعداد المخططات، والتصاميم ومتابعة تنفيذ المشروعات، واستلام المشاريع من المقاولين، وقسم الصيانة المختص بإجراء الإصلاحات الطارئة والدورية للمباني والمشروعات المملوكة للبنك.

17) **المتابعة والرقابة على الائتمان**: وتختص بدراسة ملفات المتعاملين، والرقابة على التسهيلات الائتمانية الممنوحة لهم، ودراسة عمليات التسديد، وطلبات التسويات المقدمة من المتعاملين المتأخرين عن السداد لدى المصرف، وإعداد التوصيات اللازمة بشأن المتعاملين الممتنعين عن الدفع أو عن التوصل إلى حلول مناسبة معهم لتسديد ما عليهم من ديون والتوصية بإحالتهم إلى الدائرة القانونية لرفع القضايا بحقهم.

18) **البطاقات المصرفية والخدمات الإلكترونية:** وتختص بإصدار البطاقات المصرفية بأنواعها المختلفة، وتسويقها والقيام بجميع الأعمال المساعدة المتعلقة بالبطاقات والمشاركة في إدارة الخطط الإعلامية والدعائية وتجهيز النشرات التي تخدم هذه الغرض.

19) **تمويل المشروعات الصغيرة:** وتختص بدراسة تمويل المشروعات الصغيرة ومتابعة سير أعمالها من خلال قسم التمويل وقسم الرقابة.

20) **المحافظ الاستثمارية:** وتختص بدراسة دخول المصرف في تأسيس الشركات والمساهمة في المشروعات وإدارة المحافظ الاستثمارية للمصرف وللغير من خلال قسم المساهمات وقسم المحافظ الاستثمارية.

21) **التخطيط:** وتختص بالتعاون والتنسيق مع لجنة إدارة الموجودات والمطلوبات ولجنة التطوير برسم الاستراتيجيات والخطط والسياسات العامة المتعلقة بأنشطة المصرف، والرقابة على تنفيذ الخطط المقررة من خلال قسم التخطيط وقسم متابعة الخطط.

22) **التنظيم:** وتختص بإعداد النظم واللوائح المتصلة بشتى مجالات العمل المصرفي، وتحديث إجراءات العمل، ومتابعة التطورات في النظم المصرفية والاستثمارية والإدارية، وإعداد وصف شامل للوظائف في المصرف واقتراح تشكيل اللجان وتحديد اختصاصاتها وكيفية إدارتها لعملها.

الإدارة التنفيذية (الإدارة الدنيا)

تقوم هذه الإدارة بالأعمال التنفيذية في المصرف ولذا فهي تمثل الأقسام التي تقوم بجميع نشاطات المصرف اللازمة لتحقيق أهدافه، وهذه الأقسام هي وجه المصرف حيث تتعامل مباشرة مع الجمهور، ولذا يجب أن تعطى عناية فائقة في اختيار الموظفين اللازمين لها. فمن الواجب أن يتمتعوا بدراية كافية في الأعمال المصرفية، وبالخلق السليم، والوعي الديني، والمعرفة السليمة لخلو الأعمال التي ينفذونها من التعامل بالفائدة.

10-9 أقسام المصرف الإسلامي

تتكون أقسام المصرف الإسلامي مما يلي:

أولا: الأقسام الفنية

أ) قسم الخزينة "الصندوق" Cash: ويختص بتلقي الأموال النقدية التي يودعها العملاء، ودفع الأموال النقدية التي يسحبها هؤلاء العملاء بموجب شيكات أو أوامر دفع في حساباتهم أو حسابات أشخاص آخرين.

ب) قسم الودائع: ويختص بفتح مختلف أنواع الحسابات للعملاء، والقيد على أو إلى مختلف حسابات العملاء من دفعات أو سحوبات وإجراء عمليات التقاص بين الحسابات المختلفة.

ج) قسم المقاصة: ويختص بتلقي الشيكات المحلية التي يودعها العملاء برسم التحصيل على بنوك أو فروع للمصرف داخل البلد لتحصيلها وإيداعها في حساباتهم، وذلك إما بالإرسال للفرع المعني أو عن طريق غرفة المقاصة في البنك المركزي بعد ضبطها وتجهيزها.

د) قسم الصيرفة الشخصية: ويقوم هذا القسم بتقديم الخدمات المصرفية كافة لكبار العملاء دون الحاجة إلى تنقلهم بين الأقسام المختلفة.

هـ) قسم الكمبيالات: ويقوم بتنفيذ عمليات التمويل والاستثمار للعملاء أو الاحتفاظ بالكمبيالات والأوراق التجارية الأخرى لتحصيلها بتواريخ الاستحقاق لصالح العملاء، وغير ذلك مما سيرد ذكره تفصيلا فيما بعد.

و) قسم الحوالات: ويقوم بتحويل المبالغ من وإلى الخارج، وإصدار وصرف الشيكات المصرفية، وشراء وبيع العملات الأجنبية المختلفة والاحتفاظ بأرصدة كافية لتغطية متطلبات وحاجات المصرف من تلك العملات، وفتح حسابات العملاء بالعملات الاجنبية.

ح) قسم الاعتمادات المستندية: ويقوم بفتح الاعتمادات المستندية والاعتمادات الواردة للتصدير ومتابعة هذه الاعتمادات حتى الانتهاء من تنفيذها حسب الشروط العامة الموحدة للاعتمادات والصادرة عن غرفة التجارة الدولية المعرفة برقم 500 وتعديلاتها.

ط) قسم بوالص التحصيل: ويقوم بتحصيل قيمة المستندات ووثائق الشحن لحساب مراسلين في الخارج من جهة، أو لحساب عملاء محليين من جهة أخرى، وتعتبر هذه الوثائق عادة بالنسبة للمصرف في الحالتين واردة برسم التحصيل.

ي) قسم تأجير الخزائن الآمنة: ويقوم بتأجير الخزائن (الصناديق) الخاصة للعملاء لحفظ استثمارات ومجوهرات وشهادات وغيرها مما يخشون ضياعه أو تلفه.

ك) قسم التسهيلات المصرفية: ويقوم بدراسة أوضاع العملاء لمنحهم التسهيلات الائتمانية اللازمة في ضوء الضمانات المقدمة منهم.

ل) قسم المحاسبة: ويقوم بمتابعة القيود المختلفة الدائنة والمدينة، النقدية والمقاصة، والتأكد من عمليات المطابقة، والقيد على حساب المصروفات، واحتساب وقيد رواتب الموظفين، والقيد على حساب الأثاث، وعمل حساب الأرباح والخسائر والميزانية العامة وغيرها.

ثانيا: الأقسام الإدارية

أ) قسم الديوان: ويقوم باستلام البريد الوارد وإرسال البريد الصادر وتوزيع البريد الوارد على الأقسام.

ب) قسم المايكروفيش "التصوير" ويقوم بتصوير المستندات بأنواعها يوميا والأعمال الشهرية والسجلات المهمة في البنك.

ج) قسم المراسلات والأرشيف: ويقوم بأعمال الطباعة وحفظ المراسلات.

د) قسم اللوازم: ويقوم بحفظ اللوازم والعمل على صيانتها وتأمينها للأقسام الإدارية والفنية المختلفة.

10-10 الهيكل التنظيمي لفرع المصرف الإسلامي

والمصرف الإسلامي كغيره من البنوك يقوم بفتح العديد من الفروع بناء على احتياجات الأماكن التي يتم فتح الفروع فيها وقدرة المصرف وذلك بعد الحصول على موافقة البنك المركزي. والتنظيم الإداري لفرع المصرف الإسلامي لا يختلف في طبيعته عن التنظيم الإداري لفرع البنك التجاري، ويكون التنظيم الإداري لفرع المصرف الإسلامي كما يلي:

- مدير الفرع على رأس الفرع ويتبع مباشرة للإدارة العامة للمصرف.

- مساعد المدير.

- المراقب.

- رؤساء الأقسام: ليدير كل منهم القسم المنوط به وهذه الأقسام شبيهة إلى حد كبير بالأقسام المبينة آنفاً، إلا أنه ولصغر حجم الفرع، قد يتم دمج أكثر من قسم في قسم واحد، وبطبيعة الحال يعمل في كل قسم عدد من الموظفين حسب حاجته.

ويبين الشكل رقم (3) الهيكل التنظيمي لفرع مصرف إسلامي.

شكل رقم (3) الهيكل التنظيمي لفرع مصرف إسلامي

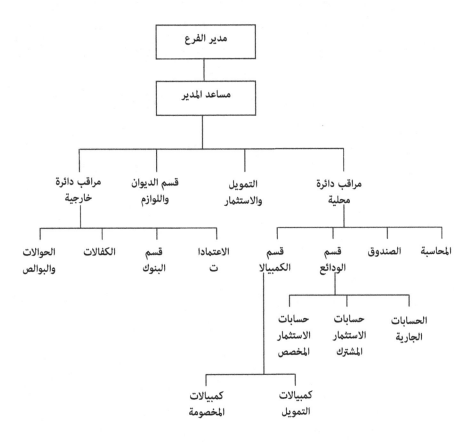

اسئلة للمناقشة

السؤال الأول: هناك بعض المهام والواجبات للإدارة العليا في البنك الإسلامي، عدّدها.

السؤال الثاني: توجد مجموعة من الدوائر لها مهام وواجبات وتسمى بـالإدارة الوسطى. وضح هذه المهام والواجبات.

السؤال الثالث: الإدارة التنفيذية تمثل مجموعة من الأقسام في البنك الإسلامي:
أ- عدّد هذه الأقسام   ب- بين مهامها وواجباتها.

السؤال الرابع: ما هي الاعتبارات التي يجب مراعاتها عند إعداد نموذج هيكل تنظيمي لمصرف إسلامي؟

السؤال الخامس: ارسم الهيكل التنظيمي لأحد المصارف الإسلامية كبيرة الحجم مبيناً أقسامه الإدارية والفنية.

السؤال السادس: عدد الأقسام الفنية للمصرف الإسلامي شارحاً وظيفة كل قسم.

السؤال السابع: عدد الأقسام الإدارية للمصرف الإسلامي شارحاً وظيفة كل قسم.

السؤال الثامن: عدد أقسام الإدارة العامة للمصرف الإسلامي مع الشرح.

أسئلة موضوعية

1- أي من الآتية ليست من مبادئ الإدارة والتنظيم؟

أ- مبدأ الربحية.

ب- مبدأ التخصص.

ج- مبدأ تفويض السلطات.

د- مبدأ مركزية التخطيط ولامركزية التنفيذ.

2- أي العبارات التالية صحيحة فيما يتعلق بالهيكل التنظيمي؟

الاولى: لا يختلف الهيكل التنظيمي للمصرف الإسلامي عنه في البنك التجاري الربوي.

الثانية: وجود قطاعات جديدة في الهيكل التنظيمي للمصرف الإسلامي.

أ- العبارة الأولى صحيحة.

ب- العبارة الثانية صحيحة.

ج- العبارتان صحيحتان.

د- كلتا العبارتين غير صحيحتين.

3- الآتية تعتبر من دوائر الإدارة العامة باستثناء:

أ- شؤون الفروع.

ب- المتابعة والرقابة على الائتمان.

ج- قسم الودائع.

د- البطاقات المصرفية.

4- القسم الذي يعتبر من الأقسام الفنية هو:

أ- قسم بوالص التحصيل.

ب- قسم التصوير.

ج- قسم اللوازم.

د- قسم الديوان.

5- القسم الذي يعتبر من الأقسام الإدارية هو:
أ- قسم الديوان.
ب- قسم بوالص التحصيل.
ج- قسم الخزينة.
د- قسم تأجير الخزائن الحديدية.

الفصل الحادي عشر
الرقابة على النشاط المصرفي الإسلامي

الفصل الحادي عشر

الرقابة على النشاط المصرفي الإسلامي

1-11 مفهوم الرقابة وأبعادها.

الرقابة على النشاط المصرفي في المصرف الإسلامي رقابة متعددة ومتطورة، وذات طبيعة خاصة فهي رقابة داخلية، وخارجية، ورقابة مصرفية، وشرعية ورقابة إشرافية، وذاتية أيضا في الوقت نفسه. وهي بذلك رقابة متكاملة لا يشوبها أي قصور ليس فقط لتعدد جوانبها، بل لأن الرقيب فيها هو الله سبحانه وتعالى،

(إن الله كان عليكم رقيبا) سورة النساء الآية 1 .

والله سبحانه وتعالى هو المعاقب والمؤاخذ والمحاسب وهو المهيمن على كل شيء في الوجود، ومن تمام الإيمان أن تحذر الله سبحانه وتعالى في جميع الأعمال.

فهو يعلم كل شيء، ومن هنا يتجلى شمول ودقة المراقبة وكمال الرقابة، حيث يقول سبحانه وتعالى:

(ألم يعلموا أن الله يعلم سرهم ونجواهم وأن الله علام الغيوب)

سورة التوبة الآية 78 .

ومن هنا كان على كل فرد أن يتقن عمله، ويحسن أداءه، ويعمل على تعظيم هذا الأداء كما وكيفا، فهو مساءل عنه لقوله تعالى:

(ولتسئلن عما كنتم تعملون) سورة النحل، الآية 93

ومن هنا كانت الرقابة ذات طبيعة خاصة في المصارف الإسلامية، فالرقابة هي إحدى الوظائف الأساسية للإدارة في أي منظمة من منظمات الأعمال، لا يتم العمل الإداري بدونها ولا يستكمل بغيرها، وفي معظم دول العالم توجد تشريعات خاصة تنظم عملية الرقابة على المصارف للتأكد من أن أعمالها تتم وفقا لما هو مطلوب منها نظراً للطبيعة الخاصة التي تحكم هذه الأعمال، ولتأثيراتها المباشرة وغير المباشرة على الحياة الاقتصادية وغير الاقتصادية للمجتمع، وبالإضافة إلى مجموعة أخرى من الاعتبارات أهمها ما يلي:

1- **الاعتبار الأول**: إن البنوك لا تتعامل في أموالها فقط، ولكن تتعامل في أموال الغير، بل إن أموال الغير تشكل النسبة العظمى من موارد البنك، حيث أن موارده الذاتية (رأسمال البنك واحتياطياته وأرباحه غير الموزعة) لا تمثل أكثر من 8% من إجمالي موارد البنك ومن ثم فإن حقوق الغير تصل إلى نحو 92% من إجمالي هذه الموارد، وبالتالي فإن حرص أصحاب رأسمال البنك ومديره والعاملون به يكونون موضع رقابة خارجية للتأكد من سلامة تصرفاتهم.

2- **الاعتبار الثاني**: اتساع وامتداد أعمال البنوك وكبر حجم معاملاتها، واضطراد نموها بشكل مستمر، قد يدفع بعض البنوك إلى الدخول في مجالات خطرة قصداً أو عن قلة دراية، أو عن نقص في الكوادر المخصصة في التعامل معها، مما يستوجب توافر رقابة خارجية إلى جانب الرقابة الداخلية للبنك، فضلا عن الانتشار الجغرافي للبنوك وفروعها.

إن قلة أعداد رجال التفتيش الداخلي بالبنك، يحوجها إلى تدعيم أجهزة الرقابة الخارجية، من حيث قيامها بالتفتيش الدوري وغير الدوري على بعض وحدات البنوك العاملة في المناطق الجغرافية المختلفة للتأكد من سلامة معاملاتها وتوافقها مع التعليمات المنظمة لهذه المعاملات.

3- **الاعتبار الثالث** - تأثير النشاط المصرفي الخطير المباشر وغير المباشر على الأنشطة الاقتصادية الأخرى، وعلى حسن انتظامها واستقرار معدل نموها، واستمرارية معاملاتها وحسن أدائها لنشاطها الاقتصادي.

فالجهاز المصرفي هو المهيمن على العمليات المالية التي تربط بين المؤسسات والشركات الاقتصادية، حيث أن صداها النقدي يتم بشكل أو بآخر من خلال وسيط مصرفي متمثل في البنك او البنوك التي تحتفظ كل شركة بحساباتها وأموالها لديه، أو التي حصلت منه على تمويل لاحتياجاتها المختلفة، ومن ثم فإن تعرض البنك لأي هزة أو أزمة مهما صغر حجمها قد يكون مدمرا للنشاط الاقتصادي للمجتمع بكامله. لتشابك العلاقات وترابطها بين البنوك ووحدات النشاط الاقتصادي المختلفة.

ولهذه العوامل جميعها كان يتعين أن تكون هنا رقابة على وحدات الجهاز المصرفي، ومن بينها المصارف الإسلامية التي تتميز عن البنوك الأخرى بأنها تخضع لإشراف ومتابعة ورقابة متكاملة الجوانب والأبعاد يظهرها لنا الشكل رقم (1) التالي:

شكل رقم (1)

الرقابة المتكاملة على المصارف الإسلامية

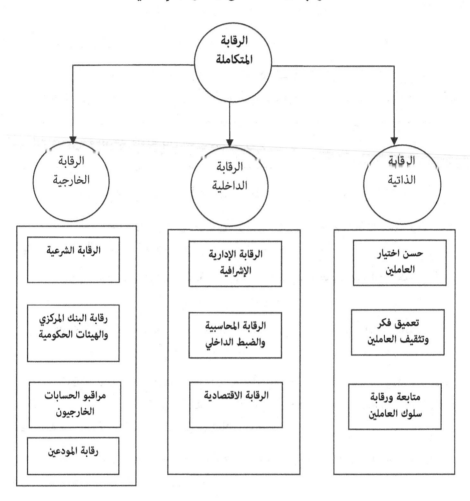

فالنظام الرقابي في المصارف الإسلامية، نظام شامل من الفرد على ذاته، ومن المدير على الفرد، ومن الدولة على المدير، ومن الله سبحانه وتعالى على الجميع.

2-11 الرقابة الذاتية:

وهي رقابة الوجدان والضمير داخل الفرد المسلم المؤمن بالله الذي يعمل في المصرف الإسلامي، وائتمنه الناس على أموالهم التي أودعوها لدى المصارف، ليقوم المصرف باستثمارها وفقا لأوجه الاستثمار الشرعية، وهي رقابة ذاتية تنبع من إيمان عميق بالله سبحانه وتعالى، ومعرفة كاملة بأن الله يعلم السر والعلن، وأن عليه أن يحذر في جميع أعماله، غضب الله، ذلك أن الله سبحانه وتعالى يلعمه:

(واعلموا أن الله يعلم ما في أنفسكم فاحذروه) سورة البقرة، الآية 235

وأن الله سبحانه وتعالى هو المهيمن الرقيب، وأن رقابته لا حدود لها، وأن جزءا منها لا يأتي من الإنسان ذاته، وفي هذا يقول الله الحق عز وجل.

(اليوم نختم على أفواههم وتكلمنا أيديهم وتشهد أرجلهم بما كانوا يكسبون) سورة يس، الآية 65.

فإن مراقبة موظف المصرف الإسلامي الذاتية نابعة من ضميره اليقظ وتدفعه إلى إتقان عمله والإخلاص فيه، وتأديته على أكمل وجه ودون أي تقصير.

والرقابة الذاتية هي أهم أنواع الرقابة، وأكثرها حيوية، وأكثرها ضرورة، فالإنسان المراقب لذاته هو الذي تكون له وقاية ضد الانحراف، وهو الذي تكون لديه المبادرة لتصحيحه ولمقاومة أي فساد يظهر في معاملات المصرف.

ومن هنا فإن المصرف الإسلامي، لتحقيق هذه الرقابة الوقائية والعلاجية، يعمل على توفير مقوماتها وعناصرها التي أهمها:

العنصر الأول - حسن اختيار العاملين في المصرف:

حيث يتم اختيار العاملين في المصرف من الأفراد الذين تتوافر لديهم المقومات الدينية والفنية والأخلاقية التي تعمق الحس الديني والأخلاقي وتجعلهم حريصين تمام الحرص على اتباع تعاليم الدين الحنيف وعدم مخالفتها، وتجنب نواهيه.

وعلى هذا يجب أن تحرص المصارف الإسلامية على انتقاء وتهيئة وإعداد العاملين فيها حتى يتمكنوا من القيام بدورهم كدعاة مسلمين قبل أن يكونوا عاملين في جهاز مصرفي إسلامي. ومن هنا فإن اختيار الشخص المناسب لأداء العمل أو الوظيفة يحقق صالح المصرف وكذلك صالح المجتمع، وهو واجب على قيادات المصرف الإسلامي وأن يتبع في ذلك قول الحق جل جلاله على لسان نبيه شعيب:

(قالت إحداهما يا أبت استأجره إن خير من استأجرت القوي الأمين)

سورة القصص - الآية 26.

فهناك تفاوت في قدرات البشر ومهاراتهم، وعلمهم، واستعدادهم "وكل ميسر لما خلق له" وفي هذا يحذرنا الرسول الكريم صلى الله عليه وسلم في حديثه الشريف:

"من وَلِيَ من أمر المسلمين شيئاً فولى رجلا وهو يجد من هو أصلح منه فقد خان الله ورسوله".

ومن هنا يجب أن يكون الموظف في المصرف بالغا عاقلاً راشداً أميناً نزيهاً وقبل كل هذا مؤمناً بالله وبرسله والحرص على أن يكون كل ذي علم وخبرة ومعرفة في المركز الذي يستطيع من خلاله استخدام علمه ومعرفته وخبرته، وصدق الله العظيم إذ يقول:

(قل هل يستوي الذين يعلمون والذين لا يعلمون) سورة الزمر - الآية 9

العنصر الثاني - تعميق فكر وتثقيف العاملين في المصرف دينيا:

ويتم هذا من خلال الدورات التدريبية التأهلية، والارتقائية، والتطويرية والتعميقية، وحلقات النقاش ومجالس العلم التي يعقدها المصرف للعاملين به والتي من خلالها تزداد المعرفة الدينية، وترسخ القيم، ويتجلى الضمير ويستيقظ، وتزداد معه الرقابة الذاتية للفرد على سلوكاته وعلى عمله خشية لله وراحة للنفس، وتحقيقا لقول الله سبحانه وتعالى:

(وقل اعملوا فسيرى الله عملكم ورسوله والمؤمنون، وستردون إلى عالم الغيب والشهادة فينبئكم بما كنتم تعملون). سورة التوبة، الآية 105.

العنصر الثالث – متابعة السلوك والتصرفات الشخصية والعقائدية والوظيفية للعاملين في المصرف

حيث يجب أن يلتزم العاملون في المصرف الإسلامي في كل تصرفاتهم بأصول الحلال والحرام، فيقدمون على الحلال الواضح المعالم ويجتنبون الحرام. ومن ثم لا يجوز لهم التعامل أو الاشتراك أو المساهمة في إنتاج السلع المحرمة شرعا، كالخمور، أو التعامل بالربا، أو الاحتكار، أو التغرير، أو الغش في التعامل، ويجب ألا يكون في المصرف الإسلامي أي فرد تنطبق في شأنه الآيات القرآنية التالية:

قال تعالى:

(أرأيت الذي يكذب بالدين، فذلك الذي يدع اليتيم، ولا يحض على طعام المسكين، فويل للمصلين، الذين هم عن صلاتهم ساهون، الذين هم يراءون ويمنعون الماعون). سورة الماعون، الآيات من 1 إلى 7.

أو قوله تعالى: **(ما سلككم في سقر، قالوا لم نك من المصلين، ولم نك نطعم المسكين، وكنا نخوض مع الخائضين، وكنا نكذب بيوم الدين).** سورة المدثر، الآيات (42 إلى 46).

وقد أوضح الله سبحانه وتعالى سلوك الفرد المسلم والذي يجب أن يتحلى به جميع العاملين في المصرف الإسلامي، ويجب على أولي الأمر ان يتأكدوا من ذلك وهو في قوله سبحانه وتعالى:

(وابتغ فيما آتاك الله الدار الآخرة ولا تنس نصيبك من الدنيا وأحسن كما أحسن الله إليك ولا تبغ الفساد في الأرض إن الله لا يحب المفسدين). سورة القصص – الآية 77.

ومن هذا المنطلق فمسئولية الفرد المسلم الذي يعمل في المصرف الإسلامي مسئولية شاملة وعميقة، تجعله حريصا على أداء عمله بالشكل المطلوب، وعلى تصحيح أي خطأ، والمبادرة في إبلاغ رؤسائه بأي قصور يراه، سواء في الخطط أو النظام الموضوع، كما تجعله دائم البحث عن كل ما هو جديد ومفيد لتطوير العمل، وتحسين الأداء، وتنمية المعاملات.

3-11 الرقابة الداخلية

يجب أن يكون قادة المصارف الإسلامية من قادة المسلمين حقيقة قلبا وقالبا، لأنهم قادة جهاد ومجاهدة، وصبر ومثابرة، وقدوة حسنة، وحزم، ورأي صائب يطبقونه أولاً على أنفسهم قبل أن يأمروا الآخرين به استرشادا بتعاليم الله وامتثالا لأمره، بالأمر بالمعروف والنهي عن المنكر، لأن الإسلام دين ودولة، ودنيا وآخرة.

كما ورد في قوله عز وجل:

(ولتكن منكم أمة يدعون إلى الخير ويأمرون بالمعروف وينهون عن المنكر وأولئك هم المفلحون) سورة آل عمران، الآية 104.

فالقائد في المصارف الإسلامية هو قدوة راشدة، يحتذى بها من جانب مرؤوسيه، ولديه من الإدراك ومن الوعي ومن المعرفة ومن الخلق القويم ما يؤهله للقيام بهذه الوظيفة، حتى لا يكون كمن يأمر مرؤوسيه بأعمال وينهاهم عن أمور هو يأتي بمثلها.

لقوله سبحانه وتعالى:

(أتأمرون الناس بالبر وتنسون أنفسكم وأنتم تتلون الكتاب أفلا تعقلون) سورة البقرة، الآية 44.

والرقابة الإشرافية في المصرف الإسلامي على العاملين وعلى نظم العمل داخل البنك، وتطورات الأحداث، ومدى توافق الأداء الخاص بالعاملين مع هذه المتغيرات، هي عملية لا تنصرف إلى توقيع العقوبات على المخطئ، ولكن أيضا لتقرير الحوافز والمكافآت التشجيعية أيضا للعاملين المجدين استرشادا بقوله سبحانه وتعالى:

(من عمل صالحا من ذكر أو أنثى وهو مؤمن فلنحيينه حياة طيبة ولنجزينهم أجرهم بأحسن ما كانوا يعملون) سورة النحل، الآية 97.

ومن هنا فإن على إدارة المصرف الإسلامي أن تقوم بمتابعة الأداء الفردي، والجماعي للمصرف سواء للفروع، او الإدارات، أو الأفراد، بشكل دوري منتظم وغير منتظم، فجائي، وقياس كفاءة الأفراد وتقييم أدائهم بأسلوب عملي وعلمي سليم، وبما يتوافق مع ظروف البنك وأوضاعه الداخلية والخارجية.

وتشمل مهمة الرقابة الإشرافية الداخلية في المصرف مجموعة من الأهداف الرئيسية المتمثلة فيما يلي:

1- اكتشاف أوجه القصور في الأداء التنفيذي للعاملين في المصرف ومعرفة أسبابه، ووضع طرق العلاج الناجحة للتغلب على هذا القصور، سواء عن طريق التدريب الارتقائي، او التحويلي، أو التطويري، وتحسين طرق ممارسة العمل في المصرف... أو حتى تعديل طرق ونظام اختيار العاملين في المصرف.

2- اكتشاف مدى القصور في نظام التوجيه، والمتابعة وفي نظام إبلاغ الأوامر وتدفق المعلومات بين المستويات المختلفة.

ومن ثم فإن أي تضارب، أو تناقض، أو ازدواج في الأعمال يمكن علاجه مع اكتشاف أي قصور في نظام المعلومات، وهذا من أهم أهداف الرقابة الإشرافية في المصرف.

3- اكتشاف أي قصور في نظم العمل، وطرق التنفيذ للعمليات المصرفية، ومن ثم معالجة هذا القصور بشكل فاعل.

4- اكتشاف أي قصور في الخطط الموضوعة أو في نظام التخطيط داخل المصرف الإسلامي، أو حتى في نظام المتابعة والرقابة الإشرافية ذاتها.

ومن هنا فإن الرقابة الإشرافية الداخلية في المصرف الإسلامي لا تقوم على تصيد الأخطاء والتشويه والتجريح وبخس حقوق العاملين، بل هي عملية إدارية لتقويم القصور ومعالجة الانحرافات، بل هي أيضا عملية وقائية ضد حدوث أي قصور او انحراف.

4-11 الرقابة الخارجية

تتسع هذه الرقابة لتشمل أفراد المجتمع وهيئاته ومؤسساته وشركاته سواء كان لها علاقة بالمصرف الإسلامي، أم لم يكن لها علاقة إعمالا لقوله سبحانه وتعالى:

(والمؤمنون والمؤمنات بعضهم أولياء بعض يأمرون بالمعروف وينهون عن المنكر) سورة التوبة، الآية 71.

فارتباط الإيمان بالأمر بالمعروف والنهي عن المنكر يدفع كل مؤمن إذا ما رأى أي قصور أو انحراف أن يبلغ عنه، ويحاول أن يعالجه ويقومه إعمالا لتعاليم رسولنا الكريم صلى الله عليه وسلم حيث قال:

"من رأى منكم منكرا فليغيره بيده، فإن لم يستطع فبلسانه، فإن لم يستطع فبقلبه وذلك أضعف الإيمان". حديث رواه مسلم في صحيحه.

وتتولى الدولة دورها في هذه الرقابة أيضا، حيث لا تقتصر وظيفة الدولة في الإسلام على حفظ الأمن الداخلي والخارجي للبلاد، بل تتعدى هذا إلى التدخل في النشاط الاقتصادي والعمل الاجتماعي لتحقيق التنمية، وضمان مستوى لائق من المعيشة للأفراد، استرشادا بما قاله أمير المؤمنين عمر بن الخطاب رضي الله عنه:

"إن الله استخلفنا على عباده لنسد جوعتهم، ونستر عورتهم، ونوفر لهم حرفتهم".

ومن هنا تتضافر جهود الدولة، وجهود المصارف الإسلامية من أجل تحقيق هذه الأهداف، وأهم صور الرقابة الخارجية في المصارف الإسلامية ما يلي:

5-11 الرقابة الشرعية

وتقوم هذه الرقابة على وجود هيئة مستقلة من عدد من علماء الشريعة وفقهاء الدين، ومن خبراء الجهاز المصرفي المتدينين المشهود لهم بالورع والصدق ومخافة الله، والمؤمنين بأهمية إيجاد الأجهزة المالية الإسلامية، ومن خلال تكاملها الفني والديني والعادي، تقوم بإبداء الرأي فيما يعرض عليها من تصرفات، وفي الوقت ذاته مباشرة اختصاصها في الرقابة والإشراف والمتابعة لأعمال البنك لمعرفة مدى تطابقها مع احكام الشرع والتدخل لتصحيح الانحرافات إذا ما حدثت، فضلا عن أن هذه الرقابة تعمل على تأكيد قيام المصرف بالتطبيق العملي لمبادئ الاقتصاد الإسلامي وتعاليم الدين الحنيف.

وتمتاز الرقابة الشرعية على نشاط المصرف باستقلالها، وتكوينها من خيرة علماء الدين والاقتصاد الإسلامي، وبممارسة عملها في إطار مجموعة ضوابط تكفل لها حسن القيام بوظيفتها ومن بين ضوابطها:

(أ) لا يعتبر أعضاء هيئة الرقابة الشرعية من العاملين في المصرف الإسلامي، ولا يخضعون لإشراف إدارته ، وبالتالي لا تتأثر آراؤهم بأي ضغط إداري أو غير إداري من جانب العاملين في المصرف ، فضلا عن كونهم أصلا مشهودا

لهم بالتقوى والورع ومخافة الله، ولا يخشون في الله لومة لائم، ومن ثم يصعب التأثير على آرائهم وتوصياتهم.

(ب) يتم تعيينهم من جانب الجمعية العمومية لحملة أسهم المصرف الإسلامي، وتحدد مكافآتهم مقدما، ولا يجوز أن يترك هذا الأمر لمجلس إدارة المصرف، بل يتبع في تعيينهم الخطوات والإجراءات الخاصة بتعيين مراقبي الحسابات، وذلك ضمانا لحيدتهم.

(ج) تعطى لهيئة الرقابة الشرعية السلطات والصلاحيات والحقوق كافة التي تمكنها من مباشرة وظيفتها بفاعلية كاملة، وبما يجعلها قادرة على النفاذ لجميع أعمال المصرف، والإحاطة بدقائقها وتزويد هيئة الرقابة بجميع الأدوات، والوسائل التي تمكنها من حسن القيام بهذه المهمة.

(د) تزويد هيئة الرقابة بالبيانات والمعلومات والإيضاحات التي تمكنها من إبداء الرأي، أو التي تساعدها على استجلاء الأمور، والتأكد أنها تسير في مسارها الصحيح، وإعطائها حق التفتيش والأطلاع على سجلات المصرف ومراسلاته ومستنداته كافة.

ومهمة هيئة الرقابة الشرعية في المصارف الإسلامية متعددة الجوانب والأبعاد، فهي رقابة علاجية، ووقائية، وابتكارية، وتوجيهية في آن واحد كما يظهرها لنا الشكل رقم (2) التالي:

شكل رقم (2)

مهمة هيئة الرقابة الشرعية على المصارف الإسلامية

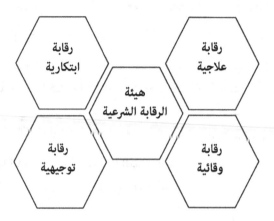

وفيما يلي عرض موجز لكل منها:

(أ) الرقابة العلاجية:

وتقوم هذه الرقابة على مراجعة جميع معاملات المصرف الإسلامي للتأكد من مطابقتها، والتزامها في معاملاتها بأحكام الشريعة الإسلامية، وقواعدها، فإذا ما وجد هناك أي إخلال، أو قصور، بادرت هيئة الرقابة إلى لفت نظر الأقسام المختصة، أو إخطار رئيس مجلس إدارة البنك بهذا القصور، أو الإخلال، والعلاج الذي تراه الهيئة لإصلاح هذا الإخلال ومعالجة هذا القصور، والتعديلات التي يتعين إجراؤها في نظام العمل، أو في طريقه تقديمه ليتوافق مع قواعد الشريعة الإسلامية.

(ب) الرقابة الوقائية:

وتتم هذه العملية من خلال اشتراك هيئة الرقابة الشرعية مع المسؤولين في المصرف بوضع نماذج العقود والاتفاقيات، ونظم العمل الخاصة بمباشرة العمليات لجميع معاملات البنك، ومن ثم تأكيد خلو المعاملات التي تتم على هذه العقود والعمليات من المحظورات الشرعية، وفي تتبع مسار العمل اليومي للمصرف للتأكد من عدم وقوعه في المحظورات، أو لتلافي هذا الوقوع بمعنى أدق.

ومن هنا تعمل هيئة الرقابة الشرعية في المصرف كجهاز وقائي، يحـول دون وقوع أي إخلال، أو انحراف عن القواعد الحميدة للدين الإسلامي، ومن خلال متابعتها عن كثب ووقوفها أولا بأول على ما يتم داخل المصرف الإسلامي، ومن خلال المساهمة والمشاركة في وضع نظم العمل الدقيقة ومن خلال البحوث الدائمة التي تقوم بها.

(ج) الرقابة الابتكارية:

وتعمل هيئة الرقابة الشرعية من خلال هذا الدور على استنباط وابتكار المزيد من الأدوات المصرفية التي تتفـق وأحكام الشريعة الإسلامية، وتفي باحتياجات المعاملات ومتطلبات العملاء في العصر الحديث، وفي الوقت ذاته تبعد عـن أدوات البنوك الربوية إعمالا لقول الله سبحانه وتعالى:

(يا أيها الذين آمنوا لا تتخذوا اليهود والنصارى أولياء بعضهم أولياء بعض ومـن يتولهم منكم فإنه منهم إن الله لا يهدي القوم الظالمين).

سورة المائدة، الآية 51.

ومن خلال وجود خبراء اقتصاديين ومصرفيين إلى جانـب أئمـة الشريعة وأساتذة الفقه الإسلامي بهيئة الرقابة، يتم استنباط وابتكار أوعية مصرفية جديدة وخـدمات يقـوم بها المصرف الإسلامي بشكل منفرد لم يسبقه في تقديمها أي من البنوك الأخرى، وفي الوقت ذاته خدمات إسلامية تحكمها قواعد الدين الإسلامي الحنيف.

ومن هنا تكون هذه الرقابة الابتكارية من أهم أنواع الرقابة التي تقوم بها هيئـة الرقابة الشرعية، خاصة أنه من خلال متابعتها للعمل، نجد أن كثيرا من العملاء يرغبون في خدمة معينة يمكن أن يقوم بها المصرف الإسلامي، فتدرسها الهيئة وتوصي بتقديمها إذا ما كانت سليمة ومناسبة.

(د) الرقابة التوجيهية:

فالهيئة لا تقف مكتوفة الأيدي، فهي كثيرا ما تبادر بتقديم توصياتها، وكذا آرائها، ومشورتها إلى متخذي القرار في المصرف الإسلامي، وتوجيههم إلى المجالات التي تراها مناسبة، وتحذرهم من المجالات التي قد تحتوي المعاملات فيها بعض الشبهات، اتقاء للشبهات.

ومن ثم فإنه على الرغم من أن بعض الكتـاب يـرون أن دور هيئـة الرقابة الشرعية في المصارف الإسلامية، هو دور استشاري، فلا يجب أن تتدخل بشكل

مباشر في إدارة البنك والعمل التنفيذي، إلا أنه كما رأينا فإن هذا الدور يتسع ويمتد من خلال المتابعة الدقيقة والآراء السديدة والاستشارات التي تقدمها الهيئة إلى جميع متخذي القرار، ومن ثم فإنها تتدخل بالشكل وفي الوقت المناسبين في هذه الأعمال وبصورة غير مباشرة.

6-11 رقابة البنك المركزي على المصارف الإسلامية:

المصارف الإسلامية جزء من النظام المصرفي، لا تنفصل عن أحكامه أو عن قواعده، ونظمه الإشرافية والرقابية التي يخضع لأحكامها، ورغم أن هناك اختلافات جوهرية بين المصارف الإسلامية وغيرها من الموسسات المصرفية وغير المصرفية الأخرى، بحكم خصائص معاملاتها المتميزة وارتباطها بأحكام الشريعة الإسلامية الغراء، إلا أن المصارف الإسلامية تخضع لإشراف نفس الأجهزة المصرفية وغير المصرفية التي تخضع لها البنوك التقليدية أيضا.

ويعد البنك المركزي في أي دولة من الدول، السلطة النقدية الأولى التي لها الحق في الوضع والرسم والإشراف على تنفيذ السياسات النقدية بجوانبها المختلفة التي تتضمن ثلاث سياسات فرعية، وهي:

- السياسة الائتمانية.
- سياسة سعر الصرف.
- سياسة إدارة الدين العام.

ولما كانت معاملات المصارف الإسلامية تؤثر وتتأثر بتنفيذ هذه السياسات، فضلا عن كونها أداة من أدوات تنفيذها، فإن البنك المركزي للدولة يقوم بمتابعة أعمال المصارف الإسلامية للتأكد من عدم تعارضها مع هذه السياسات والتزامها بتعليماته وقراراته وتوجيهاته المبلغة للبنوك في هذا الخصوص، مثلها في ذلك مثل جميع الوحدات المصرفية العاملة في الدولة. ويُستخدم في ذلك نوعان من المتابعة هما:

1- **النوع الأول:** المتابعة الميدانية بالتفتيش الفجائي والدوري على البنوك والاطلاع على دفاترها ومستنداتها للتأكد من سلامتها وعدم مخالفتها للوائح والقرارات والقوانين والسياسة الائتمانية المتعبة.

2- **النوع الثاني:** رقابة مكتبية إحصائية تقوم على تلقي البيانات والتقارير الإحصائية المختلفة وفقاً لنماذج معينة متفق عليها، فضلا عن التقارير المختلفة التي يطلبها البنك بشكل غير دوري ووفقا لكل حالة.

وفي كلا النوعين من الرقابة يتم التأكد بالفحص والمراجعة والتفتيش من آن إلى آخر.

وعلاقة المصارف الإسلامية بالبنوك المركزية تتجاوز قضايا التنظيم والرقابة المباشرة، لكون البنك المركزي في الدولة هو المسؤول عن تطبيق السياسة النقدية وممارسة الرقابة على البنوك، فهو يضع القواعد والتعليمات للبنوك عموما، ولكن البنك المركزي غالبا لا يأخذ بعين الاعتبار أن المصارف الإسلامية تعمل وفقا للمبادئ الاقتصادية والمالية بما يتفق وأحكام الشرعية الإسلامية، وتبعا لذلك تحتاج إلى استثناءات خاصة بها منذ لحظة اتخاذ القرار بترخيصها. وفي العالم الإسلامي هناك خمسة نماذج توضح علاقة البنك المركزي مع البنوك الإسلامية:

11-7 نماذج العلاقة بين البنك المركزي والمصارف الإسلامية

النموذج الأول: يتمثل بالبلدان التي قامت بتغيير نظامها المالي والمصرفي بما يتفق وأحكام الشريعة الإسلامية وهو ما يطلق عليه بـ (أسلمه النظام المصرفي) وهي السودان وإيران والباكستان. وتقوم العلاقة هنا على التكامل، وهي محددة بضوابط وقواعد تتلاءم مع مبادئ نشاط الصيرفة الإسلامية.

النموذج الثاني: يتمثل في البلدان التي أصدرت قوانين عامة تسمح بقيام البنوك إسلامية، وتنظم حركتها بعيدا عن البنوك التقليدية بوضع الحدود والضوابط وتخصص لها الأجهزة الحكومية التي تشرف على نشاطها وتتأكد من ممارساتها فتضحي العلاقة بين البنوك المركزية والبنوك الإسلامية منضبطة، لا تثار بين الطرفين أية إشكالات، استنادا لمواد وبنود القوانين الموضوعة التي تأخذ بعين الاعتبار الطبيعة المتميزة للبنوك الإسلامية.

النموذج الثالث: يتمثل في البلدان التي أصدرت قوانين خاصة استثنائية لإنشاء بنوك إسلامية بجانب البنوك التقليدية، الأمر الذي أدى إلى تعارض المفهوم الأساسي لطبيعة عمل البنوك الإسلامية مع نصوص القوانين التي ستتعامل وتتعايش معها تلك البنوك، بالتالي وجدت نفسها في مأزق حقيقي نتيجة إخضاعها لأساليب الرقابة التقليدية من قبل البنوك المركزية في الدول التي تعمل بها، ومثال ذلك مصر والأردن والعراق وقطر والبحرين، وغيرها من البلدان الأخرى.

النموذج الرابع: يتمثل نموذج البنك المركزي الإسلامي في العربية السعودية من خلال مؤسسة النقد العربي السعودي، وهي مؤسسة حكومية تقوم على رأس النظام المصرفي في المملكة وفقا لأحكام الشريعة الإسلامية فلا يجوز لها دفع أو قبض فائدة أو مباشرة أي عمل يتعارض مع قواعد الشريعة الإسلامية، طبقا لما تقضي به المادة الأولى من مرسومها الملكي رقم (23) لسنة 1371هـ وتقوم بأعمال مصرف الحكومة ومراقبة المصارف التجارية، كما تقوم بتوجيه ومراقبة الائتمان ونسبة السيولة في المصارف.

النموذج الخامس: بيت التمويل الكويتي - يتمثل في البلدان التي لم تصدر تشريعا يتضمن إنشاء بنك إسلامي وأفضل مثال يحتذى به هو تأسيس بيت التمويل الكويتي طبقا لأحكام القانون من قبل وزارة الأوقاف والشؤون الإسلامية ووزارة المالية مع عدم الإخلال بالأحكام التي استثنيت منها هذه الشركة من أحكام القوانين القائمة والموضحة بهذا النظام والتي تعتبر القانون الصادر بالترخيص في قيام هذه الشركة إقرارا لها.

8-11 الآثار السلبية لمشكلة العلاقة بين البنك المركزي والمصارف الإسلامية

فيما يتعلق بالعلاقات بين البنك المركزي والمصارف الإسلامية في النموذج الأول: كما استنتج أحد الباحثين في هذا المجال، فقد ظهرت المشاكل الرئيسية التالية:

1- مشاكل قانونية متعلقة بالإطار القانوني السائد: لأن القوانين المعمول بها لا تناسب النظام المصرفي الإسلامي المعتمد على عقود المشاركة والمضاربة، لذلك أسست الحكومة الباكستانية هيئة قضائية مصرفية، والحكومة السودانية هيئة عليا للرقابة الشرعية على البنوك، للتعامل مع العقود المعتمدة في النظام الإسلامي، أما في إيران بالرغم من أن النظام القانوني يستند أساسا إلى الشريعة، إلا أنه برزت بعض المشاكل المتعلقة في عدم وجود تعريف للحقوق والقيود على الملكية الفردية.

2- مشاكل متعلقة بأهداف السياسة المالية وأدواتها: واجهت البلدان المشار إليها في النموذج الأول، مسألة تطوير طريقة لتمويل العجز الحكومي على أسس إسلامية لذلك بقي الاقتراض الحكومي يتم على أساس العائد المحدد (سعر الفائدة) حيث يقتضي النظام المالي الإسلامي أن تقوم الحكومة

بتبرير وترشيد نفقاتها وهناك فصل بين نفقات الحكومة العامة وبين النفقات على رفاهية المجتمع، حيث يعتمد الثاني على فرض الضرائب (حقوق) وثروة الأفراد في المجتمع، بينما يعتمد تمويل الأول على إدارة مصادر المجتمع الذي تتوكل بها الحكومة، ويميل الاقتصاديون الإسلاميون مثل محسن خان وعباس ميراخور ومحمد عمرو شابرا وغيرهم إلى أن الاتفاق الحكومي يجب أن يتم على الضروريات وضمن مراقبة فاعلة تمنع أي هدر أو عدم كفاءة، مع ذلك تبقى هناك حاجة للاقتراض الحكومي، ويجب إيجاد البديل الإسلامي المناسب لطريقة التمويل، ومن المهم في هذا المجال أيضا مراجعة نظام الضرائب لتكون فاعلة وكافية.

3- نقص القواعد الأساسية: هناك مشكلة واضحة في نقص الجهاز المدرب ووعي الأعمال المصرفية الإسلامية ويتم في البلدان المذكورة تدريب الموظفين أثناء العمل، ويعتمد تثقيف جمهور المتعاملين مع البنوك على موظفي البنوك أنفسهم.

أما فيما يخص النموذج الرابع فقد استخلص أحد الباحثين: أن النظام منحَ مؤسسة النقد السعودي وسائل وأساليب مختلفة لتوجيه الائتمان والرقابة عليه والتأثير على كميته ونوعه بما يتفق وتحقيق سياسة المملكة في ظل أحكام الشريعة الإسلامية لدعم وتثبيت القيمة الداخلية والخارجية للعملة.

والمؤسسة في ذلك تمتنع عن منافسة البنوك ولها من الوسائل ما يمكنها من تحقيق سياستها في توجيه الائتمان والرقابة عليه دون التدخل بالأعمال المصرفية التي تقوم بها البنوك التجارية.

ثم أن العلاقة بين مؤسسة النقد والمؤسسات المالية الأخرى في جوهرها علاقة تنظيم وتنسيق، ثم تعاون على تنفيذ أهداف السياسات والخطط الائتمانية والنقدية بما يحقق الاستقرار الاقتصادي ويساعد على تحقيق معدلات مرتفعة من التنمية.

وفيما يتعلق بالنموذج الثالث، وهو مدار اهتمامنا، لارتباطه بالمساق الرئيسي- لبحثنا فقد استنتج أحد الباحثين أن طبيعة تعليمات البنوك المركزية والسلطات النقدية تكون أحيانا بعيدة كل البعد عما يمكن أن يطبق على بنك إسلامي، وأحيانا أخرى تحتاج إلى عدة أشهر من النقاش مع البنك المركزي من أجل الوصول إلى الصيغة الملائمة لعمل البنك الإسلامي ضمن التعليمات والتعديلات.

ويقترح الباحث أنه وبسبب وجود هذه المشاكل في علاقة البنوك المركزية والإسلامية في بلدان هذا النموذج التنظيمي، أنه يجب القيام بوضع أسس واضحة وثابتة لا تتغير إلاّ بمقدار الحاجة الناتجة من تعليمات وظروف تخص البلد مع الأخذ بعين الاعتبار خصوصية البنك التي نادرا ما تراعى عند إصدار التعليمات العامة للبنوك سواء تقليدية أم إسلامية.

وقد أشار أحد المصرفيين إلى المشاكل التي تواجهها البنوك الإسلامية في علاقتها مع البنوك المركزية، مع بعض الحلول العملية المناسبة، وخصوصا في البلدان التي تندرج ضمن النموذج الثالث السابق المشار إليه، حيث أشار إلى أن العديد من البنوك المركزية ما زالت لا تراعي خصوصية أعمال البنوك الإسلامية في ما تصدره من ضوابط وقواعد وتعليمات تنفيذية، كما أنها ما زالت لا تطبق معايير المحاسبة الصادرة عن هيئة المحاسبة والمراجعة للمؤسسات المالية الإسلامية والتي مقرها البحرين.

كما أشار إلى أن تلك التعليمات لها الأثر الكبير والسلبي على البنوك الإسلامية، ومن أمثلة ذلك:

1. **الاحتياطي الإلزامي:** تفرض بعض البنوك المركزية احتياطيا إلزامياً على البنوك، وتدفع لها فائدة على كل أو بعض هذا الاحتياطي أحيانا، ونظرا إلى أن البنك الإسلامي لا يتقاضى فوائد، فإن ما يعود للبنوك من فائدة على مثل هذا الاحتياطي أو أي جزء منه يخسره البنك الإسلامي.

وأشير هنا إلى أن البنك المركزي الأردني مثلا، فرض على البنوك الأردنية ومنها البنك الإسلامي الأردني احتياطيا نقديا بنسب 35% من الودائع الأجنبية. وكان يدفع للبنوك التقليدية فائدة عن هذا الاحتياطي، وخسر البنك وعملاؤه فرصة استثمار هذه النسبة للفترة من 1989 حتى 1991، وبالتالي تأثرت أرباح المودعين والمساهمين بذلك.

2. **السيولة النقدية:** تفرض البنوك المركزية نسبة سائلة من موجودات كل بنك، وتصل هذه النسبة في الأردن مثلا إلى 30% منها 20% للدينار، وبدراسة مكونات هذه النسبة نجد أن هذه النسبة تتضمن النقد في الصندوق وأرصدة لدى البنك المركزي، وأرصدة لدى البنوك وغيرها، وكذلك أذونات وسندات الخزينة، وسندات التنمية، وسندات المؤسسات الحكومية، وسندات القطاع الخاص، وكلها مبنية على الفائدة، وتمثل هذه الأرصدة والسندات والأذونات نسبة جيدة مدرة للدخل في البنك التقليدي، بينما

يضطر البنك الإسلامي إلى تعطيل ما يعادل هذه النسبة دون استثمار، مما يعكس نقصا في عائد العملاء والمساهمين، ويظهر البنوك الإسلامية بوضع سلبي تجاه العائد على الاستثمار، مقارنا بالفائدة المدفوعة للعملاء في البنك التقليدي، كما يظهر صافي ربح البنك بأثر سلبي ويقلل أرباحه.

3. دور البنك المركزي كملجأ أخير للسيولة:

أ- تحصل البنوك التقليدية على احتياجاتها من السيولة باللجوء إلى خصم الكمبيالات لدى البنك المركزي، وتحرم البنوك الإسلامية من هذه الميزة بسبب التزامها الشرعي لخصم الديون إلا بذات القيمة، كما أن الخصم لدى البنوك المركزية مرتبط بالفائدة وهذا الأمر يعطي ميزة للبنوك التقليدية على البنوك الإسلامية، حيث تضطر البنوك الإسلامية إلى تعطيل مبالغ عالية لمواجهة احتياجاتها من السيولة وخصوصا في الأزمات، مما يعيق استثمار نسبة لا بأس بها من الودائع وحسابات العملاء، وبالتالي تعطيل مثل هذه الأموال عن الاستثمار، وضياع عوائدها على المودعين والمساهمين.

ب- قامت بعض البنوك المركزية بإيداع ودائع استثمارية وبعائد، لدى البنوك الإسلامية لتلبية مثل هذه الحاجات، وحصلت على عوائد وأرباح عن إيداعاتها، وبالتالي فإن إيجاد مثل هذا الترتيب يساعد المصارف لتتساوى في عدم تعطيل نسبة من أموال المودعين لديها، ومن الضروري أن تعدل البنوك المركزية تعليماتها لتشمل مثل هذه المعالجة حتى لا تبقى البنوك التي تتعامل بالفائدة في وضع ممتاز على البنوك الإسلامية، وهذا الإجراء إذا ما تم سيمكن البنوك الإسلامية من زيادة الاستثمار، وعدم تعطيل الأموال لتجنب ما يؤديه ذلك من حجب أموال عن الاستثمار وانعكاسات ذلك على الاقتصاد الوطني.

4. الخصم التشجيعي للتصدير: لا تسمح تعليمات بعض البنوك المركزية للبنوك الإسلامية بالاستفادة من هذه النافذة التي عادة تقدم بسعر تشجيعي مخفض، لأن تعليماتها مرتبطة بالفائدة، مما يعطي ميزة لعملاء البنوك التقليدية على عملاء البنوك الإسلامية.

ولعل ما ذكر في البند السابق من ضرورة أن يتم وضع ترتيبات بين البنوك المركزية لتودع حسابات استثمارية لدى البنك الإسلامي بربح لمثل هذه الغايات، وهو أمر ضروري لمساواة البنوك العاملة في البلد الواحد،

ولتشجيع العملاء مع البنك الإسلامي على استغلال تسهيلات التصدير بكلفة منخفضة، أسوة بالبنوك التقليدية، مما يترك أثراً جيداً في خدمة التصدير، وبالتالي خدمة الاقتصاد الوطني.

5. **نسب الائتمان والاستثمار**: تحدد البنوك المركزية سقفا لإجمالي الائتمان الذي يمنحه المصرف، وعند تطبيق مثل هذه السقوف على البنوك الإسلامية، فإن من الضروري أن يكون التطبيق فقط على كل ما هو دين على العملاء نتيجة عمليات التمويل المختلفة.

كما تفرض البنوك المركزية سقوفا على البنوك الإسلامية في الاستثمارات الأخرى كالمشاركة، وتملك العقارات"، وتملك الأسهم، ومن الضروري أحيانا للبنك الإسلامي تملك الشركة بالكامل، لينفذ من خلال هذه الشركة استثماراته المختلفة، لذا فإن فرض نسب على مثل هذه الاستثمارات فيه ظلم للبنوك الإسلامية.

6. **رأس المال التنظيمي**: تفرض البنوك المركزية على البنوك معياراً للائتمان، مربوطا برأس المال التنظيمي، وتطبيق ذلك على البنوك الإسلامية يجعل منح الائتمان للشركات التابعة والمملوكة للبنك في وضع حرج، خصوصا وأن السيطرة عليها بيد البنك الإسلامي، ويزداد هذا الأمر صعوبة عندما لا يميز البنك المركزي في احتساب الائتمان بين مصادر الأموال باحتسابه حسابات الاستثمار المخصص جزءا مماثلا للودائع الجارية.

7. **تملك العقارات والأسهم**: توجب الناحية الشرعية على المصارف الإسلامية أن تكون "الأعيان" في المحافظ الاستثمارية والسندات المشاركة بالربح، لا تقل عن 51% وفي بعض الفتاوى 35% من أموال المحفظة حتى يمكن تداولها والتخارج منها.

إن تعليمات بعض البنوك المركزية بتقييد نسبة تملك الأسهم في المحفظة بحد أعلى 10% في كل شركة، وتملك العقارات بما لا يزيد عن 20% من قيمة المحفظة، وضرورة التخلص من العقارات خلال فترة محددة وقصيرة، يجعل أمر تداول المحافظ مجمدا، ما لم تحل البنوك المركزية هذه المشكلة، أو تحل من الناحية الشرعية.

8. **أدوات التمويل قصيرة الأجل:** تفتقر تعليمات وإجراءات البنوك المركزية إلى ما يضبط وييسر أعمال وإنشاء مثل هذه الأدوات، الأمر الذي يحتاج إلى معالجة، مما يخدم إيجاد وتيسير أدوات السوق المالية الإسلامية.
9. **المخصصات:** تفرض بعض البنوك المركزية تعليمات لأخذ مخصصات على الديون الجيدة، بمعنى أنه إذا ما منح البنك تمويلا يوم 12/31 من السنة، فإن على المصرف أخذ نسبة من أرباحة تعادل في بعض الأحيان 2% من الأرباح الخاصة بهذا التمويل، تحوطاً لأمر لم يقع بعد، وهذا يحرم أصحاب الحسابات الاستثمارية من حق لهم إذا لم يستمروا في التعامل مع البنك الإسلامي.

9-11 الاقتراحات والحلول لمشكلة العلاقة بين البنك المركزي والمصارف الإسلامية.

نشأت البنوك الإسلامية تحت مظلة قوانين خاصة وضعت لها لتمكنها من ممارسة نشاط مصرفي في بيئة يسود فيها التعامل بالفوائد، ولكن لم تعط هذه القوانين كثير أهمية لعلاقة هذه البنوك بالبنك المركزي في البلد الذي تعمل فيه، وبمرور الزمن أثيرت قضيتان لا يمكن إغفالهما:

أ- رقابة البنك المركزي على البنوك الإسلامية وإخضاعها لأنظمة ولوائح مثل ما يختص بالأرصدة الاحتياطية وغيرها.

ب- مساندة البنك المركزي للبنوك الإسلامية خاصة بوصفه الملجأ الأخير للسيولة في حالة احتياج البنوك الإسلامية للسيولة.

إن البنك الإسلامي لا بد أن يخضع للأنظمة واللوائح التي توضع من قبل البنك المركزي في البلد الذي يعمل فيه، نظرا لما ينتج من أعماله من التوسع النقدي وتوجيه الاستثمار إلى قطاع من الاقتصاد الوطني.

ولأن البنك الإسلامي يدير أموال جماهير الناس - مساهمين ومودعين - فللدولة أن تراقب سيره حفاظا على أموال الناس، ورعاية للمصلحة العامة، ولما كان البنك المركزي هو وكيل الدولة في مراقبة المؤسسات المالية، وتوجيهها لتحقيق المصلحة العامة فمن الضروري أن تكون له صله وثيقة مع البنوك الإسلامية في البلد، وعليه أن يساعد البنوك الإسلامية كما يلي:

1- لحاجة البنك الإسلامي لرعاية البنك المركزي لإيجاد الثقة وإحكامها، فإن ثقة الجماهير في بنك ما، لا تتوفر إلا بعلم الجميع أن البنك المركزي سوف يسانده في الأزمات إذا وقعت، ولأن البنك المركزي يقدم هذه المساندة للبنوك التقليدية، فلا وجه لحجبها عن البنوك الإسلامية.

2- لتقديم السيولة المطلوبة إذا احتاج البنك الإسلامي لها، لأنه واجب يترتب على إحدى وظائف البنك المركزي المعروفة، وهي وظيفة المقرض الأخير، ومن البديهي أنه بالنسبة للبنوك الإسلامية لا يكون هذا التمويل على أساس القرض بالفائدة، فإما أن يكون قرضا حسنا أو وديعة استثمارية، أو أسلوباً من الأساليب الأخرى المقترحة من قبل الاقتصاديين الإسلاميين أو التي يمارسها البنك المركزي في البلدان التي تحاول التحول الكامل إلى نظام مصرفي خال من الربا مثل الباكستان وإيران والسودان.

3- تفهم السلطات النقدية لأعمال وخصوصية البنوك الإسلامية عند وضع التعليمات التطبيقية وممارسة أعمال الرقابة عليها، هذا أمر ضروري لإزالة التحيز لصالح البنوك التقليدية، ومنحها ميزة على البنوك الإسلامية، مما يكفل الاستغلال الأمثل لموارد البنوك الإسلامية ومشاركتها في تنمية الاقتصاد الوطني.

10-11 رقابة مدققي الحسابات الخارجيين:

تقوم الجمعية العمومية باختيار مراقبين خارجيين للحسابات، يتولون فحص جميع دفاتر المصرف والاطلاع على مستنداته، ومعاينة أصوله وخصومه، وفحص عملياته بالشكل الذي يجعل هؤلاء المراقبين قادرين على تقييم مدى سلامة المركز المالي للمصرف، ومدى تعبير حساباته وقوائمه المالية عما تم فعلا، ومدى صدقها وسلامتها.

ويقدم مراقبو الحسابات تقريرهم إلى الجمعية العمومية للمساهمين في البنك، لتتولى محاسبة مجلس إدارة البنك عن الأخطاء أو القصور الذي أوضحه تقرير مراقبي الحسابات الخارجيين ، كما تحدد لهم مكافآتهم وأتعابهم في ضوء النتائج التي اعتمدها مراقبو الحسابات الخارجيون، ومن هنا كان على الجمعية العمومية التدقيق في اختيار مراجعي الحسابات الخارجيين ، وأن تتأكد من توفر مجموعة المقومات، الشخصية والموضوعية، في هؤلاء المراقبين حتى تستطيع الوقوف فعلا على حقيقة ما تم، ويجب ألا تسمح أبدا بأي حال من الأحوال لمجلس

الإدارة، أو للمديرين التنفيذيين بالتدخل بشكل مباشر أو غير مباشر في اختيار مراقبي الحسابات الخارجيين، حتى لا تتأثر أعمالهم في هذا المجال.

11-11   رقابة المودعين:

تختلف طبيعة علاقة المودعين في البنك التقليدي عن علاقة المودعين في المصرف الإسلامي، ففي الوقت الذي تعتبر فيه علاقة المودعين في البنك التقليدي علاقة دائن (المودع) بمدين (البنك التقليدي). فإن علاقة المودع في المصرف الإسلامي هي علاقة رب المال (المودع) بالمضارب (المصرف الإسلامي) وذلك بالنسبة للودائع الاستثمارية، أما بالنسبة للودائع الجارية فإن العلاقة بين المصرف الإسلامي وصاحب الوديعة الجارية هي علاقة أمانة يلتزم بموجبها المصرف الإسلامي برد الأمانة إلى صاحبها عند الطلب.

ولما كانت الودائع الاستثمارية تمثل جزءاً كبيرا من مصادر أموال المصرف الإسلامي، وبما أنها تتم وفقا لترتيبات يتحمل فيها المودع الربح أو الخسارة الناتجين عن استثمار تلك الأموال، فإنه يصبح من الضروري أن يعطى لأصحاب الودائع الاستثمارية الحق في الرقابة على أنشطة المصرف الإسلامي للتأكد من دقة وسلامة العمليات التي يقوم بها المصرف بما في ذلك العمليات المحاسبية. ويمكن أن يتم ذلك من خلال تمثيلهم في الجمعية العمومية بل وفي مجلس الإدارة، غير أن ما يحدث بالفعل في معظم المصارف الإسلامية هو تمتع المساهمين دون المودعين بحق الرقابة على أنشطة المصرف مما يتطلب ضرورة إعادة النظر في هذا الأمر وإعطاء دور رقابي للمودعين يتمشى مع طبيعة علاقتهم بالمصرف الإسلامي.

أسئلة للمناقشة

السؤال الأول: وضح مفهوم الرقابة على النشاط المصرفي في المصرف الإسلامي وأبعادها.

السؤال الثاني: ما هي مكونات الرقابة المتكاملة على المصارف الإسلامية.

السؤال الثالث: وضح مفهوم الرقابة الذاتية في المصارف الإسلامية.

السؤال الرابع: وضح مفهوم الرقابة الداخلية في المصارف الإسلامية.

السؤال الخامس: ما هي عناصر الرقابة الخارجية على المصارف الإسلامية.

السؤال السادس: وضح مفهوم الرقابة الشرعية على نشاط المصرف الإسلامي.

السؤال السابع: اذكر نماذج علاقة البنوك المركزية مع المصارف الإسلامية في العالم الإسلامي.

السؤال الثامن: اشرح مفهوم رقابة المودعين في المصارف الإسلامية.

السؤال التاسع: اشرح الآثار السلبية لعلاقة البنوك المركزية مع المصارف الإسلامية.

أسئلة موضوعية

1- أي العبارات التالية صحيحة فيما يتعلق بالرقابة على البنوك؟

العبارة الأولى: لا تختلف الرقابة على البنوك الربوية عنها في المصارف الإسلامية

العبارة الثانية: الرقابة الذاتية على المصارف الإسلامية كافية

أ- العبارة الأولى صحيحية
ب- العبارة الثانية صحيحة
ج- العبارتان صحيحتان
د- كلتا العبارتين غير صحيحتين

2- يعتبر من أهم مكونات الرقابة الذاتية على نشاط المصارف الإسلامية:

أ- حسن اختيار العاملين.
ب- الرقابة الاقتصادية.
ج- الرقابة الشرعية.
د- الرقابة الإدارية

3- يعتبر من أهم مكونات الرقابة الداخلية على نشاط المصارف الإسلامية:

أ- حسن اختيار العاملين
ب- الرقابة الشرعية.
ج- الرقابة الاقتصادية.
د- رقابة البنك المركزي.

4- يعتبر من أهم مكونات الرقابة الخارجية على نشاط المصارف الإسلامية:

أ- الرقابة الإدارية.
ب- حسن اختيار العاملين
ج- الرقابة الاقتصادية
د- الرقابة الشرعية

5- الآتية جميعها من مهمات الرقابة الشرعية على المصارف الإسلامية باستثناء:

أ- رقابة ذاتية.
ب- رقابة علاجية.
ج- رقابة توجيهية.
د- رقابة ابتكارية

الفصل الثاني عشر
إدارة مخاطر المصارف الإسلامية

12-3 طبيعة مخاطر المصارف الإسلامية

12-3-1 مخاطر الائتمان

12-3-3 مخاطر السوق

الفصل الثاني عشر

إدارة مخاطر المصارف الإسلامية

12-1 المقدمة:

تواجه المصارف الإسلامية نوعين من المخاطر: الأول منها تشترك فيه مع المصارف التقليدية (الربوية). ومن هذه المخاطر؛ مخاطر الائتمان، ومخاطر السوق، ومخاطر السيولة، ومخاطر التشغيل. والنوع الثاني من المخاطر هي مخاطر جديدة وتنفرد بها المصارف الإسلامية بالنظر إلى المكونات المميزة في أصولها وخصومها.

ففي جانب الأصول يمكن الدخول في استثمارات باستخدام صيغ المشاركة في الربح (مثل المضاربة والمشاركة) وصيغ التمويل التي تقوم على العائد الثابت مثل المرابحة (وهي صيغة التكلفة زائدا الربح أو البيع بهامش)، والبيع بالتقسيط (ويتم بصيغة المرابحة ولكن لآجال متوسطة أو طويلة، والاستصناع (وفيه تأجيل السلعة أو الشيء المستصنع) والسلم (الذي يدفع فيه المشتري الثمن مقدما) والإجارة - أي التأجير، وهنا لا يتم توفير التمويل إلا للأنشطة الاستثمارية التي تتفق مع المتطلبات الشرعية. أما في جانب الخصوم، فالودائع لدى المصارف الإسلامية إما أن تكون في صورة ودائع جارية تحت الطلب أو ودائع استثمارية. والنوع الأول تأخذه المصارف الإسلامية على أساس القرض (أو الأمانة) وتضمن استرداده للمودعين عند الطلب، بينما يؤخذ النوع الثاني من الودائع على أساس المشاركة في الربح وفي الخسارة. وهذا النوع من الودائع يشارك في مخاطر استثمارات المصارف الإسلامية. واستخدام قاعدة المشاركة في الربح من الخصائص المميزة للمصارف الإسلامية. هذه الخاصية ومعها صيغ التمويل المتعددة ومجموعة الأنشطة الاستثمارية التي تتفق مع القواعد الشرعية تغير من طبيعة المخاطر التي تجابه المصارف الإسلامية. ويتبع ذلك، أن تكون الطرق المتاحة للمصارف الإسلامية لإدارة المخاطر على نوعين: الطرق الموحدة التي لا تتعارض مع مبادئ التمويل الإسلامي، والطرق الخاصة بإدارة مخاطر صيغ التمويل الإسلامية.

2-12 مفهوم المخاطر وإدارتها:

ينشأ الخطر عندما يكون هناك احتمال لأكثر من نتيجة والمحصلة النهائية غير معروفة ولذلك يمكن تعريف المخاطر: بأنها احتمالية مستقبلية قد تعرض البنك إلى خسائر غير متوقعة وغير مخطط لها بما قد يؤثر على تحقيق أهداف البنك وعلى تنفيذها بنجاح، وقد تؤدي في حال عدم التمكن من السيطرة عليها وعلى آثارها إلى القضاء على البنك وإفلاسه.

ويمكن تعريف إدارة المخاطر: بأنها نظام متكامل وشامل لتهيئة البيئة المناسبة والأدوات اللازمة لتوقع ودراسة المخاطر المحتملة وتحديدها وقياسها وتحديد مقدار آثارها المحتملة على أعمال البنك وأصوله وإيراداته ووضع الخطط المناسبة لما يلزم ولما يمكن القيام به لتجنب هذه المخاطر أو لكبحها والسيطرة عليها وضبطها للتخفيف من آثارها إن لم يكن بالإمكان القضاء على مصادرها.

3-12 طبيعة مخاطر المصارف الإسلامية:

تواجه المصارف الإسلامية مجموعة من المخاطر تتمثل بما يلي:

1-3-12 مخاطر الائتمان:

هي المخاطر التي قد تنجم عن تخلف أو عجز الطرف الآخر عن الوفاء بالتزاماته تجاه المصرف مما يؤدي إلى حدوث خسائر، وتكون مخاطر الائتمان في صورة مخاطر تسوية أو مدفوعات تنشأ عندما يكون على أحد أطراف الصفقة أن يدفع نقودا (مثلا في حالة عقد السلم أو الاستصناع) أو أن عليه أن يسلم أصولا (مثلا في بيع المرابحة) قبل أن يتسلم ما يقابلها من أصول أو نقود، مما يعرضه لخسارة محتملة. وفي حالة صيغ المشاركة في الأرباح (مثل المضاربة والمشاركة) تأتي مخاطر الائتمان في صورة عدم قيام الشريك بسداد نصيب المصرف عند حلول أجله. وقد تنشأ هذه المشكلة نتيجة تباين المعلومات عندما لا يكون لدى المصارف المعلومات الكافية عن الأرباح الحقيقية لمنشآت الأعمال التي جاء تمويلها على أساس المشاركة/ المضاربة. وبما أن عقود المرابحة هي عقود متاجرة، تنشأ المخاطر الائتمانية في صورة مخاطر الطرف الآخر وهو المستفيد من التمويل والذي تعثر أداؤه في تجارته ربما يسبب عوامل خارجية عامة وليست خاصة به.

إدارة مخاطر الائتمان:

تقوم المصارف بالتأكد من أن هذه المخاطر لا تتعدى الإطار العام المحدد مسبقا في سياسة المصرف الائتمانية والعمل على الحفاظ على مستوياتها ضمن منظومة العلاقة المتوازنة بين المخاطر والعائد والسيولة، ويقوم على إدارة مخاطر الائتمان في المصرف بالإضافة إلى دائرة إدارة المخاطر عدد من اللجان من مجلس الإدارة والإدارة التنفيذية، حيث يتم تحديد سقوف لمبالغ التسهيلات الائتمانية التي يمكن منحها للعميل الواحد (فرداً أو مؤسسة) ولحسابات ذات الصلة بما ينسجم والتعليمات الصادرة عن البنك المركزي.

يعمل المصرف على مراقبة مخاطر الائتمان، حيث يتم تقييم الوضع الائتماني للعملاء بشكل دوري وفق نظام تقييم مخاطر العملاء لدى المصرف والمستند إلى تقييم عناصر المخاطر الائتمانية واحتمالات عدم السداد سواء لأسباب

إدارية أو مالية أوتنافسية،إضافةإلى حصول المصرف على ضمانات مناسبةمن العملاء للحالات التي تتطلب ذلك وحسب مستويات المخاطرلكل عميل ولكل عملية إضافيةلمنح التسهيلات.

وتتضمن سياسة المصارف لإدارة مخاطر الائتمان ما يلي:

1- وجود استراتيجية وسياسة ائتمانية واستثمارية واضحة ومعتمدة مـن قبـل مجلـس الإدارة.

2- تحديد التركزات الائتمانية والسقوف.

تتضمن السياسة الائتمانية نسباً محددة وواضحة للحد الأقصىـ للائتمان الممكـن منحه لأي عميل، كما أن هناك سقوف لحجم الائتمان الممكن منحـه مـن قبـل كـل مستوى إداري.

3- تحديد أساليب تخفيف المخاطر:

تعتمد عملية إدارة المخاطر في المصرف على العديد من الأساليب من أجل تخفيـف المخاطر ومنها:

أ- توزيع وتنويـع الاسـتثمارات الائتمانيـة عـلى مختلـف القطاعـات والمنـاطق الجغرافية.

ب- وجود سقوف ائتمانيـة واستثماريـة واضـحة ومتفقـة مـع تعليمـات البنـك المركزي لكل نوع من أنواع الاستثمار.

ج- الحصول على الضمانات ومنها (رهـن الموجـودات، كفالـة طـرف ثالـث، العربون، هامش الجدية، تأمينات نقدية، رهن الأسهم).

د- صـلاحيات الموافقـة عـلى الائتمان تتفـاوت مـن مسـتوى إداري لآخـر، وتعتمد على حجم التمويل ودرجة المخاطرة.

هـ- احتياطيات خسائر الديون الإلزامية.

و- احتياطيات لمقابلة خسائر الاستثمار.

4- الحد من مخاطر تركز الموجودات والمطلوبات:

يعمل المصرف بفاعلية لإدارة هذا الجانب، حيث تتضمن خطة المصرف السنوية التوزيع المستهدف للائتمان على عدة قطاعات مع التركيز على القطاعات الواعدة، إضافة إلى أن الخطة تتضمن توزيع الائتمان على المناطق الجغرافية.

5- دراسة الائتمان والرقابة عليه ومتابعته:

يقوم المصرف بتطوير السياسات والإجراءات اللازمة لتحديد أسلوب دراسة الائتمان والمحافظة على حيادية وتكامل عملية اتخاذ القرارات والتأكد من أن مخاطر الائتمان يتم تقييمها بدقة، والموافقة عليها بشكل صحيح ومتابعة مراقبتها باستمرار.

إن الإطار العام للسياسة الائتمانية يتضمن صلاحيات للموافقة على الائتمان وتوضيح حدود الائتمان وأسلوب تحديد درجة المخاطر.

وضمن الهيكل التنظيمي للمصرف فإن هنالك فصلا بين وحدات العمل المسؤولة عن منح الائتمان ووحدات العمل المسؤولة عن الرقابة على الائتمان من حيث شروط المنح وصحه القرار الائتماني والتأكد من تنفيذ شروط منح الائتمان كافة والالتزام بالسقوف والمحددات الواردة في السياسة الائتمانية وغيرها من التعليمات ذات العلاقة.

2-3-12 مخاطر السيولة

تتمثل مخاطر السيولة في عدم قدرة المصرف على توفير التمويل اللازم لتأدية التزاماته في تواريخ استحقاقها وتحدث مخاطر السيولة من الصعوبات في الحصول على نقدية بتكلفة معقولة بالاقتراض أو ببيع الأصول. ولذلك قد تتعرض المصارف الإسلامية لمخاطر سيولة جدية للأسباب التالية:

1- إن القروض بفوائد لا تجوز في الشريعة الإسلامية، ولذلك فإن المصارف الإسلامية لا تستطيع أن تقترض أموالا لمقابلة متطلبات السيولة عند الحاجة.

2- لا تسمح الشريعة الإسلامية ببيع الديون إلاّ بقيمتها الأسمية ولهذا، فلا يتوفر للمصارف الإسلامية خيار جلب موارد مالية ببيع أصول تقوم على الدين.

3- إن الهدف المحدد للتسهيلات التي تمنحها المصارف المركزية من خلال وظيفتها المسماة "المقرض الأخير" هو تقديم سيولة طارئة للمصارف عند الحاجة وتكون هذه التسهيلات وفق نظام الفائدة المصرفية المقطوعة التي لا تتعامل بها المصارف الإسلامية. ولهذا فإنها – أي المصارف الإسلامية – لا تنتظر فائدة من تسهيلات المقرض الأخير.

إدارة مخاطر السيولة:

1- تحليل السيولة (فجوات الاستحقاق).

2- الاحتفاظ بنسبة سيولة معقولة لمواجهة التدفقات النقدية الصادرة.

3- تنويع مصادر التمويل.

4- وجود لجنة لإدارة الموجودات والمطلوبات.

5- توزيع التمويل على القطاعات المختلفة والمناطق الجغرافية المتعددة للتقليل من مخاطر التركزات.

6- يتم قياس ورقابة إدارة السيولة على أساس الظروف الطبيعية والطارئة، ويشمل ذلك استخدام وتحليل آجال الاستحقاق للموجودات والنسب المالية المختلفة.

3-3-12 مخاطر السوق

تنشأ مخاطر السوق عن التقلبات في قيمة الموجودات القابلة للتداول أو التأجير وأسعار صرف العملات وأسعار الأسهم وأسعار السلع والموجودات المؤجرة. وتشمل مخاطر السوق ما يلي:

1- مخاطر سعر الفائدة.

2- مخاطر أسعار الأسهم والسلع.

3- مخاطر سعر الصرف (مخاطر العملات الأجنبية).

يقوم المصرف باستخدام تحليل الحساسية لقياس مخاطر السوق وذلك لكل نوع من أنواع مخاطر السوق (مخاطر أسعار العائد، مخاطر العملات الأجنبية، مخاطر التغير في أسعار الأسهم، والتركيز في مخاطر العملات الأجنبية) وقد تم استخدام بعض المؤشرات للتعرف على أثر حساسية الدخل للتغير في الموجودات المالية غير المتاجرة والمطلوبات المالية المحتفظ بها وحساسية حقوق الملكية وأصحاب حسابات الاستثمار للتغير في المعدل الثابت، في الموجودات المالية المتاحة للبيع، الممولة من الأموال المشتركة.

أولا: مخاطر سعر الفائدة

قد يبدو أن المصارف الإسلامية لا تتعرض لمخاطر السوق الناشئة عن المتغيرات في سعر الفائدة طالما أنها لا تتعامل بسعر الفائدة. ولكن التغييرات في سعر الفائدة تحدث بعض المخاطر في إيرادات المؤسسات المالية الإسلامية. فالمؤسسات المالية تستخدم سعرا مرجعيا لتحديد أسعار أدواتها المختلفة. ففي عقد المرابحة مثلا يتحدد هامش الربح بإضافة هامش المخاطرة إلى السعر المرجعي، وهو في العادة مؤشر ليبر. وطبيعة الأصول ذات الدخل الثابت تقتضي أن يتحدد هامش الربح مرة واحدة طوال فترة العقد. وعلى ذلك، إن تغيّر السعر المرجعي، فلن يكون بالإمكان تغيير هامش الربح في هذه العقود ذات الدخل الثابت. ولأجل هذا، فإن المصارف الإسلامية تواجه المخاطر الناشئة عن تحركات سعر الفائدة في السوق المصرفية.

يتعرض المصرف لمخاطر أسعار الفائدة نتيجة لوجود فجوة في مبالغ الموجودات والمطلوبات حسب الآجال الزمنية المتعددة أو إعادة تسعير معدل العائد على المعاملات اللاحقة في فترة زمنية معينة.

إدارة مخاطر سعر الفائدة:

1- إدارة فجوات معدلات العائد والكلفة للموجودات والمطلوبات حسب الآجال الزمنية المتعددة.

2- استخدام عقود الخطوتين (العقود الموازية) في المرابحة والسلّم والاستصناع.

3- استخدام عقود المعدل المتغير (السعر العائم) في الإجارة.

ثانيا: مخاطر أسعار الأسهم والسلع

أ- مخاطر أسعار السلع:

تنشأ مخاطرة سعر السلعة نتيجة احتفاظ المصرف بالسلع لبعض الأسباب. ومن الأمثلة الجيدة لهذه الأسباب:

1- أن يحتفظ المصرف الإسلامي بمخزون السلع بغرض البيع.

2- أن يكون لديه مخزوناً سلعياً نتيجة دخوله في التمويل بالسلم.

3- أن يمتلك عقارات وذهبا.

4- أن يمتلك معدات خاصة لعقود الإجارة التشغيلية.

وتنشأ مخاطر السلع عن التقلبات في قيمة الموجودات القابلة للتداول أو التأجير وترتبط بالتقلبات الحالية والمستقبلية والقيم السوقية لموجودات محددة حيث يتعرض البنك إلى تقلب أسعار السلع المشتراة المدفوعة بالكامل بعد إبرام عقود السلم من خلال فترة الحيازة وإلى التقلب في القيمة المتبقية للموجود المؤجر كما في نهاية مدة التأجير.

ب- مخاطر أسعار الأسهم

تنتج مخاطر أسعار الأسهم عن التغير في القيمة العادلة للاستثمارات في الأسهم، ويعمل البنك على إدارة هذه المخاطر عن طريق تنويع الاستثمارات في عدة مناطق جغرافية وقطاعات اقتصادية، معظم استثمارات الأسهم التي يملكها البنك مدرجة في السوق المالي.

ثالثا: مخاطر سعر الصرف (مخاطر العملات الأجنبية)

مخاطر الصرف هي مخاطر تغير قيمة الأدوات المالية نتيجة التغير بأسعار العملات الأجنبية

إدارة مخاطر الصرف (مخاطر العملات الأجنبية)

يتم إدارة العملات الأجنبية على أساس التعامل الفوري وليس على أساس التعامل الآجل، حيث تتم مراقبة العملات الأجنبية بشكل يومي وحدود المراكز لكل عملة، لأن السياسة العامة للبنك لإدارة العملات الأجنبية تقوم على أساس تصفية المراكز أولا بأول وتغطية المراكز المطلوبة حسب احتياجات العملاء، ويقوم مجلس الإدارة بوضع حدود للمركز المالي لكل عملة لدى البنك، وتتم مراقبة مركز العملات الأجنبية بشكل يومي وتتبع استراتيجيات للتأكد من الاحتفاظ بمركز العملات الأجنبية ضمن الحدود المعتمدة.

تنص السياسة الاستثمارية للبنك على أن الحد الأقصى ـ لمراكز العملات الأجنبية يجب ان لا يتجاوز 15% من إجمالي حقوق المساهمين أو 50% من إجمالي التزامات البنك بالعملات الأجنبية أيهما أكبر (بحد اقصى 5% من حقوق

المساهمين لكل عملة) وذلك لتغطية احتياجات العملاء من الاعتمادات المستندية والحوالات وبوالص التحصيل، وليس بهدف المضاربة أو المتاجرة.

للصرف ضوابطه الشرعية المعروفة، والبنوك الربوية لا تلتزم بها، حيث يمكن أن تضارب في البورصة، وتشتري وتبيع بالأجل.

والمشكلة التي صادفت المصارف الإسلامية هي مخاطر تغير أسعار الصرف، فقد تكون المصارف تتعامل بعملة معينة كالدولار مثلا، وتدخل في استثمارات بعملة أخرى، كالاستثمار في دولة عملتها غير الدولار، او الشراء أو البيع مع الأجل.

فإذا فرضنا أن مصرفاً اشترى سيارات من اليابان، والثمن يدفع بعد شهرين بالين الياباني، يريد أن يعرف الثمن بالدولار، حيث يخشى مخاطر تقلب سعر الصرف. البنوك الربوية تقوم في الحال بتثبيت السعر، وذلك بالاتفاق مع من يقبل المخاطرة، فيسلم الين في وقتها بسعر صرف الدولار في الحال، فإن ارتفع سعر الين خسر، وإن انخفض ربح، وقد تشتري الين في وقت شراء السيارات، وتودعه.

ومعلوم أن أي تأجيل في الصرف، يعتبر من الربا المحرم، ولذلك فالمصارف الإسلامية لا تستطيع أن تسلك هذا المسلك، ولا أن تودع بفائدة ربوية، ومثل الشراء كذلك البيع، فإذا باعت بالأجل بعملة غير الدولار، فهي تعرف ربحها الآن تبعا لسعر الدولار، ولكن عندما تتسلم العملة في الأجل المحدد قد لا تربح وقد تخسر، إذا تغير سعر الصرف تغيراً كبيراً، كما أنه قد يزداد ربحها إذا كان تغير السعر لصالحها.

وقد لا يكون الأمر متصلا بالبيع والشراء، وإنما بأي نوع آخر من أنواع الالتزام الآجل، والتزامها لغيرها أو التزام غيرها لها.

وإذا كانت المصارف الإسلامية لا تتعامل بالربا، سواء أكان في الصرف أم في غيره، تستطيع تجنب هذه المخاطر بحلها عن طريق البيع والشراء.

فإذا كان المصرف ملتزما بدفع مليون جنيه استرليني في تاريخ معين، فإنه يستطيع أن يشتري بثمن حال، سلعة تباع بمليون جنيه استرليني إلى أجل لا يتأخر عن موعد التزامه بالمبلغ المذكور، وفي الموعد يسلّم المبلغ إلى المشتري ثم يسلمه للدائن. وقد يقل المبلغ قليلا عن المليون، أو يزيد قليلا، ولا مخاطرة في ذلك، أما إذا كان المبلغ مثل الدين الذي التزم به المصرف، فيمكن من البداية أن يقوم بحوالة الدين.

هذا إذا كان المبلغ المذكور دينا على المصرف، أما إذا كان المبلغ دينا للمصرف على غيره، ويخشى عند تسلمه في الموعد مخاطرة الصرف، حيث سيقوم بصرف الاسترليني بالدولار الذي يتعامل به، وقد ينتج عنه خسارة كبيرة، فعندئذ الأمر مختلف.

والمخرج هو أن يشتري بالاسترليني شراء آجلا، والآجل لا يسبق موعد تسلم المصرف المليون، بل قد يتأخر عنه، حتى يتسنى للمصرف التسلم أولا قبل موعد أدائه الثمن الآجل، وحينئذ لا يتعرض لمخاطر الصرف، لأنه يتسلم الدين، ثم يسلم المبلغ نفسه للبائع الدائن.

4-3-12 مخاطر التشغيل

هي مخاطر الخسارة الناتجة عن فشل أو عدم ملاءمة في واحد أو اكثر من كل من (الإجراءات الداخلية، العنصر البشري، والأنظمة) أو الفشل أو عدم الملاءمة الذي مصدره الأحداث الخارجية. ويشمل هذا التعريف المخاطر القانونية ومخاطر عدم الالتزام بالمعايير الشرعية.

مع حداثة المصارف الإسلامية، يمكن أن تكون هناك مخاطر تشغيلية حادة في هذه المؤسسات مثل مخاطر العاملين. وتنشأ مخاطر التشغيل هنا عندما لا تتوفر للمصرف الإسلامي الموارد البشرية الكافية والمدربة تدريبا كافيا للقيام بالعمليات المالية الإسلامية. ومع الاختلاف في طبيعة أعمال المصارف الإسلامية عن غيرها من المصارف، فربما لا تناسبها برامج الحاسب الآلي المتوفرة في السوق والتي تستخدمها المصارف التقليدية وهذه المسألة أوجدت مخاطر تطوير واستخدام تقنية المعلومات في المصارف الإسلامية.

ولوجود اختلاف في طبيعة العقود المالية الإسلامية، فإن هنالك مخاطر تواجه المصارف الإسلامية في توثيق هذه العقود وتنفيذها. وبما أنه لا تتوفر صور نمطية موحدة لعقود الأدوات المالية المتعددة، طورت المصارف الإسلامية هذه العقود وفق فهمها للتعاليم الشرعية والقوانين المحلية، ووفق احتياجاتها الراهنة. ولعدم وجود العقود الموحدة إضافة إلى عدم توفر النظم القضائية التي تقرر في القضايا المرتبطة بتنفيذ العقود من جانب الطرف الآخر، فإن هذا كله يزيد من المخاطر القانونية ذات الصلة بالاتفاقيات التعاقدية الإسلامية.

إدارة مخاطر التشغيل:

تعمل المصارف الإسلامية على إدارة هذه المخاطر من خلال:

1- وجود تعليمات تطبيقية وإجراءات عمل موثقة يتم الالتزام بها من قبل الموظفين، حيث تعمل على تقليل احتمالية حدوث أخطار تشغيلية.

2- قيام البنك بإعداد خطة لاستمرارية العمل تعمل على تقليل التعرضات والانقطاعات التي يواجهها البنك، كذلك خطة التعافي من الآثار والخسائر الناجمة عن الأزمات.

3- تقوم الدائرة القانونية بالتأكد من سلامة العقود والمستندات الخاصة بالبنك، وتقوم دائرة المتابعة بمتابعة الحسابات المتعثرة وتحت التصفية والسير بإجراءات التنفيذ لتحصيل الدين.

4- تقوم دائرة الحاسوب بالتنسيق والتعاون مع دائرة التدقيق الداخلي والشرعي بوضع السياسات والإجراءات اللازمة للمحافظةعلى أمن وسرية المعلومات في البنك.

5-3-12 مخاطر السمعة

هي المخاطر الناشئة عن وجود انطباع سلبي عن البنك والذي قد يؤدي إلى حدوث خسائر في مصادر التمويل أو قد يؤدي إلى تحول العملاء إلى بنوك منافسة، وقد ينشأ هذا الانطباع نتيجة تصرفات يقوم بها مديرو أو موظفو البنك أو نتيجة عدم خدمة العملاء بالجودة والسرعة المطلوبة أو بسبب وجود ضعف في الأنظمة السرية لدى البنك والتي قد تؤدي إلى زعزعة ثقة العملاء في البنك، أو قيام البنك بممارسة أنشطة غير قانونية مثل غسل الأموال أو تمويل قطاعات غير مرغوب فيها أو تعرضه لعمليات سطو متعددة.

كما أن معدل عائد منخفض للمصرف الإسلامي مقارنا بمتوسط العائد في السوق المصرفية، قد يؤدي إلى مخاطر الثقة، حيث يظن المودعون والمستثمرون أن مرد العائد المنخفض التعدي أو التقصير من جانب المصرف الإسلامي (هيئة المحاسبة والمراجعة للمؤسسات المالية الإسلامية، 1999). وقد تحدث مخاطر الثقة بأن تخرق المصارف الإسلامية العقود التي بينها وبين المتعاملين معها. وعلى سبيل المثال، قد لا يستطيع المصرف الإسلامي الالتزام الكامل بالمتطلبات الشرعية لمختلف العقود. وبما أن المسّوغ الأساسي لأعمال المصارف الإسلامية ، هو

التزامها بالشريعة، فإن عدم مقدرتها على الوفاء بذلك أو عدم رغبتها يمكن أن يقود إلى مشكلة ثقة عظيمة الأثر وبالتالي تؤدي إلى سحب الودائع.

إدارة مخاطر السمعة:

تعمل المصارف الإسلامية على إدارة هذه المخاطر من خلال مجموعة من الإجراءات التي تعمل على تعزيز ثقة العملاء بالمصرف ومنها:

1- تقديم خدمات مصرفية جيدة.

2- المحافظة على السرية المصرفية.

3- عدم ممارسة أنشطة غير قانونية أو تمويل قطاعات غير مرغوب فيها.

4- الالتزام الكامل بالمتطلبات الشرعية لمختلف العقود.

5- يحتاج المساهمون أو مالكو المصرف الإسلامي إلى أن يتخلوا عن بعض أرباح أسهمهم لصالح المودعين في حسابات الاستثمار لأجل أن تمنع او تقلل من لجوء المودعين إلى سحب أموالهم نتيجة العوائد المنخفضة عليها.

12-3-6 مخاطر صيغ التمويل الإسلامية وإدارتها

سنقوم بمناقشة بعض المخاطر المرتبطة ببعض صيغ التمويل الإسلامية وبيان الحلول لإدارة هذه المخاطر.

أولا: المرابحة

من أهم الصيغ التي تقوم بها المؤسسات الإسلامية، وأكثرها انتشارا، البيع الآجل، فهو يعتبر بالنسبة لها وسيلة التمويل الإسلامي الأولى، ولذلك اتخذت هذه المؤسسات شعارا لها قول الحق تبارك وتعالى: "وأحل الله البيع وحرم الربا".

والمؤسسات التي تعرض للبيع ما لديها من سلع، وعندها مخازنها ومعارضها لا تصادفها مشكلات أكبر مما يصادفها غيرها من المؤسسات غير الإسلامية بالنسبة للمبيع. ولكن معظم المؤسسات الإسلامية، وعلى الأخص المصارف، لا تملك مثل هذه المخازن والمعارض، ولذلك تشتري لتبيع دون أن تقوم بالتخزين، سواء أكان الشراء من الأسواق المحلية، أو عن طريق الاستيراد، أو من الأسواق المالية العالمية (البرص) والمخاطر في المرابحة هي:

1- بعدما تشتري المؤسسة السلعة، قد لا يشتريها منها طالب الشراء، وللحماية من هذه المخاطر تلجأ المؤسسات إلى بيع المرابحة، مع الوعد بالشراء، وأخذ عربون من الآمر بالشراء، فإن اشتريت السلعة، ولم يلتزم بوعده تقوم المؤسسة ببيعها لغيره، فإن وقعت خسارة أخذت من العربون بقدرها.

وقد تم هذا في البيوع المحلية فقط، وبقي بيع المرابحة في عمليات الاستيراد.

عند الاستيراد في بيوع المرابحة يقوم المصرف بفتح الاعتماد المستندي باسمه هو لا باسم الآمر بالشراء، ويرسل إلى البنك المراسل في بلد المصدر ليتصل به ويتفق معه على تصدير السلعة المطلوبة، وترسل المستندات باسم المصرف الإسلامي، ويتحمل جميع التكاليف ويظل الاعتماد المستندي صالحا طوال مدة معلومة يتم خلالها التصدير.

وقبل أن يتم التصدير قد يأتي العميل ويطلب إلغاء الاعتماد، ويقوم المصرف بدوره بإخطار البنك المراسل، وقلما توجد مخاطر هنا حيث إن المصرف يلزم العميل بتحمل تكاليف الاعتماد لأنه هو الذي طلب الإلغاء، ولكن قد لا يكون الإلغاء من قبل العميل، وإنما من قبل المورد الذي لا يقوم بتصدير السلعة المتفق عليها، وبعض المصارف تحمل العميل أيضا بهذه التكاليف، بحجة أنه هو الذي أرشد المصرف إلى المورد، وهذا غير جائز فعلاقة العميل بالمصرف في بيع المرابحة والتزاماته إنما تكون بعد وصول السلعة وشرائها من المصرف وما دام هو ليس الذي طلب الإلغاء، ولم يتسبب في الضرر، فلا يجوز أن يتحمل تبعة غيره ولذلك فإن المصرف هو الذي يتحمل هذه التكاليف وإن استطاع أن يضع شرطا يلزم المورد بتحمل التكاليف عند عدم التزامه بالتصدير فإن هذا الشرط جائز لإزالة الضرر.

2- وتوجد مخاطر تتصل بالسلعة المستوردة فقد تأتي مخالفة للمواصفات أو ناقصة أو تالفة وقد لا تصل كأن تحرق أو تغرق أو تسرق مثلا.

وهناك أشياء تشملها وثيقة التأمين كالحريق والغرق والسرقة وما شابهه. أما مخالفة شروط الاعتماد، او النقصان مثلا فيرجع المصرف على المورد فهو المسؤول، عن هذا، ومن الموردين من لا يؤدي ما هو ملتزم به، وهنا يجب البحث عن الضوابط القانونية التي تجعله يجبر على الأداء للتخفيف من المخاطر.

وبعض المصارف الإسلامية رأت ان تتجنب هذه المخاطر. وتحملها لطالب الشراء نفسه، فاشترطت ضمانة للموردحتى وصول السلعة،ثم بعد ذلك تبيعها

له، وهذا غير جائز على الإطلاق، فدور المصرف حينئذ لا يختلف عـن دور البنك الربوي، حيث يقوم بالتمويل ولا شأن له بالسلعة، والحيلة التي يلجأ إليها بـأن يبيـع للآمر سلعة هي أصلا في ضمانه حيلة واضحة البطلان. ويتنافى مع القرارات الصادرة عن المؤتمر الإسلامي، والتي تنص على بطلان ضمان الآمر بالشراء للمورد وتحملـه هو مسؤولية الهلاك والتلف قبـل التسليم، وكذلك تحملـه العيـب الخفـي ونحـوه ممـا يستوجب الرد بعد التسليم.

ورأت بعض المصارف، تجنبا لهذه المخاطر، أن تقوم ببيع السلعة قبل وصولها، وقبـل القبض الفعلي أو الحكمي، وذلك عن طريق تظهير المستندات لصالح الآمـر، وكتابـة عقد البيع.

ومن الواضح أن هذا التصرف يتنافى مع حديث "لا تبع ما ليس عندك"

3- وثمة مشكلة أخرى محتملة وقد تحدث في عقد بيـع مثل بيـع المرابحـة هـي تـأخر الزبون في سداد ما عليه، حيث أن المصارف الإسلامية لا تقوم في الأساس بأخذ ما يزيد عن السعر المتفق عليه للسلعة المباعة. ويعني التباطؤ في سـداد الالتزامات نحـو المصرف الإسلامي أنه يواجه خطر الخسارة.

4- وفاة المدين: ومن المشكلات التي واجهت المؤسسات الإسلامية تعـذر حصولها عـلى الدين عند وفاة المدين، فرأى بعضها القيام بتكافل إسلامي للتأمين عـلى الحيـاة عنـد شركات التأمين الإسلامية، بحيث تحل هذه الشركات محل المدين عند وفاته.

5- في المرابحة وللتغلب على مخاطر الطرف الآخر الناشئة عن الطبيعة غير الملزمـة، فـإن دفع مصروفات كبيرة مقدما عبارة عن هامش جدية، قد أصبح صفة دائمة في العقد.

ثانيا: المضاربة والمشاركة

إن العديد من الدراسات العلمية والكتابات حول السياسات تـذهب إلى أن قيـام المصارف الإسلامية بتوظيف الأموال على أساس المشاركة والمضاربة أفضل مـن استخدامها وفق صيغ العائد الثابت مثل المرابحة، والإجارة والاستصناع. وفي الواقع، فإن اسـتخدام المصارف الإسلامية لصيغ المشاركة / المضاربة هـو في أدنى الحـدود، ويعـود ذلك للمخاطر الائتمانية العالية المرتبطة بهذه الصيغ.

تزيد المخاطر المتوقعة في صيغ المشاركة والمضاربة بسبب حقيقة عدم وجود مطلب الضمان مع وجود احتمالات الخطر الأخلاقي والانتقاء الخاطئ للزبائن، وبسبب ضعف كفاءة هذه المصارف في مجال تقييم المشروعات وتقنيتها.

ثم إن الترتيبات المؤسسية مثل المعاملة الضريبية، ونظم المحاسبة والمراجعة، والأطر الرقابية جميعها لا تشجع التوسع في استخدام هذه الصيغ من قبل المصارف الإسلامية.

إدارة مخاطر المضاربة - المشاركة

للأسباب أعلاه كان لا بد من اتخاذ الوسائل الكفيلة بتقليل مخاطرة المضاربة، والمشاركة منها:

1- إعطاء المال لاستثماره في مضاربة مطلقة دون قيد أو شرط، فالمضاربة تكون مقيدة، وفي مشروعات مدروسة، توضع لها الجدوى الاقتصادية التي تبين الأرباح المتوقعة، والمخاطر المحتملة التي يقبلها المصرف.

ونذكر هنا نماذج لعمليات مضاربة تبين الوسائل التي يتخذها المصرف لحماية الأموال المستثمرة في هذه العمليات.

إذا كانت المضاربة في التجارة عن طريق الشراء والبيع، تدرس حالة السوق لمعرفة ما يمكن أن يتحقق من أرباح، فإن رضي المصرف بهذا يقوم بفتح حساب لعملية المضاربة، ويقوم المضارب بالسحب منه عند الشراء، وإيداع ثمن ما يباع، مع تقديم مستندات موثوق بها ومراجعة، ويمكن أن يكون الشراء بمشاركة من يمثل المصرف، أو عن طريقه، أما إذا كان الشراء عن طريق الاستيراد فإن المصرف هو الذي يقوم بفتح الاعتماد المستندي للاستيراد.

ورأينا فيما سبق أن المصرف الإسلامي يستورد السلع لحسابه، وبعد وصولها يبيعها مرابحة أو مساومة بالتقسيط، بدلا من الإقراض الربوي الذي تقوم به البنوك غير الإسلامية، وذكرنا ما يتصل بهذا البديل الإسلامي.

ونلاحظ أن بعض هذه السلع لم يكن المصرف يبيعها، ولكن كان يدخل مع بعض عملائه في شركة مضاربة، فيتسلم العميل السلع ويقوم ببيعها وتوزيع الأرباح بين الاثنين بنسبة متفق عليها، وتطبق شروط المضاربة كاملة، وتم هذا في سيارات ومواد غذائية وغيرها.

1- بعض العملاء يرفض المضاربة بسبب الربح، حيث يرى أن نصيب المصرف سيكون كبيرا، ويحدث هذا عادة من العملاء الذين تحقق استثماراتهم نسبا عالية من الأرباح، والمصرف قد يرغب في مشاركة هؤلاء ويرضى بالتنازل عن جزء من أرباحه إذا زادت عن النسبة التي تحققها معظم استثماراته.

من أجل ترغيب هؤلاء العملاء أضيف للعقد ما يأتي:

يجوز للطرف الأول - وباختياره فقط - أن يتنازل عن جزء من أرباحه لصالح الطرف الثاني كمكافأة له على حسن الأداء وإنجازه للوعد.

إذا حققت المضاربة ربحا للطرف الأول يزيد عن .... سنويا فإن الطرف الأول على استعداد للتنازل عن........................ في حقه في الأرباح الزائدة عن الـ.................% سنويا للطرف الثاني، وذلك كمكافأة له على حسن الأداء وإنجازه للوعد، وتشجيعا له على الاستمرار في التعامل مع المصرف.

2- ومن الطرق للتخلص من المخاطر المرتبطة بصيغ التمويل بالمشاركة في الأرباح هي أن تعمل المصارف الإسلامية كمصارف شاملة تحتفظ بأسهم ضمن مكونات محافظها الاستثمارية. وبالنسبة للمصارف الإسلامية فإن ذلك يعني التمويل باستخدام صيغة المشاركة. وقبل الدخول في تمويل المشروع بهذه الصيغة، يحتاج المصرف أن يقوم بدراسة محكمة للجدوى. وباحتفاظها بأسهم، فإن المصارف الشاملة تصبح طرفا أصيلا في اتخاذ القرار وفي إدارة المنشأة التي تحتفظ هذه المصارف بأسهمها. ونتيجة لذلك باستطاعة المصرف أن يتحكم عن قرب في توظيف الأموال في المشروعات التي تمت دراسة جدواها وأن يقلل من مشكلة الخطر الأخلاقي.

ثالثا: الاستصناع

عندما يقدم المصرف التمويل وفق عقد الاستصناع، فإنه يعّرض رأس ماله لعدد من المخاطر الخاصة بالطرف الآخر. وهذه تشمل الآتي:

(أ) مخاطر الطرف الآخر في عقد الاستصناع التي تواجهها المصارف والخاصة بتسليم السلع المباعة استصناعا تشبه مخاطر عقد السلم. حيث يمكن أن يفشل الطرف الآخر في تسليم السلعة في موعدها أو أنها سلعة رديئة. غير أن السلعة موضع العقد في حالة الاستصناع تكون تحت سيطرة الزبون (الطرف

الآخر) وأقل تعرضا للجوائح الطبيعية مقارنا بالسلع المباعة سلما. ولأجل ذلك، من المتوقع أن تكون مخاطر الطرف الآخر (المقاول) في الاستصناع أقل خطورة بكثير من مخاطر الزبون في عقد السلم.

(ب) مخاطر العجز عن السداد من جانب المشتري ذات طبيعة عامة، بمعنى فشله في السداد بالكامل في الموعد المتفق عليه مع المصرف.

(ت) إذا اعتبر عقد الاستصناع عقدا جائزا غير ملزم - وفق بعض الآراء الفقهية - فقد تكون هنالك مخاطر الطرف الآخر الذي قد يعتمد على عدم لزومية العقد فيتراجع عنه.

(ث) وإن تمت معاملة الزبون في عقد الاستصناع معاملة الزبون في عقد المرابحة، وإن منح بخيار التراجع عن العقد ورفض تسليم السلعة في موعدها، فهناك مخاطر إضافية يواجهها المصرف الإسلامي عند التعامل بعقد الاستصناع.

وقد تكون هذه المخاطر لأن المصرف الإسلامي، عندما يدخل في عقد الاستصناع، يأخذ دور الصانع والمنشئ والبناء والمورد. وبما أن المصرف لم يتخصص في هذه المهن، فإنه يعتمد على المقاولين من الباطن.

إدارة مخاطر الاستصناع:

1- في عقد الاستصناع يكون المصرف عادة هو الطرف الصانع، والعميل الذي يريد التمويل بطريقة إسلامية غير ربوية هو المستصنع، والصناعة قد تكون لمعدات وآلات وأجهزة، وطائرات، وغيرها وقد يكون عقد الاستصناع في المباني والمنشآت، وحيث أن المصارف الإسلامية عادة ليست مهيأة للقيام بهذا العمل فإنها تلجأ إلى الاستصناع الموازي، فتكون هي المستصنع لا الصانع، وتتعاقد مع الصانع لصناعة ما تعاقدت عليه مع المستصنع الآخر وهو عميلها وفي كلا العقدين بعض المخاطر.

فالمصرف عندما يكون هو الصانع فإنه يقوم بالبيع بالتقسيط عند الانتهاء من العمل وتسليم ما تم صنعه، والمخاطر هنا هي مخاطر الثمن في البيع بالتقسيط التي تحدثنا عنه من قبل.

ولكن توجد مخاطر لا يستطيع المصرف أن يتحملها ، ذلك إن كان الاستصناع في المباني ، فإن من يقوم بالبناء يكون ضامنا للمبنى مدة قد

تزيد عن عشر سنوات، ولذلك لم يقبل المصرف الاستثمار في هـذا المجـال مـا دام هذا الضمان موجودا.

وبحمد الله تعالى أمكن التغلب على هذه العقبة، حيث إن الاستصناع الموازي فيه هذا الضمان أيضا، فأضيف في العقد أن شركة المقاولات – أي الصانع للمصرف – تضمن المبنى للمصرف أو لمن يحدده المصرف، وفي العقد الآخر يـذكر أن عميـل المصرف – أي المستصنع – يقبل قبولا غير قابل للنقض أو الإلغاء ضمان المصرف للمشروع، أو أي طرف آخر يقبل هذا الضمان، وعند التعاقد بعد الانتهـاء مـن المشروع يتم نقل هذا الضمان، بحيث يكون الإلزام والالتزام بـين العميـل وشركـة المقاولات، وتنتهي مسؤولية المصرف عن جميع العيوب الظاهرة والخفية.

2-   وتبقى المخاطرة عندما يكون المصرف هـو المستصنع ولمواجهتها، ومنعهـا أو التقليل من آثارها، وضعت الشروط التالية:

•   يلتزم المقاول بتقديم كفالة مصرفية غير مشروطة لتنفيذ العمل المطلوب بموجـب بنود الشروط العامة للعقد، وتحدد مدة كافية لصلاحية الكفالة.

•   ويقوم أيضا بالتأمين على الموقع والمشروع ضد جميع الأخطار.

مع النص على غرامات التأخير: في حالة تأخر المقـاول عـن إتمـام تنفيـذ وتسـليم المشروع في الموعد المحدد فإنه يتحمل جميع الأضرار التي تنتج عن هـذا التأخير، ما لم تكن هناك أسباب قهرية خارجة عن الإرادة.

وجواز هذه الغرامات لأنها ليست مرتبطة بدين، ومقدرة بقدر إزالة الضرر، وقـد يكون من غير الجائز تحديد الغرامة بمبلغ لا يرتبط بالضرر الفعلي.

وذكر من قبل موضوع الضمان والمسؤولية عن العيوب الظاهرة والخفية، وبهـذا كله أمكن التقليـل مـن مخـاطر الاستصناع بمـا يُبقي فرصـة كبـيرة للـربح دون الخسارة.

3-   معالجة المخاطر التعاقدية في الاستصناع

1-   في الاستصناع أصبح تنفيذ العقد معضلة خاصة إذا أخـذنا في الحسبان الوفاء بالمواصفات النوعية، وللتغلب على هذه المخاطر التي تكون من الطرف الآخر في العقد، فقد أجاز الفقهاء ما يسمى ببند الجزاء في العقد.

2- يمكن الاتفاق على سداد القيمة على مراحل مختلفة تبعا للتنفيذ بدلا من السداد دفعة واحدة عند بداية تنفيذ العقد. وهذا تدبير يقلل كثيرا من تعرض المصرف للمخاطر الائتمانية من خلال التقدم المتوازن في سداد القيمة وفي تنفيذ الأعمال المتفق عليها.

رابعا: السلّم

من أهم المخاطر في عقد السلم مصدرهما الطرف الآخر في العقد. وفي ما يلي تحليل مختصر لهذه المخاطر:

1- تتفاوت مخاطر الطرف الآخر من عدم تسليم المسلم فيه في حينه أو عدم تسليمه تماما، إلى تسليم نوعية مختلفة عما اتفق عليه في عقد السلم. وبما أن عقد السلم يقوم على بيع المنتجات الزراعية، فإن مخاطر الطرف الآخر قد تكون بسبب عوامل ليس لها صلة بالملاءة المالية للزبون. فمثلا، قد يتمتع الزبون بتصنيف ائتماني جيد، ولكن حصاده من المزروعات التي باعها سلما للمصرف قد لا يكون كافيا كمّا وكيفاً بسبب الجوائح الطبيعية. وبما أن النشاط الزراعي يواجه بطبيعة الحال الكوارث، فإن مخاطر الطرف الآخر أكثر ما تكون في السلم.

والمصارف تلجأ هنا إلى ما يلي:

أ- التوثيق برهن أو كفالة.

ب- أخذ شيكات من البائع.

ت- التصرف في دين السلم قبل قبضه أو التصرف في السلم الموازي.

أما التوثيق فلا يجوز لضمان تسليم المبيع، لأنه قد يعجز عن تسليمه، ولذلك فدين السلم دين غير مستقر يمكن أن يفسخ عند العجز، أو ينتظر المشتري موسما آخر إذا كان لا يرى أخذ الثمن. ولذلك فالتوثيق يكون لضمان استرداد الثمن وليس بقيمة المبيع.

والسؤال الذي يثار، هل يمكن عند حلول الأجل إن تعذر تسليم المسلم فيه (المبيع)، أن يأتي البائع بشيء آخر يقبله المشتري؟ مثلا لو باع قمحا ثم لم يستطع الحصول عليه، ولكن عنده ذرة، فهل يمكن تسليم الذرة عوضا عن القمح؟ الجواب

نعم وهذا المخرج أجازه مجمع الفقه بمنظمة المؤتمر الإسلامي في دورة مؤتمره التاسع، حيث أصدر القرار رقم 85(9/2) بشأن السلم وتطبيقاته المعاصرة، ونثبت هنا بعض ما جاء في هذا القرار:

لا مانع شرعا من أخذ المسلم (المشتري) رهناً أو كفيلاً من المسلم إليه (البائع)، ويجوز للمسلم (المشتري) مبادلة المسلم فيه بشيء آخر – غير النقد – بعد حلول الأجل، سواء كان الاستبدال بجنسه أو بغير جنسه، حيث إن لم يرد في منع ذلك نص ثابت ولا إجماع، وذلك بشرط أن يكون البديل واضحا لأن يجعل مسلما فيه برأس مال السلم.

إذا عجز المسلم إليه عن تسليم المسلم فيه عند حلول الأجل فإن المسلم (المشتري) يخير بين الانتظار إلى أن يوجد المسلم فيه وفسخ العقد وأخذ رأس ماله، وإذا كان عجزه عن إعسار فنظرة إلى ميسرة.

لا يجوز الشرط الجزائي عن التأخر في تسليم المسلم فيه، لأنه عبارة عن دين، ولا يجوز اشتراط الزيادة في الديون عند التأخير.

2- لا يتم تداول عقود السلم في الأسواق المنظمة أو خارجها، فهي اتفاق طرفين ينتهي بتسليم سلع عينية وتحويل ملكيتها. وهذه السلع تحتاج إلى تخزين وبذلك تكون هنالك تكلفة إضافية ومخاطر أسعار تقع على المصرف الذي يملك هذه السلعة بموجب عقد السلم. وهذا النوع من التكاليف والمخاطر خاص بالمصارف الإسلامية فقط.

3- معالجة المخاطر التعاقدية في السلّم

قد تكون تقلبات الأسعار بعد توقيع عقد السلم دافعا لعدم الوفاء بالالتزامات التعاقدية هنا. ولأجل ذلك، فإن زاد سعر القمح، مثلا، زيادة كبيرة إثر توقيع العقد واستلام ثمن المبيع مقدما، سيكون لدى زارع القمح دافع للامتناع عن تسليم الكمية المباعة. ويمكن تخفيض المخاطرة بتضمين العقد مادة تقول باتفاق الطرفين على التغاضي عن نسبة محددة من تقلبات السعر، وما زاد عن ذلك يقوم الطرف المستفيد بتعويض الطرف الآخر المتضرر من تحركات السعر. وفي السودان أصبح هذا الاتفاق تعاقديا وبصفة منتظمة في عقود السلم ويعرف ببند الإحسان.

خامسا: صكوك المقارضة:

صكوك المقارضة هي البديل الإسلامي للسندات ذات الفوائد الربوية، وهي أداة استثمارية تقوم على تجزئة رأس مال القراض - المضاربة - بإصدار ملكية برأس مال المضاربة على أساس وحدات متساوية القيمة، ومسجلة بأسماء أصحابها، باعتبارهم يملكون حصصا شائعة في رأس مال المضاربة وما يتحول إليه بنسبة ملكية كل منهم فيه.

فالصك إذن يمثل حصة شائعة في المشروع الذي أصدرت الصكوك لإنشائه أو تمويله، وهو قابل للتداول بالضوابط الشرعية، ومجمع الفقه بمنظمة المؤتمر الإسلامي ناقش هذا الموضوع في مؤتمريه الثالث والرابع، وأصدر قراره رقم (5) في المؤتمر الرابع الذي يبين حقيقة هذه الصكوك وضوابطها الشرعية.

ومخاطر هذه الصكوك تبدو في طبيعة المشروع، وفي خبرة وأمانة وقوة الذين يقومون بدور المضارب.

وبنك التنمية الإسلامي له دور بارز في هذا المجال، حيث يصدر مثل هذه الصكوك، ويشترك أيضا في رأس المال.

وكثير من المؤسسات استثمر في هذه الصكوك، وبعضها قام هو بعمل المضارب دون خبرة كافية، أو كفاءة في هذا المجال، ومن هنا زادت المخاطرة، فمثلا وجدنا استثماراً في طائرة لتأجيرها ثم بيعها لصالح أصحاب الصكوك، فاشتريت الطائرة بأكثر من قيمتها بكثير لعدم الخبرة وعدم اتخاذ ما يجب اتخاذه عند الشراء في مثل هذه الحالة، ثم كانت مدة الإجارة قصيرة فبعد أن انتهت وجدت المؤسسة صعوبة في التأجير لعدم موافقة الراغبين في تأجيرها على شرط عدم تقديم الخمور، ثم بيعت بخسارة بالطبع وتحملت المؤسسة وحدها هذه الخسارة نتيجة التقصير والتفريط، ولا نستطيع أن نقول الخيانة وعدم الأمانة، هذا مثال نكتفي بذكره دون حاجة إلى المزيد.

والأولى لمثل هذه المؤسسة ألا تصدر هي مثل هذه الصكوك، وإنما تشترك في التمويل مع غيرها ممن يصدرونها، ولهم من الخبرة والكفاءة والمقدرة مما يجعل الصكوك تدر ربحا مناسبا، يحول دون المخاطر، أو يقلل من خطرها.

أسئلة للمناقشة

السؤال الأول: وضح مفهوم المخاطر.

السؤال الثاني: تواجه المصارف الإسلامية مجموعة من المخاطر عددها مع الشرح بإيجاز.

السؤال الثالث: اشرح المخاطر في المرابحة وكيفية التغلب عليها.

السؤال الرابع: أ- ما هي أهم المخاطر التي تواجه المضاربة والمشاركة؟

ب- كيف يمكن التغلب على هذه المخاطر؟

السؤال الخامس: أ- عدد المخاطر المتضمنة في صيغة الاستصناع.

ب- كيف يمكن إدارة هذه المخاطر؟

السؤال السادس: أ- عدد مخاطر السلّم.

ب- كيف تواجه مخاطر السلم؟

المراجع باللغة العربية

1) أبو زيد، محمد عبد المنعم، **الدور الاقتصادي للمصارف الإسلامية، بين النظرية والتطبيق**، المعهد العالمي للفكر الإسلامي، القاهرة، مصر، 1996.

2) أبو غدة، عبد الستار، **الأجوبة الشرعية في التطبيقات المصرفية**، الطبعة الأولى، شركة التوفيق، مجموعة دلة البركة، السعودية، 2002.

3) أبو غدة، عبد الستار، **بحوث في المعاملات والأساليب المصرفية الإسلامية**، الطبعة الأولى، مجموعة دلة البركة، الجزء الأول والثاني، 2003.

4) أبوغدة، عبد الستار، برنامج تدريبي **"صناديق الاستثمار الإسلامي"** البنك الإسلامي الأردني، 23-2004/8/24.

5) ارشيد، محمود، **الشامل في معاملات وعمليات المصارف الإسلامية**، ط1، دار النفائس، عمان، الأردن، 2001.

6) الأشقر، محمد سليمان، **بيع المرابحة كما تجريه البنوك الإسلامية**، الطبعة الأولى، مكتبة الفلاح، الكويت، 1984.

7) الجزيري، عبد الرحمن، **الفقه على المذاهب الأربعة**، الطبعة الأولى، دار الفكر للطباعة والنشر والتوزيع، دمشق - سوريا، 2004.

8) حنون، محمد حسن، **الأعمال والخدمات المصرفية في المصارف التجارية والإسلامية**، مطبعة عشتار، عمان، الأردن، 2005.

9) الخضيري، محسن أحمد، **البنوك الإسلامية**، ط3، ايتراك للنشر والتوزيع، القاهرة، مصر، 1999.

10) الخياط، عبد العزيز، والعيادي، أحمد؛ **فقه المعاملات وصيغ الاستثمار**، الطبعة الأولى، المتقدمة للنشر والتوزيع، عمان - الأردن، 2004.

11) الزحيلي، وهبة، **المعاملات المالية المعاصرة**، الطبعة الأولى، دار الفكر، دمشق - سوريا، 2002.

12) زعتري، علاء الدين، **الخدمات المصرفية وموقف الشريعة الإسلامية منها**، ط1، دار الكلمة الطيبة، دمشق - سوريا، 2002.

13) سانو، قطب مصطفى، **الاستثمار: أحكامه وضوابطه في الفقه الإسلامي**، ط1، دار النفائس، عمان، الأردن، 2002.

14) السواس، علي بن أحمد، مخاطر التمويل الإسلامي (1-2) الملتقى الفقهي - بحوث ودراسات، 2009.

15) سليمان، ناصر، **تطوير صيغ التمويل قصير الأجل للبنوك الإسلامية**، جمعية التراث، ط1، الجزائر، 2002.

16) شبير، محمد عثمان، **المعاملات المالية المعاصرة في الفقه الإسلامي**، الطبعة الأولى، دار النفائس للنشر والتوزيع، عمان - الأردن 1996.

17) شحادة، موسى عبد العزيز، **الصيرفة الإسلامية: التحديات ومتطلبات النمو**، دراسة مقدمة للمؤتمر المصرفي العربي، اتحاد المصارف العربية، مطبوعات البنك الإسلامي الأردني، 2002.

18) شحادة، موسى، **العقبات والصعوبات التي تحول بين البنوك الإسلامية وتحقيق التنموية، وجهة نظر البنوك العاملة**، بحث مقدم لندوة البركة الرابعة والعشرين، مكة المكرمة، 25-2003/10/27.

19) الصاوي، محمد صلاح، **مشكلة الاستثمار في البنوك الإسلامية وكيف عالجها الإسلام**، الطبعة الأولى، دار المجتمع للنشر والتوزيع، جدة - السعودية، 1990.

20) الصدر، محمد باقر، **البنك اللاربوي في الإسلام**، الطبعة الثانية، دار التعارف للمطبوعات، بيروت - لبنان، 1990.

21) صوان، محمود حسن، **أساسيات العمل المصرفي الإسلامي**، ط2، دار وائل للنشر، عمان، الأردن، 2008.

22) طارق الله خان، حبيب أحمد، **إدارة المخاطر: تحليل قضايا في الصناعة المالية والإسلامية**. البنك الإسلامي للتنمية، جدة، المملكة العربية السعودية، 2003.

23) عبدالله، خالد أمين، سعيفان، حسين سعيد؛ **العمليات المصرفية الإسلامية، الطرق المحاسبية الحديثة**، دار وائل للنشر، عمان، الأردن، 2008.

24) عربيات، وائل؛ **المصارف الإسلامية والمؤسسات الاقتصادية**، دار الثقافة، عـمان – الأردن، 2006.

25) القوصي، عبد المنعم، **دراسة بعنوان الانتشار المصرفي الإسلامي في العـالم الـدوافع والآفاق**، محاضرة في عمان، الأردن، 2004/11/6.

26) محمود، سامي حسن أحمد، **تطوير الأعمال المصرفية بما يتفق والشريعة الإسلامية**، مكتبة دار التراث، ط3، القاهرة، مصر، 1991.

27) محمود، محمد تهامي، **دليل صيغ التمويل الإسلامي**، المركـز الـدولي للاستشارات، القاهرة، مصر، 1991.

28) المصري رفيـق يـونس، **بحـوث في الاقتصاد الإسـلامي**، الطبعـة الأولى، دار المكتبـي للطباعة والنشر والتوزيع، دمشق – سوريا، 2001.

29) مصطفى، محمد عبد الوهاب؛ وهويدي، علي محمد؛ **نظام المرابحة ومشاكل قياس الربح في المصارف الإسلامية**، مجلة البحوث التجارية، جامعة الزقازيق، مصر، العدد الثاني، 1995.

30) المعايير الشرعية، **هيئة المحاسبة والمراجعة للمؤسسات المالية الإسلامية**، البحرين، 2004.

31) ملحم، أحمد سالم، **بيع المرابحة وتطبيقاتها في المصارف الإسلامية**، الطبعـة الأولى، مكتبة الرسالة الحديثة، عمان – الأردن، 1989.

32) الوادي، محمود حسين، سـمحان، حسـين؛ **المصارف الإسلامية**، الطبعـة الأولى، دار المسيرة، عمان – الأردن، 2007.

33) الهيتي، عبد الرزاق، **المصارف الإسلامية بين النظرية والتطبيق**، الطبعة الأولى، دار أسامة للنشر والتوزيع، عمان – الأردن، 1998.

المراجع الانجليزية

1- Chapra, M. Umer, **"Stengthening Islamic Banks"** paper presented to the Seminar of IRTI-HIBFS Seminar on Regulation and Supervision of Islamic Banks: Current Status and Prospective Development, Held in Khartoum April 2001.

2- Khan, M. Fahim (1995), **Essays in Islamic Economics, Leicester: the Islamic Foundation.**

3- Mills, Pauls and John R Presley (1999), **Islamic Finance: Theory and Practice** (London: Macmillan).

4- Obaidullah, Mohammed (2005), Islamic Financial Services, Islamic Economics Research Center, Jeddah, Saudi Arabia.

5- Rose, Peter S. and Hudgins, Sylvia C. (2005), **Bank Management and Financial Services**, 6th ed., Mc Graw. Hill.

الملاحــق

ملحق رقم (1)

بسم الله الرحمن الرحيم

نموذج عقد المضاربة

أبرم هذا العقد في:

اليوم.................... من شهر.............. سنة 14هـ

اليوم.................... من شهر.............. سنة ......20 م

بين كل من:

أولا: السادة بنك .... فرع........... ويسمى فيما بعد لأغراض هـذا العقـد بالبنك طرف أول (رب المال).

ثانيا: السيد/ السادة .... ويسمى فيما بعد لأغراض هذا العقد الطرف الثاني (المضارب).

حيث أن الطرف الثاني طلب من البنك الدخول معه في عملية

مضاربة...

....

....

ووافق البنك على هذا الطلب فقد تم الاتفاق بينهما على إبرام عقد المضاربة وفقا للشروط التالية:

1. يدفع البنك (رب المال) مبلغ .... للطرف الثاني (المضارب) رأسمال المضاربة.

2. يفتح حساب باسم الطرف الثاني (المضارب) لدى البنك يودع فيه رأسمال المضاربة ليتم السحب منه بوساطة الطرف الثاني وتودع فيه إيرادات المضاربة.

3- يلتزم الطرف الثاني باستعمال رأس المال فيما خصص له أعلاه.

مدة المضاربة (   )

4- تبدأ من وتنتهي في ويجوز تمديدها كتابة باتفاق الطرفين كما يجوز تصفيتها باتفاقهما.

5- يلتزم الطرف الثاني بإدارة عملية المضاربة وبذل غاية جهده في انجاحها مراعيا في ذلك شروط عقد المضاربة والعرف السائد.

6- يلتزم الطرف الثاني بأن لا يخلط مال المضاربة بماله أو بأي مال آخر ولا يعطيه لغيره مضاربة ولا يقرضه ولا يقترض عليه إلا باذن مكتوب من البنك (رب المال).

7- يحفظ الطرف الثاني حسابات منتظمة خاصة بالمضاربة تكون مؤيدة بالمستندات والفواتير القانونية ويكون لرب المال الحق في مراجعة هذه الحسابات في أي وقت بوساطة موظفيه أو بوساطة مرجع قانوني يختاره.

8- الطرف الثاني (المضارب) أمين في مال المضاربة لا يضمنه إذا تعدى أو قصر في حفظه.

9- يجوز أن يطلب البنك (رب المال) من الطرف الثاني (المضارب) ضمانا عينيا أو شخصيا أو مصرفيا في حالات التعدي أو التقصير أو الإخلال بالشروط.

10- يتم التأمين على ما يحتاج للتأمين بوساطة الطرف الثاني (المضارب) لدى شركة تأمين إسلامية مقبولة للبنك (رب المال).

11- يتحمل رأسمال المضاربة المصروفات الفعلية المباشرة الخاصة بالعملية.

12- يحق للبنك (رب المال) إنهاء العقد في أي من الحالات الآتية:

أ- إخلال الطرف الثاني بأي شرط من الشروط الواردة في هذا العقد.

ب- وفاة الطرف الثاني أو فقدانه لأي من شروط الأهلية اللازمة للتعاقد.

ج- إعلان إفلاسه أو البدء في إجراءات الإفلاس اختياريا او إجباريا.

13- تصفى المضاربة عند انتهاء اجلها أو باتفاق الطرفين أو بموجب البنك (12) أعلاه ببيع جميع موجوداتها.

14- توزع الأرباح الناتجة عن المضاربة على النحو التالي:

.... % للبنك (رب المال).

.... % للطرف الثاني (المضارب).

وإذا حدثت خسارة من غير تعد ولا تقصير ولا إخلال من الطرف الثاني (المضارب) يتحملها البنك (رب المال).

15- إذا نشأ نزاع حول العقد يجوز برضى الطرفين أن يحال النزاع إلى لجنة تحكيم تتكون من ثلاثة محكمين يختار كل طرف محكما واحدا منهم ويتفق الطرفان على المحكم الثالث أو عدم قيام أحدهما باختيار محكمة في ظرف سبعة أيام من تاريخ إخطاره بوساطة الطرف الآخر يحال الأمر للمحكمة المختصة لتقوم بتعيين ذلك المحكم أو المحكمين المطلوب اختيارهم.

تعمل لجنة التحكيم حسب أحكام الشريعة الإسلامية وتصدر قراراتها بالأغلبية العادية وتكون القرارات نهائية وملزمة للطرفين.

وقع عليه	وقع عليه
ع/ البنك (الطرف الأول)	الطرف الثاني
رب المال	المضارب

الشهود

1. ....

2. ....

ملحق رقم (2)

بسم الله الرحمن الرحيم

عقد مشاركة

بين كل من:

1- الطرف الأول/ ....

2- الطرف الثاني / ....

حيث إن الطرف الثاني يرغب في استيراد بضاعة حسب البيان المرفق، وتقدم إلى الطرف الأول طالبا مشاركته في شراء هـذه البضاعة وتملكها، والتصرف فيها حسب مـا تقتضيه مصلحتهما بموجب هذا العقد، وذلك برأس مـال قـدره: .... (إجمالي قيمة البضاعة) وتكون نسبة المشاركة بين الطرفين كالتالي:

– الطرف الأول .... % أي مبلغ قدره ....

– الطرف الثاني .... % أي مبلغ قدره ....

ومن ثم فقد اتفق الطرفان على ما يلي وذلك وفقا للشروط التالية:

مادة (1)

تعتبر المقدمة السابقة جزءا لا يتجزأ من هذا العقد وأساسا لإبرامه.

مادة (2)

يبدأ تاريخ المشاركة من تاريخ التوقيع على هذا العقد، وإيداع الطرف الثاني لحصته في المشاركة، وتنتهي بتمام سداد قيمة البضاعة – موضوع المشاركة – وبيعها وتصفيتها.

مادة (3)

يقوم الطرف الثاني بإيداع حصته في المشاركة في حساب يخصص لهذا الغرض لـدى الطرف الأول.

مادة (4)

بعد توقيع هذا العقد، وإيداع الطرف الثاني حصته في المشاركة، يبدأ الطرف الأول في اتخاذ الإجراءات اللازمة لاستيراد البضاعة محل المشاركة.

مادة (5)

أذن الطرف الثاني للطرف الأول ان يستخدم اسمه وسجله التجاري وعلامتـه

التجارية وذلك حتى إتمام بيع البضاعة - محل المشاركة ويعتبر توقيعه على هذا العقد تفويضا بذلك.

مادة (6)

يتم التأمين على البضاعة ضد جميع المخاطر لدى شركة تأمين يتفق عليها الطرفان، وتضاف تكاليف التأمين للتكلفة الإجمالية لقيمة البضاعة - محل المشاركة - على كل طرف بنسبته في المشاركة.

مادة (7)

عند إخطار الطرف الأول للطرف الثاني بوصول البضاعة وإمكانية تسليمها، فإنه يتم التصرف بها على أساس أي من الصيغ التالية:

أ- أن يقوم الطرف الثاني ببيع البضاعة في السوق السعودي أو الدولي ويدفع للطرف الأول حصته.

ب- أن يشتري الطرف الثاني حصة الطرف الأول بثمن يتفقان عليه.

ج- أن يشتري الطرف الأول حصة الطرف الثاني بثمن يتفقان عليه.

مادة (8)

يتحمل كل طرف - بحسب نسبته في المشاركة - أي ضرر ينتج عن التعامل في هذه البضاعة، إلا إذا انفرد أحدهما بتعد أو تفريط فهو الذي يتحمل الضرر.

مادة (9)

في حالة شراء البضاعة باعتمادات مؤجلة السداد، ثم بيع البضاعة إلى الطرف الثاني، يقوم بتوقيع عقد شراء حصة الطرف الأول وسند الأمر، مع الأخذ في الاعتبار مدة التأجيل، حيث تمنح مدة التأجيل للطرف الثاني بدون إضافة أرباح لقاء مدة التأجيل الممنوحة في الاعتماد من البائع على الطرفين الأول والثاني.

مادة (10)

حرر هذا العقد من نسختين، بيد كل طرف نسخة، عليه جرى التوقيع إقرارا بصحته ونفاذه والتزاما بأحكامه.

وبالله التوفيق

الطرف الأول.......................... العنوان...........................

الطرف الثاني.......................... العنوان...........................

ملحق رقم (3)

بسم الله الرحمن الرحيم

نموذج عقد بيع المرابحة للآمر بالشراء (استيراد)

أبرم هذا العقد في:

اليوم .... من شهر................ سنة .... هـ

اليوم................ من شهر .... سنة .... م

بين كل من:

أولا: السادة بنك .... فرع................ ويسمى فيما بعد لأغراض هذا العقد بالبنك "طرف أول".

ثانيا: السيد / السادة .... ويسمى فيما بعد لأغراض هذا العقد الطرف الثاني.

وبما أن الطرف الثاني قد تقدم للبنك طالبا منه شراء .... وبيعه / بيعها له عن طريق بيع المرابحة للآمر بالشراء ووعد البنك بشراء .... وبيعه/ بيعها للطرف الثاني.

وبما أن البنك قد قام باستيراد .... وقبضه / قبضها قبضا حكميا حسبما تثبته مستندات الشحن المرفقة وعرضه/ عرضها على الطرف الثاني الذي قبل شراءه/ شراءها فقد أبرما بينهما عقد بيع بالمرابحة على النحو التالي:

1- عرض البنك بيع البضاعة المذكورة أعلاه................................ على الطرف الثاني بمبلغ .... ليمثل هذا المبلغ ثمن شراء البنك .... وقدره مبلغ.................. زائدا المصروفات وقدرها مبلغ .... زائدا ربح البنك وقدره مبلغ.........................

2- قبل الطرف الثاني شراء.................................. بالمبلغ المذكور.

3- يقر الطرف الثاني بأنه قد فحص المستندات ووجدها مطابقة للمواصفات التي طلبها.

4- يلتزم الطرف الثاني بدفع ثمن البيع المنصوص عليه البند في (1) مـن هـذا العقـد عـلى النحو التالي:

أ) يدفع (............%) من ثمن البيع عند التوقيع على هذا العقد.

ب) والباقي على:

1/ قســـط واحـــد مقـــداره..................... في يـوم .... مـــن شـــهر
....

تدفع الأقساط المذكورة أعلاه بموجب شيكات يحررها الطرف الثاني باسم البنك ويسلمها للبنك بعد توقيع هذا العقد مباشرة.

5- على الطرف الثاني تقديم ضمان مصرفي/ عقاري/ شخصي مقبول للبنك يضمن قيـام الطرف الثاني بسداد كل الأقساط المستحقة عليه للبنك في مواعيدها المحددة بموجب هذا العقد.

6- إذا فشل العميل في سداد قسط مـن الأقسـاط تعتـبر بقيـة الأقسـاط واجبـة السـداد ويحق للطرف الأول التصرف في الضمان.

7- تؤمن البضاعة تأمينا شاملا ضد كل الأخطار بوساطة الطرف الثاني لـدى شركة تـأمين مقبولة للبنك ولصالحه.

8- إذا فشل وامتنع الطرف الثاني عن تسليم البضاعة أو أي جزء منها بعـد التوقيـع عـلى هذا العقد في مدة أقصاها.................... ويمهله البنـك مـدة................. فـإذا لم يتسـلم الطرف الثاني البضاعة أثناء المدة يحق للبنك بيع البضاعة بسعر السـوق وبالكيفيـة التي يراها مناسبة لاستيفاء حقوقه بموجب هذا العقد كما يجوز لـه مطالبـة الطـرف الثاني بالتعويض عن أي ضرر يلحق به من جراء ذلك.

9- إذا نشأ نزاع حول هذا العقد يجوز بـرضى الطرفين أن يحـال ذلـك النـزاع إلى لجنة تحكيم تتكون من ثلاثة محكمين يختار كل طرف محكمـا واحـداً مـنهم، ويتفق الطرفان على المحكم الثالث الذي يكون رئيسا للجنة التحكيم في حالـة فشل الطرفين في الاتفاق على المحكم الثالث أو عـدم قيـام أحـدهما باختيـار محكمة في ظروف سبعة أيام من تاريخ إخطاره بوساطة الطرف الآخر يحال

الأمر للمحكمة المختصة لتقوم بتعيين ذلك المحكم أو المحكمين المطلوب اختيارهم.

تعمل لجنة التحكيم حسب أحكام الشريعة الإسلامية وتصدر قراراتها بالأغلبية العادية وتكون هذه القرارات نهائية وملزمة للطرفين.

وقع عليه:

ع/ البنك (الطرف الأول) ....

(الطرف الثاني) ....

الشهود

1. ....

2. ....

ملحق رقم (4)

بسم الله الرحمن الرحيم

نموذج عقد بيع مرابحة للآمر بالشراء

أبرم هذا العقد في:

اليوم .... من شهر................ سنة 14هـ

اليوم............. من شهر................ سنة.......20 م.

أولا: السادة بنك .... فرع................. ويسمى فيما بعد لأغراض هذا العقد بالبنك "طرف اول".

ثانيا: السيد/ السادة.................................... ويسمى فيما بعد لأغراض هذا العقد الطرف الثاني.

بما أن الطرف الثاني قد تقدم للبنك طالبا منه.

شراء..

....

....

وبيعه/ بيعها عن طريق بيع المرابحة للآمر بالشراء ووعد البنك بشراء.

....

وبيعه / وبيعها للطرف الثاني

وبما أن البنك قد قام

بشراء..

بموجب عقد البيع/ الفاتورة/ المستند المرفق وعرضه/ عرضها على الطرف الثاني الذي قبل شراءه / شراءها فقد أبرما عقد بيع بالمرابحة على النحو التالي:

عرض البنك بيع

....

على الطرف الثاني

بمبلغ ....

ليمثل هذا المبلغ ثمن شراء البنك

....

وقدره مبلغ

....

زائدا ربح البنك وقدره

ومبلغ ....

زائدا المصروفات وقدرها

مبلغ ....

قبل الطرف الثاني شراء

.... بالمبلغ المذكور

يقر الطرف الثاني بأنه قد عاين ....

....

وأنها خالية من كل العيوب

يلتزم الطرف الثاني بدفع ثمن البيع المنصوص عليه في البنـد (1) مـن هـذا العقـد علـى النحو التالي يدفع (%) من ثمن البيع عند التوقيع على هذا العقد.

والباقي على:

قسط واحد مقداره ....

في يوم .... شهر .... سنة ....

أقساط كالآتي:

القسط	المبلغ المستحق	التاريخ
....	....	....
....	....	....
....	....	....
....	....	....

تدفع الأقساط المذكورة أعلاه بموجب شيكات يحررها الطرف الثاني باسم البنك ويسلمها للبنك بعد توقع العقد مباشرة.

على الطرف الثاني تقديم ضمان مصرفي/ عقاري/ شخصي مقبول للبنك يضمن قيام الطرف الثاني بسداد كل الأقساط المستحقة عليه للبنك في مواعيدها المحددة بموجب هذا العقد.

إذا فشل العميل في سداد أي قسط من الأقساط تعتبر بقية الأقساط واجبة السداد ويحق للطرف الأول التصرف في الضمان.

تؤمن البضاعة تأمينا شاملا ضد كل الإخطار بواسطة الطرف الثاني لدى شركة تأمين مقبولة للبنك ولصالحه.

إذا فشل أو امتنع الطرف الثاني عن تسليم البضاعة أو جزء منها بعد التوقيع على هذا العقد في مدة أقصاها...................... يمهله البنك مدة .... فإذا لم يتسلم الطرف الثاني البضاعة في أثناء هذه المدة يحق للبنك بيع البضاعة بسعر السوق وبالكيفية التي يراها مناسبة لاستيفاء حقوقه بموجب هذا العقد كما يجوز مطالبة الطرف الثاني بالتعويض عن أي ضرر يلحق به من جراء ذلك.

إذا نشأ نزاع حول العقد يجوز برضى الطرفين أن يحال ذلك النزاع إلى لجنة تحكيم تتكون من ثلاثة محكمين يختار كل طرف محكما واحدا منهم ويتفق الطرفان على المحكم الثالث الذي يكون رئيسا للجنة التحكيم وفي حال فشل الطرفين في الاتفاق على المحكم الثالث أو عدم قيام أحدهما باختيار مُحكمّة في ظرف سبعة أيام من تاريخ إخطاره بوساطة الطرف الآخر يحال الأمر للمحكمة المختصة لتقوم بتعيين ذلك المحكم او المحكمين المطلوب اختيارهم.

تعمل لجنة التحكيم حسب أحكام الشريعة الإسلامية وتصدر قراراتها بالأغلبيـة العادية وتكون القرارات نهائية وملزمة للطرفين.

وقع عليه:

ع/ البنك (الطرف الأول) ....

(الطرف الثاني) ....

الشهود

1/ ....

2/ ....

ملحق رقم (5)

بسم الله الرحمن الرحيم

نموذج عقد تأجير تمويلي / (أموال غير منقولة)

إنه في يوم .... الموافق: / / م

تم الإتفاق والتراضي بين كل من:-

أولا: (الفريق الأول/ المؤجر)

العنوان: ....

....

ثانيا: السيد / السادة (الفريق الثاني/ المستأجر)

العنوان: ....

....

ثالثا: السيد / السادة (الفريق الثالث/ الكفيل)

العنوان: ....

....

مقدمة:

لما كان الفريق الأول يمتلك ....

وحيث إن الفريق الثاني رغـب في إسـتئجارها لمـدة .... ومـع وعـد المـؤجر بتمليك العين المؤجرة إلى المستأجر في نهاية عقد الإجارة، وحيث أن الفريق الثالـث قـد أبدى إستعداده لكفالة الفريق الثاني، فقد وافق الفريق الأول على طلـب الفريق الثـاني وذلك وفقا للشروط والبنود الواردة بعد.

وعليه فقد تم الاتفاق بين الفرقاء على ما يلي:

المادة 1 :

تعتبر المقدمة الواردة أعلاه جزءاً لا يتجزأ من هذا العقد ويقرأ معه كوحدة واحدة ومتمما له.

المادة2:

يقر الفريق الثاني أنه اطلع على عقد التأسيس والنظام الأساسي للفريق الأول، ويلتزم في تعامله معه، بأحكام ومبادئ الشريعة الإسلامية الغراء.

المادة 3: مدة الإيجار:

أجر بموجب هـذا العقـد الفريـق الأول الفريـق الثـاني العـين المـؤجرة الموصـوفة تاليـا لمدة............. سنة تبدأ من   /   / 200 وتنتهي في   /   / 200 مع جواز إستثمارها في الأوجه الملائمة لطبيعتها بما في ذلك التأجير للغير بموافقة الفريق الأول الخطية على ذلك ولذات المدد المحددة للإيجار في هذا العقد

وصف المأجور: ....

....

....

....

المادة 4: قيمة المأجور وقيمة الإيجار:

وافق الفريق الثاني على استئجار المأجور الموصوف أعلاه لمدة (   ) سنة وفقا لما يلي:

1- قيمة المأجور مبلغ .... دينار. يسدد طوال مدة العقـد علـى أقساط عددها (   ) قسطا، مقدار كل قسط............................... ديناراً إعتباراً من تاريخ   /   / 200 ولمدة .... سنة.

2- مجمــــــوع الأجــــــرة (   ) دينـار أردنـي، فقـــــط وقــدره............... دينـار أردنـي، ويسـدد طوال مدة العقـد علـى أقسـاط عـددها (   ) قسـطا، مقـدار كـل قسـط (   ) دينـار أردنـي، إعتبـاراً مـن تـاريخ   /   / 200 وبـذا يصبح المجموع الكلي لقيمة المأجور ومجموع الأجرة مبلغ (   )

دينار أردني فقط وقدره .... دينارا، يسدد حسب التفصيل المبين في الفقرتين "1، 2" من هذه المادة.

للفريق الأول (المؤجر) أن يطلب من الفريق الثاني تحرير وتوقيع كمبيالات بقيمة المأجور وبدل الإيجار البالغ مجموعها.........................ديناراً وبكفالة الفريق الثالث، ولا تعتبر الكمبيالات سداداً للأقساط ما لم يتم السداد نقدا، كما يحق للفريق الأول بعد سنة أن يعيد النظر في مقدار عائد الإجارة لفترة / لفترات العقد اللاحقة بزيادة الأجرة بمقدار الزيادة الحاصلة على سعر إعادة الخصم المقررة من البنك المركزي الأردني لتحقق الزيادة على الأجرة عائدا للفريق الأول بمقدار الزيادة النسبية الحاصلة على سعر إعادة الخصم المذكور وهكذا مرة بعد أخرى كلما زاد سعر إعادة الخصم المذكور أعلاه ويكون الإشعار المرسل من الفريق الاول للفريق الثاني بمثابة إقرار من الفريق الثاني بسريان الأجرة الجديدة ودون الحاجة إلى موافقة الفريق الثاني الخطية.

المادة 5: التأخير:

في حالة تأخر الفريق الثاني (المستأجر) عن سداد أي قسط/ كمبيالة عن موعد الإستحقاق فتصبح باقي قيمة الأقساط مستحقة الدفع فورا ودفعة واحدة. ويكون الفريق الثاني (المستأجر) ملزما بدفع تعويض للفريق الأول بنسبة 10% من الرصيد المستحق ويتم التصدق بذلك التعويض بعد قبضه، / التصرف به حسبما تقرره هيئة الرقابة الشرعية للفريق الأول.

المادة 6: فسخ العقد:

يحق للفريق الأول فسخ هذا العقد دون حاجة إلى إنذار أو إشعار أو أية إجراءات قضائية، إذا تخلف المستأجر عن دفع بدل الإيجارة المحددة في هذا العقد بالموعد المحدد بالعقد ووفق شروطه.

المادة 7: تسلم العين المؤجرة:

يقر الفريق الثاني أنه أستلم العين المؤجرة بحالة جيدة وصالحة للإستعمال، وتبقى في عهدته طوال مدة الإيجار المتفق عليها، ويكون مسؤولا عنها مدنيا وجزائيا.

المادة 8: التأمين على العين المؤجرة:

يتعين على الفريق الثاني (المستأجر) ان يؤمن بمعرفة وموافقة الفريق الأول على العين المؤجرة لدى شركة تأمين تعمل وفق أحكام الشريعة الإسلامية الغراء أو ما

تراه هيئة الرقابة الشرعية للفريق الأول تأمينا شاملا ضد جميع المخـاطر، وعلـى أن يكـون الفريق الأول هو المستفيد الأول من التأمين.

المادة 9: تسجيل المأجور باسم المستأجر:

يلتزم الفريق الأول بعد أن يقوم الفريق الثاني بتنفيذ جميع شروط هذا العقد بـأن ينقـل ملكية المأجور المشار إليه أعلاه باسم الفريق الثاني في نهاية مدة الإيجار بيعا أو هبة لـدى الجهات الرسمية المختصة.

المادة 10: عدادات الكهرباء والماء:

يلتزم الفريق الثاني بتحويل عدادات الكهرباء والماء الخاصة بالمأجور لإسـمه وعـلى نفقتـه الخاصة ويتحمل تكاليف مصروفاته منها.

المادة 11: الإصلاح والصيانة والمعاينة:

يلتزم الفريق الثاني باستخدام العين المؤجرة في الغرض الذي خصصت مـن أجلـه وصيانتها الصيانة الدورية والتشغيلية اللازمة وأي صيانة تحتاج إليها، وعلى نفقتـه، ويحـق للفريق الأول أو من يعينه ان يجري كشفا دوريا على العين المؤجرة طوال فترة الإيجار للتحقـق من حسن استخدامها وأنه تجري عليها الصيانة العادية والدوريـة اللازمـة، كـما يلتـزم الفريق الثاني بجميع النفقات والمصاريف المتعلقة بأي أعطـال تطـرأ عـلى شـبكة الميـاه والمجـاري والكهرباء وأي أعطال أخرى، ويتعين على الفريق الثاني تسهيل مهمة الفريق الأول في إجراء الكشف الدوري حسب ما هو مذكور أعلاه.

المادة 12: التأمين النقدي:

دفع الفريق الثاني عند التوقيع على هذا العقد للفريق الأول تأمينا مقـداره (   ) دينـارا اردني، فقـط وقـدره .... دينـار أردني، ضـمانا لمـا قـد يصـيب العين المؤجرة من أضرار أو تلف أثناء استعمالها، ولا يرد هذا التأمين إلا بعد إعـادة العـين المؤجرة بحالة جيدة كالتي تسلمها بها أو في حالة تنفيـذ العقـد بالتملـك وهـذا التـأمين لا يعفي الفريق الثاني بأي حال من الأحوال بالإلتزام بالتعويضات الإضافية إذا احتاجت العين المؤجرة لإصلاحات تفوق قيمة التأمين المذكور.

المادة 13: الكفالة:

كفل الفريق الثالث بموجب هذا العقد الثاني وبإذنه كفالة تضامنية مستمرة بالإستحقاق وبعده كفالة مطلقة دون أي تحفظ لسداد كامل الأقساط/ الكمبيالات والإلتزامات والمصاريف المترتبة أو التي ستترتب عليه حسب الشروط الواردة في هذا العقد.

المادة 14: الموطن المختار:

يقر كل الفرقاء المتعاقدين بإتخاذهم محلا مختارا لهم بالعنوان الموضح بهذا العقد وجميع المراسلات والإعلانات التي ترسل إليهم بهذا العنوان تعتبر صحيحة وقانونية. وفي حالة تغير أو تغيير العنوان الموضح بهذا العقد لأي سبب كان فإنه يتوجب على الفريق المعني إبلاغ الفريقين الآخرين فورا ودون إبطاء بالعنوان الجديد، وإلا اعتبرت جميع المراسلات والإعلانات المرسلة على العنوان الموضح في هذا العقد صحيحة وقانونية.

المادة 15: التحكيم:

إذا نشأ خلاف ناتج عن تطبيق أحكام هذا العقد، يحق للفرقاء عرض الخلاف على ثلاثة محكمين، يتم اختيارهم على الوجه التالي:

محكم يختاره الفريق الأول.

محكم يختاره الفريق الثاني.

محكم تختاره غرفة تجارة و/أو صناعة عمان.

وفي حالة اعتذار غرفة تجارة و/أو صناعة عمان عن اختيار المحكم الثالث، يقوم المحكمان المختاران من قبل الفريقين باختياره، فإن تعذر ذلك تقوم المحكمة المختصة بتعيينه وفقا لأحكام قانون التحكيم المعمول به في الأردن.

ويتم الفصل في النزاع على اساس الشريعة الإسلامية، ويكون حكمهم، سواء صدر بالإجماع أم بالأغلبية، ملزما للفرقاء، وغير قابل للطعن فيه بأي طريق من طرق الطعن الجائزة قانونا. وفي حال عدم توافر الأغلبية، يحال الخلاف موضوع التحكيم إلى المحاكم النظامية، وتكون محاكم عمان النظامية هي المختصة دون سواها، بالفصل في أي طلبات و/أو قضايا تنشأ بمقتضى التحكيم و/أو ناشئة و/أو متعلقة به و/أو بهذا العقد.

المادة 16: حوالة الحق:

يحق للفريق الأول تحويل كافة مستحقاته لدى الفريق الثاني أو أي جـزء منهـا لمـن يشـاء دون اشتراط الموافقة على ذلك من قبل الفريق الثاني. ولا يعتـبر هـذا التحويـل أو التنـازل نافذا تجاه المستأجر إلا مـن تـاريخ إخطـاره بـه وذلـك دون أي انتقـاص لأي مـن حقوقـه المقررة في العقد أو ترتيب التزامات جديد عليه.

المادة 17: الضرائب والرسوم والمصاريف والنفقات:

جميع المصروفات والضرائب ورسوم هذا العقد بالإضافة إلى رسوم الطوابع ورسوم التنـازل عن ملكية الوحدة السكنية (المترتبة على كـل مـن البـائع والمشـتري) يلتـزم الفريـق الثـاني بدفعها منفردا، وكذلك أية رسوم أو ضرائب أخرى على اختلاف أنواعهـا ومسـمياتها يلتـزم الفريق الثاني بدفعها بنفسه أو بواسطة من يوكله عنه وبإتمام الإجراءات اللازمـة دون أدنى مسؤولية أو رجوع على المؤجر في ذلك. ويلتزم الفريـق الثـاني بتقـديم أي مـن المسـتندات المذكورة في المادة التالية وأي مستندات أخرى إلى الفريق الأول متى طلب منه ذلك.

المادة 18: مرفقات العقد وملحقاته:

تعتبر المرفقات التالية وأي مستندات أخرى يتفق عليها الفريقان فيما بعـد كتابـة جـزءا لا يتجزأ من هذا العقد ومكملة له:

1- الطلب المقدم من الفريق الثاني "المستأجر".

2- ملحق عقد تأجير تمويلي – تنازل معلق -.

المادة 19: القانون الواجب التطبيق:

تسري أحكام قانون التأجير التمويلي رقم 16 لسنة 2002م والقانون المـدني الأردني وقـانون التحكيم الأردني والقوانين والأنظمة المرعية الأخرى على هذا العقد إذا لم يرد عليها نـص في هذا العقد وبما لا يخالف أحكام الشريعة الإسلامية الغراء.

المادة 20:

يتكون هذا العقد من مقدمة وعشرون مادة بما فيهـا هـذه المـادة ووقعـه الفريقـان عـلى نسختين واحتفظ كل فريق بنسخة منها:

تحريرا في: .... بتاريخ / / م

الفريق الثالث **الفريق الثاني** **الفريق الأول**

(ملحق 5) عقد تأجير تمويلي

إقرار بالموافقة

السادة: المصرف/الشركة ....المحترمين

عطفا على الإتفاق الـذي جـرى معكم بخصوص طلبنا منكم شراء الشقة/ العقار رقم
..................../...... حـوض .... رقـم ....مــن أراضي .... عـدا
السـطح ومسـاحته......................مـتر مربـع، مـن المالـك السـادة
/ ....

ونرجو تسجيله بإسمكم لـدى دائرة تسجيل الأراضي بقصـد تـأجيره لنـا وفق أسـلوب
التأجير التمويلي، ونثبت لكم موافقتنا على ما يلي:

1- نقر بأننا قد عاينا هذه الشقة/ العقار معاينة كاملة كافية نافية لأي جهالـة ونقبـل
باستئجاره مـنكم بالحالـة التـي هـي عليهـا حاليـا وفـق أسـلوب التـأجير التمـويلي
المعتمد لديكم.

2- نوافق على الاستئجار بالشروط المتفق عليها معكم حسـب عقـد التـأجير التمويلي
المعتمد لديكم.

3- تعتبر الدفعة المدفوعة من قبلنا مقدما لكم والبالغـة ....دينـار دفعـة
من ثمـن الأصـل ونلتـزم بالحضور طرفكم خـلال عشرة أيـام مـن تاريخـه لتسـلم
المفاتيح، وبعكس ذلك يحق للشركة فسـخ العقد بـإرادة منفردة واعتبـار المبلغ
المدفوع من قبلنا مقدما تعويضا للشركة نتيجة نكولنا عن تسـلم المأجور مع حـق
الشركة بالعودة علينا بأي تضمينات أو حقوق أخرى.

4- لا يشكل هذا الكتاب أي مسؤولية عليكم في حالة عدم قيام الشركة بشراء الشـقة/
العقار المذكور لأي سبب من الأسباب، وفي هذه الحالة يعاد الحال إلى ما كان عليه.

وتفضلوا بقبول فائق الاحترام،،،

اسم المستأجر:

التوقيع:

التاريخ:

(ملحق 5) عقد تأجير تمويلي

تنازل معلق

لاحقا لعقد التأجير التمويلي المؤرخ في / / 20 ، فقد تم بعـون الله تعـالى الإتفـاق بين كل من:-

أولا: المؤجر:..

ثانيا: المستأجر:..

على ما يلي:

البند الأول: وافق الفريق الأول (المؤجر) على التنازل اما بالهبة أو بالبيع عن العين المؤجرة الموصوفة في عقد التأجير التمويلي المشار إليـه أعـلاه إلى الفريـق الثـاني (المسـتأجر) تنـازلا معلقا على إتمام مدة الإجارة وسداد جميع الأقساط، والوفاء بجميـع شروط العقـد المشـار إليه.

البند الثاني: وافق الفريق الثاني (المستأجر) على قبول تنازل الفريق الأول عن العين المؤجرة الموصوفة في عقد التأجير التمويلي المشار إليه تنازلا معلقا على ما جاء في البند الأول.

حرر هذا الملحق على ثلاث نسخ أصلية موقعة بإرادة حُرّة خاليـة مـن العيـوب الشرعية والقانونية بتاريخه أدناه إقراراً بصحته وإنفـاذاً لمضـمونه والتزامـا بأحكامـه، ويكـون لكـل نسخة ذات حجية الأخرى.

يُسقط الفريقان الإدعاء بكذب الإقرار و/أو أي دفع شكلي و/أو موضوعي ضـد مـا جـاء في هذا الملحق، ويكون الفريق الأول مصدقا بقوله دون يمين.

حُرر ووقع في

بتاريخ: / / هـ

الموافق: / / م

الفريق الأول **الفريق الثاني**

ملحق رقم (6)

بسم الله الرحمن الرحيم

عقد استصناع

الطرف الأول في يوم ....هـ الموافق.............م قد تحرر هذا العقد بين كل من:

1- الطرف الأول: مصرف ....

ويمثله: في التوقيع على هذا العقد السيد /.............................

2- الطرف الثاني: السيد ....

أقر الطرفان بصفتهما وأهليتهما الكاملة للتعاقد، واتفقا على ما يلي:

تمهيد

تقدم الطرف الثاني إلى الطرف الأول بطلب يعلن فيه عـن رغبتـه في أن يقـوم الاخير بتوريد وتنفيذ مشروع بناء.............. لحسابه على جزء من قطعة الأرض التي يملكها على مساحة .... متر مربع بموجب سـند الملكيـة رقم .... كما قدم الطرف الثاني إلى الطرف الأول رخصة البناء رقم............. الصادرة بتاريخ .... والتصاميم والمخططات والرسومات والمواصفات الهندسية، وجداول الكميات والشرـوط العامـة والخاصـة للمشرـوع التـي تـم اعـدادها مـن قبـل المكتـب الاستشـاري الهندسي............... وقد وافق الطرف الأول على الطرف الثاني. وتحرر بين الطرفين هذا العقد وفقا للبنود التالية:

البند الأول

يعتبر للتمهيد السابق، وكذلك رخصة البناء والتصاميم والمخططات والرسومات والمواصفات الهندسية وجداول الكميات المرافقة للطلب المذكور والمعتمدة مـن الطرف الثاني – جزء لا يتجزأ من هذا العقد ومتمما له.

البند الثاني

اتفق الطرفان على ان يقـوم الطـرف الأول بكافـة الأعمـال اللازمـة لإنشـاء المشروع، وفقا للتصاميم والمخططات والرسومات والمواصفات الهندسية وجداول

الكميات المقدمة من الطرف الثاني، ووفقا للشروط العامة وكذلك الشروط الخاصة المبينة في هذا العقد، وتسليمه للطرف الثاني بموجب شهادة التعليم الابتدائي الصادرة من المكتب الاستشاري.

البند الثالث

قيمة هذا العقد مبلغ .... ويلتزم الطرف الثاني بدفعه للطرف الأول على .... قسطا شهريا قيمة كل قسط .... ويستحق القسط الأول.................. من تاريخ توقيع هذا العقد.

ويخضع سريان هذا العقد لإجراء الرهن لصالح المصرف على العقار رقم.............. والذي يمثل أرض المشروع وما عليها من مشتملات وبناء، حيث إن الطرف الثاني لم يقدم ضمانا آخر غير المشروع نفسه، كما يخضع لحصول الطرف الثاني على الموافقات النهائية من إدارات الدولة المعنية بما فيها رخصة البناء دون تحفظ.

البند الرابع

يلتزم الطرف الأول بتنفيذ جميع الأعمال اللازمة خلال مدة أقصاها......... شهرا من تاريخ تسليم الموقع.

البند الخامس

قام الطرف الثاني بتعيين المكتب الاستشاري.................. ليكون وكيلا عنه في الإشراف على تنفيذ مراحل المشروع المختلفة، وتسلم المشروع بعد إتمام التنفيذ بالكمال، ووافق الطرف الأول على ذلك المكتب، ويقوم هذا الوكيل بالإشراف على جميع أعمال المشروع، مراحل التنفيذ المختلفة، واعتماد جميع المواد المستخدمة في المشروع، والتأكد من أن الأعمال المنجزة نفذت طبقا للمواصفات المطلوبة والشروط المتفق عليها، وأن يقوم كذلك بإعداد شهادات الانجاز، وإن توقيعه عليها كوكيل عن الطرف الثاني بمثابة شهادة من الطرف الثاني بتسلم الأعمال المنجزة وقبوله لها، وإقرار منه بأنها نفذت وفقا للمواصفات المطلوبة والشروط المتفق عليها مع الطرف الأول.

البند السادس

يعتبر المشروع مستلما من قبل الطرف الثاني بمجرد إصدار شهادة التسليم الابتدائي من قبل المكتب الاستشاري المعتمد، حيث يعتبر ذلك بمثابة تسلم ابتدائي للمشروع أو جزء منه من وكيل الطرف الثاني.

البند السابع

يحق للطرف الأول التعاقد مع إحدى شركات المقاولات لتنفيذ المشروع حسب الشروط والمواصفات المتفق عليها مع الطرف الثاني، كما يحق للطرف الأول في حالة مخالفة شركة المقاولات للشروط المتفق عليها وعدم الوصول إلى اتفاق لحل الخلاف مما يؤثر على سير العمل، استبدالها والتعاقد مع شركة شركات أخرى لإكمال تنفيذ المشروع.

البند الثامن

يقبل الطرف الثاني - قبولا غير قابل للنقض أو الإلغاء - ضمان تنفيذ جميع الأعمال بالمشروع من الطرف الأول، أو من الجهة التي يتعاقد معها الطرف الأول لتنفيذ المشروع، ونقبل تقديم هذا الضمان، وحيث إن شركة .... قد ضمنت المشروع للطرف الأول او لأي طرف آخر يتعاقد معه الطرف الأول ويقبل هذا الضمان، فإن الطرف الأول يجعل هذا الضمان لصالح الطرف الثاني. وبناء على هذا فإن الطرف الثاني يتنازل عن حقه في الرجوع على الطرف الأول في أية مطالبة أو ادعاء قد ينشأ مستقبلا بعد تسلم المشروع نتيجة سوء تنفيذ شركة المقاولات او لأي سبب آخر. ويلتزم الطرف الثاني - بناء على ذلك - بالرجوع إلى شركة المقاولات في أية مطالبة او ادعاء.

البند التاسع

في حالة تأخر الطرف الأول أو من يتعاقد معه عن إتمام تنفيذ المشروع للموعد المحدد فإنه يتحمل جميع الأضرار التي تنتج عن هذا التأخير، ما لم يكن هناك أسباب قهرية لم يتسبب فيها الطرف الأول، وتكون خارج عن إرادته.

البند العاشر

على الطرف الأول أو من يتعاقد معه لتنفيذ المشروع اعتماد جميع المواد اللازمة للمشروع قبل استعمالها من الطرف الثاني أو وكيله.

البند الحادي عشر

يلتزم الطرف الأول أو من يتعاقد معه بتأمين وتوفير جميع ما يلزم المشروع من مواد ومعدات بشكل يكفل إنهاء المشروع في موعده المحدد.

البند الثاني عشر

في حالة وجود أيـة أعـمال إضافية أو تعديلات يقـترح الطـرف الثـاني أو المكتب الاستشاري او كلاهما معا ضرورة إدخالها مما يؤثر على شروط وقيمة هذا العقد، فإن على الطرف الثاني مراجعة الطـرف الأول والاتفـاق عـلى تعديل العقـد أو أخـذ موافقتـه عـلى التعديل المقترح قبل تنفيذ أية أعمال خلاف الأعمال المعتمدة سواء أكان ذلك بالزيادة أو النقصان، كما أن عليه تزويد الطـرف الأول بموافقة المكتب الاستشـاري عـلى التعـديلات المطلوبة، وتعديل المخططات والتصاميم والمواصفات تبعا لذلك.

البند الثالث عشر

في حالة توقيع هذا العقد من قبل أكثر من شخص واحد بصفة طرف ثـاني، يكون جميع الموقعين مسؤولين وضامنين متضامنين، منفردين أو مجتمعين، تجاه الطـرف الأول، عن تسديد المبالغ المطلوبة له بموجب هذا العقد.

البند الرابع عشر

ما لم ينص على خلاف ذلك في العقد نفسه، فإن الأحكـام والشرـوط الـواردة في الشروط العامة، والصادرة من وزارة الأشغال العامة بدولة............. تسود عـلى أحكـام أي مستند آخر يمثل جزءا من العقد.

البند الخامس عشر

أ‌- يتم الفصل في النزاع على أساس الشريعة الإسلامية.

ب‌- أي خلاف ناشئ عن تطبيق أحكام هذا العقد و / أو متعلق به، يعرض على لجنة تحكيم تشكل من ثلاثة أعضاء على الوجه التالي:

1- حكم يختاره الفريق الأول.

2- حكم يختاره الفريق الثاني.

3- حكم يختاره المحكمان الأولان.

ويكون حكمهم، سواء أصدر بـالإجماع أو بالأغلبيـة، ملزمـا للطرفين وغـير قابـل للطعن فيه بأي طريق من طرق الطعن الجائزة قانونا، وبشرط إقرار هيئة الرقابة الشرعية للمصرف بعدم تعارض الحكم الصادر مع احكام الشريعة الإسلامية.

وفي حالـة عـدم تـوافر الأغلبيـة، يحـال الخـلاف موضـوع التحكـيم إلى المحاكم..................

وتكون محاكم الدولة .... هي المختصة دون سواها بالفصل في أية طلبات و/أو قضايا تنشأ بمقتضى التحكيم و/أو ناشئة و/أو متعلقة به و/أو بهذا العقد.

البند السادس عشر

تسري أحكام القانون .... والقوانين والأنظمة المرعية على هـذا العقـد، فـيما عدا ما نص عليه من اتفاق بين الطرفين، وبما لا يتعارض مع أحكام الشريعة الإسلامية.

البند السابع عشر

حرر هذا العقد من نسختين أصليتين موقعتين من قبل الطرفين بإرادة حرة خالية من العيوب الشرعية والقانونية بتاريخ..........هـ الموافق.............م ويسقط الطرف الثاني حقه في الإدعاء بكذب الإقرار و/أو أي دفع شكلي و/أو موضوعي، ضد ما جاء في هـذا العقد.

الطرف الثاني   **الطرف الأول**

ملحق رقم (7)

إجابات الأسئلة الموضوعية

الفصل/ الأسئلة	الإجابة	الفصل / الأسئلة	الإجابة
الفصل الأول:		**الفصل السادس:**	
السؤال الأول	ج	السؤال الأول	أ
السؤال الثاني	د	السؤال الثاني	ج
السؤال الثالث	ج	السؤال الثالث	د
السؤال الرابع	أ	السؤال الرابع	ب
السؤال الخامس	د	السؤال الخامس	أ
الفصل الثاني:		**الفصل السابع:**	
السؤال الأول	د	السؤال الأول	ب
السؤال الثاني	ب	السؤال الثاني	أ
السؤال الثالث	أ	السؤال الثالث	ج
السؤال الرابع	ج	السؤال الرابع	ج
السؤال الخامس	د	السؤال الخامس	أ
الفصل الثالث:		**الفصل الثامن:**	
السؤال الأول	ب	السؤال الأول	أ
السؤال الثاني	أ	السؤال الثاني	د
السؤال الثالث	ب	السؤال الثالث	ب
السؤال الرابع	د	السؤال الرابع	ج
السؤال الخامس	ج	السؤال الخامس	أ

الفصل الرابع:		**الفصل التاسع:**	
السؤال الأول	ب	السؤال الأول	ب
السؤال الثاني	د	السؤال الثاني	ب
السؤال الثالث	ج	السؤال الثالث	ب
السؤال الرابع	أ	السؤال الرابع	د
الفصل الخامس:		السؤال الخامس	ج
السؤال الأول	ج	السؤال السادس	د
السؤال الثاني	د	السؤال السابع	ج
السؤال الثالث	ب	السؤال الثامن	ج
السؤال الرابع	ج	السؤال التاسع	د
السؤال الخامس	أ	السؤال العاشر	أ
الفصل العاشر		**الفصل الحادي عشر:**	
السؤال الأول	أ	السؤال الأول	أ
السؤال الثاني	ب	السؤال الثاني	أ
السؤال الثالث	ج	السؤال الثالث	ج
السؤال الرابع	أ	السؤال الرابع	د
السؤال الخامس	أ	السؤال الخامس	أ

T0300947

Printed in the United States
By Bookmasters